영국문화의 이해

Understanding of British Culture

김현숙 지음

신아사

머리말

20세기 후반부터 문화연구가 급물살을 타고 부상하면서 우리 대학의 영문과에서도 다양한 문화강의를 개설해서 가르치고 있다. 언어와 문학은 고유한 문화의 산물인 점을 고려할 때 문화 연구는 언어와 문학 연구의 필연적인 기반이다. 영문과 1학년을 위한 강의인 "영미문화 탐구"는 영국과 미국의 상황과 문화에 대한 기본적인 지식을 다루어, 상급학년에서 본격적으로 다루게 될 영국과 미국의 문화와 문학을 이해할 수 있는 토대를 마련하기 위해 개설되었다. 오래 전부터 그에 맞는 적절한 교재를 기획했는데 이제 영국의 문화를 집중적으로 다룬 이 책으로 일부의 결실을 맺은 셈이다. 이 책에서는 영국의 과거와 현재를 함께 담으려고 노력했고, 문학작품의 일부를 실어 문화를 문학과 연계시키면서 이해를 돕고자 했다. 영국문화에 대한 이해와 필연적으로 연결되는 다양한 영어 표현을 익힐 기회를 학생들에게 주기 위해 일부러 영어를 많이 병기했다. 같은 내용을 일부 반복한 것도 같은 이유에서이다.

이 책을 집필하는 과정에서 옥스퍼드 출판사에서 나온 James O'Driscoll의 *Britain for Learners of English*와 Susan Sheerin, Jonathan Seath, Gillian White이 함께 쓴 *Spotlight on Britain*에서 많은 도움을 얻었으며, 사소한 모든 정보는 Wikipedia와 Google, 수많은 인터넷 자료의 도움을 얻었음을 밝힌다. 이 책이 영국문화에 대한 관심을 가지고 공부하는 학생들에게 도움이 되기를 바란다.

2013년 여름

김현숙

목차

영국문화의 이해

Understanding Of British culture

서론: 문화란 무엇인가?

우리에게 제 2의 자연이자 제 2의 본성이라고 여겨지는 문화(Culture)를 한 마디로 정의하는 것은 쉬운 일이 아니다. 먼저 사전적인 정의를 살펴보면, 우리말 문화(文化)의 영어 번역은 "culture"이다. "culture"는 동사로 "경작하다", "세균을 배양하다"라는 뜻을 가지고 있으며, 명사로는 인간사회의 정신적인 유산을 뜻하는 "문화"이다.[1] 웹스터(Webster) 사전은 문화를, "일정 시점의 일정한 사람들의 생각, 관습, 기술, 예술 등"(the ideas, customs, skills, arts, etc. of a given people in a given period)이라고 정의한다. 우리가 특정한 문화를 지칭해서 영국문화, 혹은 한국문화라고 이야기할 때 우리는 문화를 일정한 땅에 거주하는 일정한 사람들의 예술이나 믿음, 인간사상의 산물이라고 가정하는 것이다. 문화는 문명(civilization)과 같은 뜻으로 쓰이기도 하지만, 문명은 구체적인 어느 사회와 연결되는 더 구체적이고 유형적인 자산을 의미하는 반면, 문화는 더 추상적이고 무형적이라는 점에서 구별된다.

영어 "culture"에 대한 번역은 시대와 상황에 따라 다소 달라진다. "culture"는 처음에 우리말로 "교양"으로 번역되었다. 19세기 영국의 문명 비평가인 매슈 아놀드(Matthew Arnold, 1822~1888)의 유명한 저서 *Culture and Anarchy*가 『교양과 무질서』로 번역된 것이 그 예이다. 사실 아놀드가 "culture"라고 생각한 것은 오늘날 우리가 생각하는 보편적인

1 웹스터(Webster) 사전은 "경작하다"는 의미를 맨 앞에 두고 "문화"의 의미를 뒤쪽에 둔 반면 롱맨(Longman) 사전은 "문화"의 의미를 앞쪽에, "경작하다"는 의미를 뒤쪽에 두고 있다는 점에서 사전 편찬진의 의도의 차이를 엿볼 수 있다.

문화, 즉 고급문화와 더불어 대중문화, 저질문화까지 포함하는 문화가 아니라 수준 높은 고급예술만을 의미하는 것이었다. 그러므로 "교양"이라는 번역이 아놀드의 "culture" 개념을 잘 포착한 것이기도 하다. 그러나 오늘날 문화는 고급예술 뿐 아니라 대중예술, 민중예술, 언더그라운드예술도 포함한다. 인간의 정신과 상상력, 예술, 사상의 산물이라면 모두 문화의 범주에 들어가는 것이다. 그런 점에서 오늘날 "culture"는 교양이라고 번역되기보다는 문화로 번역되는 것이 더 적절할 것이다.

문화는 크게 고급문화적 관점, 인류학적 관점, 사회학적 관점에서 그 정의가 달라진다. 먼저 고급문화적 관점을 살펴보자. 19세기의 유럽에서는 산업사회가 급속도로 팽창하면서 교육의 기회가 확대되었고 그로 인해 점차 지식의 민주화가 이루어지면서 대단위 공장 지역의 노동자들을 중심으로 새로운 도시문화가 형성되기 시작했다. 이런 변화에 위협을 느낀 상류계층은 산업발전과 더불어 등장하기 시작한 대중문화가 훌륭한 전통문화를 쇠퇴시켜 문화적 퇴보를 가져오게 될 것이라고 비판하였다. 이런 정치적 비판 작업의 일환으로 등장한 것이 고급문화적 관점의 문화관이다. 즉 고전 음악이나 고전 문학, 연극, 발레, 회화 등 소위 순수 예술이라고 부를 수 있는 문화적 작업만이 진실된 "문화" 영역에 포함된다는 견해이다. 이런 견해를 대표하는 문화비평가가 영국의 매슈 아놀드이다. 아놀드는 교양인(cultured)과 속물(Philistine)을 구별하면서, 교양인이 만드는 정신적인 유산이 바로 "culture"라고 규정했다. 이때 아놀드가 의미한 것은 오늘날 "교양"이라고 번역되는 것에 해당된다. 인류 역사상 전 시대에 걸쳐 민중/대중문화가 존재하지 않았던 적이 없었지만 19세기에 문화를 주도하던 층인 상류지식계층이 본격적으로 "culture"의 개념을 논의하면서 민중/대중 사이에 존재하던 문화는 무시된 것이다.

20세기 모더니즘의 시대에 이르면 문화에 대한 구별(discrimination)은 더욱 심화되어 문화는 고급문화와 대중문화[2]로 확연히 분리되면서 대중문화는 저급한 문화로 경시의 대상이 되었다. 20세기 후반에 포스트모더니즘이 모더니즘의 이데올로기를 대신하면서 고급/저급대중예술의 차별이 극복되었고 대중문화는 하나의 분명한 영역으로 자리 잡아 문화연구의 중심적인 대상이 된다.

문화를 정의하는 또 다른 관점은 인류학적 관점이다. 문화가 특정 엘리트 집단뿐 아니라 모든 계층의 사람들에 의해서 저절로 만들어지는 것으로 보는 것이다. 따라서 문화는 순수하고 상업화되지 않은 것이며, 각 민족이나 국가의 의상, 음악, 건축 양식, 결혼식이나 장례식과 같은 다양한 풍습 등, 사람들의 모든 생활양식을 가리킨다.

문화를 정의하는 다른 관점은 사회적 관점이다. 모든 사회계층의 생활양식들을 문화의 범주에 포함시킨다는 점에서 인류학적인 관점의 문화관과 유사하다. 단지 사회적 관점은 모든 사람들의 문화적 행위가 항상 사회라는 전체적인 맥락 속에서 무엇인가를 표현한다는 점을 중시한다. 문화는 단순히 어떤 특정한 사물이나 대상을 가리키는 것이 아니라, 일상적인 현실 속에서 일어나는 다양한 계층들 사이의 소통작용이라고 보는 것이다.

이런 정의들을 염두에 두고 문화의 특징을 보편적으로 정의한다면, 문화는 문화화(inculturation)라는 과정을 통해서 한 세대에서 다음 세대로 이어지며, 문화는 공유하는 것이며, 문화는 언어를 통해 각 세대로 전달되며, 문화는 환경에 계속 적응하며 변한다.

결론적으로, 문화는 각 민족의 삶의 토양이다. 한국문화는 한국인의 삶의 토양이며 영국문화는 영국인의 삶의 토양이다. 이 토양은 원래부터 본질적으로 존재하는 것이 아니라 그 나라 사람들이 삶의 역사 속에서

2 우리가 대중문화라고 부르는 것도 상당히 다양한 영역을 포함하고 있다. 영어로는 folk, urban, popular, mass(-produced, -disseminated, -mediated, -consumed) culture로 세분된다.

키워온 것이다. 특정한 나라의 특정한 민족의 역사, 철학, 문학, 예술 모든 것이 어우러져서 하나의 집성체로 나타나는 것이 문화이다.

1 영국과 영국인

1) 영국은 어떤 나라인가?

우리가 흔히 영국(Britain, 혹은 UK, United Kingdom of Great Britain and Northern Ireland)[1]이라고 부르는 나라는 영국 제도(The British Isles)에 위치해 있다. 영국 제도는 북위 50도와 북위 61도 사이에 있는 두 개의 큰 섬, 즉 그레이트브리튼(Great Britain) 섬과 아일랜드(Ireland) 섬을 비롯해 5,000여 개에 이르는 작은 섬들을 포함한다. 영국 제도 중 가장 큰 두 섬 중 하나는 에이레(Eire)라고도 불리는 아일랜드 공화국(The Republic of Ireland)이다. 아일랜드 공화국을 제외한 영국 제도의 나머지 섬들, 즉 그레이트브리튼 섬, 아일랜드 섬의 북동지역 일부, 주변의 작은 섬 대부분을 다 통치하는 정부가 바로 영국이다.

영국 제도라는 명칭에 대해 오늘날 많은 아일랜드 사람들과 일부 영국 사람들은 현실을 간과한 시대착오적인 명칭이라고 비판한다. 영국 제도라는 명칭은 아일랜드의 존재를 무시한다는 점에서 아일랜드가 영국의 식민 지배를 받던 시절을 연상시키기 때문이다. 영국 제도 대신 북동대서양 군도(The North-East Atlantic Archipelago), 혹은 북서유럽 군도

1 앞으로 UK 전체를 가리킬 때는 영국, England 지역 만을 가리킬 때는 잉글랜드라고 지칭할 것이다.

(The North-West European Archipelago), 혹은 이오나(IONA)[2]라고 지칭하기도 하며, 그냥 제도(The Isles)라고 지칭되기도 한다. 그러나 이 새 명칭들은 어느 것도 널리 통용되지는 못했다.

영국을 가리키는 공식 명칭은 그레이트브리튼과 북아일랜드 연합왕국(United Kingdom of Great Britain and Northern Ireland)이다. 이 용어는 특별한 지위를 가진 작은 섬들을 무시한 것이므로 엄밀히 따지면 정확하지 않다. 채널 제도(Channel Islands)와 맨 섬(Isle of Man)은 영국왕실령(Crown Dependency)[3]일 뿐 공식적으로는 영국(UK)의 일부가 아니기 때문이다. 이 두 지역은 각각 완벽한 자치 정부와 자체의 국회, 자체의 세금제도를 가지고 있으며 형식적으로만 영국 정부가 지명한 부총독(Lieutenant Governor)의 통치를 받는다.

영국의 정식 명칭인 "그레이트브리튼과 북아일랜드 연합왕국"에서 그레이트브리튼은 남쪽의 잉글랜드(England), 북쪽의 스코틀랜드(Scotland), 서쪽의 웨일즈(Wales)를 포함한 섬이다. 잉글랜드 왕국이 1292년 웨일즈를 합병하고 1603년에 스코틀랜드를 합병해서[4] 연합왕국(United Kingdom)이 구성되었다. 여기에 아일랜드(Ireland)의 북부 지역이 통합되면서[5] "United Kingdom of Great Britain & Northern Ireland"가 된 것이다.

---

2 북대서양 제도(Islands of the North Atlantic)의 약칭.

3 영국왕실의 자치 소유지로서 영국정부의 해외영토와 구별된다.

4 웨일즈는 잉글랜드가 전쟁을 통해 점령한 반면, 스코틀랜드는 왕위 계승으로 인해 통합되었다. 잉글랜드의 엘리자베스 1세(Elizabeth I)가 사망한 후 스코틀랜드의 제임스 6세(James VI)가 잉글랜드의 제임스 1세로 즉위하면서 잉글랜드와 스코틀랜드가 합병된 것이다.

5 아일랜드는 1801년 합동법(Act of Union)에 따라 그레이트브리튼과 합쳐진 후 계속 독립을 시도하여 마침내 1922년 앵글로-아일랜드 조약(Anglo-Irish Treaty)에 따라 남부 아일랜드는 아일랜드 공화국의 전신인 아일랜드 자유주(Ireland Free State)로 확립되었으나, 북아일랜드는 그레이트브리튼에 그대로 귀속되기를 원해 영국의 영토로 남게 된다.

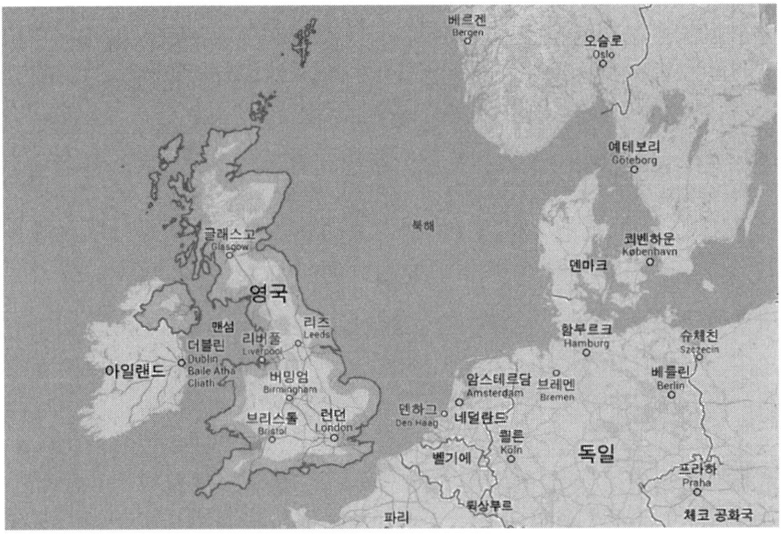

이 명칭은 너무 길어서 약어로 지칭되는 경우가 보통이다. 유엔이나 유럽 의회 같은 공식석상에서는 영국을 "유나이티드 킹덤"(United Kingdom)이라고 지칭하고, 일상적인 상황에서는 더 줄여서 "UK"라고 지칭한다. 올림픽과 같은 행사에서처럼 그레이트브리튼(Great Britain)[6]이라고 칭하기도 한다. 가장 많이 쓰이는 명칭이 브리튼(Britain)이다. "영국적인"이라는 형용사는 "British"이다.

흔히 대영 제국(British Empire)이라고 지칭할 때는 영국과 해외 자치령, 식민지를 다 합친 것이다. 현재 54개국이 가입된 영연방(Commonwealth of Nations)이라는 명칭은, 과거의 자치령과, 식민지 중에서 자치권을 인정받은 캐나다(Canada), 오스트레일리아(Australia), 뉴질랜드(New Zealand), 남아프리카 공화국(South Africa) 등의 새 자치국들이 영국 국왕에 대한 충성의무를 기본으로 하면서 본국과 대등한 지위에 선다는 것을

6 "Great"라는 형용사가 붙게 된 내력은 프랑스에 있는 작은 마을인 브르타뉴(Bretagne=Brittany)와 구별하기 위해서였다.

원칙으로 하여 구성한 연합체이다. 후에 인도(India), 파키스탄(Pakistan), 나이지리아(Nigeria) 등의 다른 식민지들도 자치권을 부여받은 후 영연방에 합류하였다. 이후 영국에 대한 자치국들의 충성 의무가 폐지되면서 연방은 원칙적으로 평등한 국가 간의 우호적 통합이라는 개념으로 바뀌었다. 자치국들과 영국 사이에 맺었던 주민 및 물자의 출입에 관한 특혜관세제도는 1973년 영국이 유럽 공동체(Economic Community, EC)에 가맹하면서 폐지되었다.

영국에 대한 그 밖의 명칭

앨비언(Albion): "white land"라는 의미로, 유럽대륙에서 도버(Dover)해협을 통해 잉글랜드로 건너올 때 처음 보이는 것이 하얀 석회석 절벽(chalk cliff)인데서 유래한 명칭이다. 로마인들은 브리튼을 앨비언이라고 부르기도 했으며, 이 명칭은 이후 시나 수사에서 잉글랜드를 칭할 때 종종 사용되었다. "Albion"의 어원은 희다는 뜻의 "albus"이다.

브리타니아(Britannia): 로마인들이 현재의 잉글랜드 지역에 붙인 이름이다. 이후 브리타니아는 영국을 상징하는 여성이 되었다. 여성 브리타니아는 헬멧을 쓰고 삼지창(trident)을 들고 있는 모습으로 300년 이상을 영국의 동전에 그려져 있었다. 브리타니아에 대한 노래로 "지배하라, 브리타니아!"(Rule, Britannia!)가 있다.

칼레도니아(Caledonia): 로마인들이 스코틀랜드에 붙인 이름이다.

캠브리아(Cambria): 로마인들이 웨일즈에 붙인 이름이다.

하이버니아(Hibernia): 로마인들이 아일랜드에 붙인 이름이다. 문학작품에서 아일랜드는 에린(Erin)이라고도 하며, 아름다운 시골 경치로 인해 에메랄드 섬(The Emerald Isle)이라고 불리기도 한다.

---

2) 네 나라로 이루어진 하나의 국가

영국은 잉글랜드, 웨일즈, 스코틀랜드, 북아일랜드라는 역사적으로 상당히 이질적인 나라(country, 혹은 nation)들이 통합되어 이루어진 하나의 국가(state)이다. 아일랜드인, 웨일즈인, 스코틀랜드의 고지대사람인 하이랜드인(Highlander)들은 켈트족(the Celts)이며, 잉글랜드인, 스코틀랜드의 저지대 사람인 로우랜드인(Lowlander)들은 게르만족(the Germans)이다. 켈트족이 쓰는 켈트어는 게르만족의 게르만어와 다른 언어이며, 두 민족의 경제적, 사회적, 법적 제도도 상당히 다르다.

잉글랜드, 웨일즈, 스코틀랜드, 북아일랜드의 네 지역은 자신들을 상징하는 각기 다른 국기를 가지고 있다. 영국의 국기는 유니언잭(Union Jack)으로 세 국기를 합친 것이다. 원래 잉글랜드의 국기는 흰 바탕에 붉은 색의 십자가가 그려진 것이었다. 1707년 잉글랜드와 스코틀랜드가 정식으로 합병하면서 잉글랜드의 국기 위에 파란 바탕에 흰색의 대각선이 있는 스코틀랜드의 십자가가 합쳐졌다. 이후 아일랜드를 합병하면서 흰 바탕에 붉은 색의 대각선이 있는 아일랜드의 십자가를 겹쳐서 최종적으로 유니언잭이 만들어졌다.[7]

웨일즈에서는 웨일즈 국기인 “웨일즈의 용”(Welsh dragon)이 유니언잭에 포함되지 않은 것에 대한 불만이 많았다. 2007년 웨일즈 출신 의원들

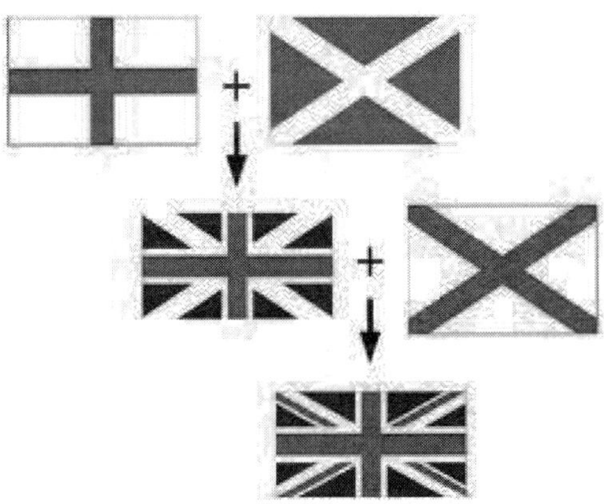

7 각 국기의 십자가는 수호성인을 상징하는 것이다. 잉글랜드의 수호성인은 성 조지(St. George), 웨일즈의 수호성인은 성 데이비드(St. David), 스코틀랜드의 성인은 성 앤드류(St. Andrew), 아일랜드의 성인은 성 패트릭(St. Patrick)이다.

이 유니언잭을 변경할 것을 요구했고 이에 영국 정부는 긍정적으로 검토하겠다고 약속했다. 그러나 영국에서 분리되기를 원하는 일부 웨일즈 민족주의자(nationalist)들은 그 제안을 별로 탐탁하게 여기지 않는다. 웨일즈의 용이 유니언잭에 포함되면 웨일즈는 영원히 분리될 수 없을지도 모른다고 생각하기 때문이다.

영국의 국화는 따로 정해진 것은 없으나, 잉글랜드는 장미(rose), 스코틀랜드는 엉겅퀴(thistle), 아일랜드는 토끼풀(shamrock)과 파(leek), 웨일즈는 수선화(daffodil)를 자신들을 상징하는 꽃으로 삼고 있다. 악기 중에서 하프(Harp)는 웨일즈와 아일랜드의 상징이며 백파이프(Bagpipe)는 스코틀랜드의 상징이다. 아일랜드에서도 크기가 더 작은 백파이프를 사용한다.

한 국가에 속하면서 사실은 다른 나라라는 인식이 가장 잘 드러나는 것은 스포츠 경기에서이다. 올림픽에 참가할 때 영국은 그레이트브리튼이라는 명칭 아래 잉글랜드, 웨일즈, 스코틀랜드, 북아일랜드가 단합해서 참가하여 하나의 국가로서의 위상을 드러낸다. 아일랜드 공화국은 아일랜드라는 이름으로 따로 참가하여 영국에서 독립한 현재의 정치체제를 시사한다. 그러나 다른 스포츠인 경우에는 이와 다른 양상을 보인다. 그것을 다음과 같이 정리할 수 있다.

국가 대표팀

<table>
<tr><th></th><th>잉글랜드</th><th>웨일즈</th><th>스코틀랜드</th><th>북아일랜드</th><th>아일랜드공화국</th></tr>
<tr><td>올림픽</td><td colspan="4">그레이트브리튼</td><td>아일랜드</td></tr>
<tr><td>크리켓</td><td colspan="2">잉글랜드와 웨일즈</td><td>스코틀랜드</td><td colspan="2">아일랜드</td></tr>
<tr><td>럭 비</td><td>잉글랜드</td><td>웨일즈</td><td>스코틀랜드</td><td colspan="2">아일랜드</td></tr>
<tr><td>축 구</td><td>아일랜드</td><td>웨일즈</td><td>스코틀랜드</td><td>북아일랜드</td><td>아일랜드공화국</td></tr>
</table>

영국의 국가는 <하느님, 여왕 / 국왕을 지켜주소서>(God Save the

Queen /King)이다. 이 노래는 16세기의 민요에 그 뿌리를 두고 있으며 1946년 조지 6세가 부분적으로 가사를 수정한 후 현재까지 사용된다. 그 중 표준적으로 불리는 1절에서 3절을 살펴보자.

* <하느님, 여왕/국왕을 지켜주소서>

1
하느님, 저희의 자비로우신 여왕/국왕 폐하를 지켜 주소서.
고귀하신 저희의 여왕/국왕 폐하 만수무강케 하사,
하느님, 여왕/국왕 폐하를 지켜 주소서.
여왕/국왕 폐하께 승리와
복과 영광을 주소서.
저희 위에 길이 군림케 하소서.
하느님, 폐하를 지켜 주소서.

2
오, 지도자이신 주님, 일어나셔서
여왕/국왕 폐하의 적들을 변방으로 흩으사
패배하도록 하소서.
그들의 정치에 혼란을,
그들의 간교한 계략에 좌절을.
당신께 저희의 희망을 거노니
저희 모두를 보우하소서.

3
그대의 최상의 선물을

기뻐하사 여왕/국왕 폐하께 부어주소서.

여왕/국왕 폐하를 길이 군림케 하소서!

여왕/국왕 폐하께서 우리 법을 수호케 하시길,

항상 우리가 마음과 목소리로 찬양할 수 있도록.

선정을 베풀게 하소서.

하느님, 여왕/국왕 폐하를 지켜 주소서.

* "God save the Queen / King"

1.

God save our gracious Queen / King,
Long live our noble Queen / King,
God save the Queen / King!
Send her / him victorious,
Happy and glorious,
Long to reign over us;
God save the Queen / King!

2.

O Lord our God arise,
Scatter her / his enemies
And make them fall;
Confound their politics,
Frustrate their knavish tricks,
On Thee our hopes we fix,
God save us all!

3.

Thy choicest gifts in store
On her / him be pleased to pour;
Long may she / he reign;

May she / he defend our laws,
And ever give us cause
To sing with heart and voice,[8]
God save the Queen / King!

<하느님, 여왕/국왕을 지켜주소서>가 연합왕국으로서의 영국의 국가인 반면 잉글랜드만의 국가로는 <예루살렘>(Jerusalem)[9]이나 <희망과 영광의 땅>(Land of Hope and Glory)[10]을 자주 부르기 때문에 이 곡들을 영국의 국가로 바꾸자는 여론도 있다.

* <예루살렘>

그리고 고대 이래로 그 발들이
잉글랜드의 푸르른 산 위를 걸었단 말인가?
그리고 신성한 그 양이
잉글랜드의 즐거운 목초 위에 보였는가?

그리고 신성한 용모가
구름 낀 언덕 위로 비추어졌는가?
어두운 악마의 맷돌들 가운데
예루살렘이 여기에 세워졌던가?

---

8 남성 국왕일 때는 구(句)의 순서를 바꾸어 "With heart and voice to sing"이라고 부르도록 되어 있다.

9 윌리엄 블레이크(William Blake, 1757~1827)가 1804년 쓴 시에 1916년 후버트 패리 경(Sir Hubert Parry, 1848~1918)이 곡을 붙였다.

10 1902년 에드워드 엘가(Edward Elgar, 1857~1934)가 곡을 쓰고 A. C. 벤슨(Benson, 1862~1925)이 가사(lyrics)를 붙였다.

이글거리는 불의 활을,
욕망의 화살을 내게 가져다주오,
나의 창(槍)을 가져다주오, 오 구름이여 펼쳐져라!
내게 불의 전차를 가져다주오!

나는 정신적 분투를 멈추지 않으리라,
나의 칼은 내 손에서 잠자지 않으리라,
우리가 예루살렘을 건설할 그날까지
잉글랜드의 푸르고 기쁜 땅 안에서

* "Jerusalem"

And did those feet in ancient time.
Walk upon Englands mountains green:
And was the holy Lamb of God,
On England's pleasant pastures seen!

And did the Countenance Divine,
Shine forth upon our clouded hills?
And was Jerusalem builded here,
Among these dark Satanic Mills?

Bring me my bow of burning gold;
Bring me my arrows of desire:
Bring me my spear: O clouds unfold!
Bring me my chariot of fire!

I will not cease from mental fight,
Nor shall my Sword sleep in my hand:
Till we have built Jerusalem,
In England's green and pleasant land.

<희망과 영광의 땅>은 합창(chorus)과 독창(solo)으로 이루어져 있는데, 특히 유명한 합창 부분만 살펴보자.

* <희망과 영광의 땅>

(합창)
희망과 영광의 땅, 자유의 어머니
당신에게서 나온 우리가 어찌 당신을 찬송하지 않을 수 있을까?
더 넓고 넓게 당신의 영역이 세워지니
하느님이 당신을 강하게, 더 힘 있게 만드네.

* "Land of Hope and Glory"

(*Chorus*)
Land of Hope and Glory, Mother of the Free,
How shall we extol thee, who are born of thee?
Wider still, and wider, shall thy bounds be set;
God, who made thee mighty, make thee mightier yet!

또 유명한 비공식 국가는 <지배하라, 브리타니아!>(Rule, Britannia!)이다. 이 노래는 1740년 제임스 톰슨(James Thomson, 1700~1748)의 시에 토마스 아니(Thomas Arne, 1710~1778)가 곡을 붙인 것으로 앨프레드 대왕(Alfred the Great)을 다룬 가면극(masque), <앨프레드>(Alfred)에 들어 있던 피날레 합창의 음을 적용시켜 오늘날의 노래로 만들었다. 이 음악은 영국의 중요한 국가행사 때마다 울려 퍼졌고 곧 영국을 상징하는 비공식 국가로 자리 잡았다. 특히 후렴구 "지배하라, 브리타니아, 파도를 지배하라!"는 영국해군의 상징적인 문구가 되었다. 그러나 오늘날 이 가사는 제국주의적으로 여겨지기 때문에 공적인 장소에서 기피되고 있다. 특히 2절의 "그대만큼 축복받지 못한 나라들… 반드시 그들의 몰락으로" 라는 가사는 많은 논란을 불러일으켰으므로 2절은 곧잘 생략되고 불린다. 총 6절 줄 1절은 다음과 같다.

* <지배하라, 브리타니아!>

1.
브리튼이 처음 천명에 의해,
푸른 망망대해로부터 솟아났을 때
그 땅에 내려진 헌장 있었네,
또한 천사들은 이 선율을 노래했다네.
"지배하라, 브리타니아! 파도를 지배하라!
브리튼인은 결코 노예로 살지 않으리라!"

* "Rule, Britannia!"

1.
When Britain first, at Heaven's command
Arose from out the azure main;
This was the charter of the land,
And guardian angels sang this strain:
"Rule, Britannia! rule the waves:
"Britons never will be slaves."

웨일즈의 공식 국가인 <헨 왈라드 버 나다이>(Hen Wlad Fy Nhadau [heːn wlɑːd və ˈn̥adai])의 의미는 <내 조상의 오랜 땅>(Old Land of My Fathers)이다. 1856년 폰티프리드(Pontypridd)에 살던 에반 제임스(Evan James, 1809~1878)가 노랫말을 썼고 그 아들인 제임스 제임스(James James, 1833~1902)가 작곡했다.

스코틀랜드에서 공식적으로 지정된 국가는 <하느님, 여왕/국왕을 지켜주소서> 뿐이지만 특별한 경우나 스포츠 행사가 있을 때면 <스코틀랜드의 꽃>(Flower of Scotland)을 자주 부른다. 이 노래는 1967년 민속 가요 그룹인 <더 코리즈>(The Corries)의 로이 윌리엄슨(Roy Williamson, 1936~1990)이 발표한 곡이다. 스코틀랜드의 왕 로버트 브루스(Robert Bruce, 재위 1306~1329)가 이끄는 스코틀랜드 군대가 1314년 바녹번 전투(Battle of Bannockburn)에서 잉글랜드의 에드워드 2세(Eward II, 재위 1307~1327)를 물리친 이야기를 소재로 한 것이다. 때로는 <용감한 자 스코틀랜드>(Scotland the Brave), <스코틀랜드인이 가진 것은>(Scots Wha Hae = Scots Who Have), <하이랜드 성당>(Highland Cathedral)을 사용한다.

북아일랜드는 영국의 전통 행사를 할 때는 <하느님, 여왕/국왕을 지켜주소서>를 부르고 아일랜드의 전통 행사를 할 때는 <전사의 노래>(Amhrán na bhFiann, 아우 란 나 비안 ['əuɾˠaːnˠ nˠə'vʲiːənˠ])나 <런던데리 아리아>(Londonderry Air)를 부른다.

3) 영국인의 정체성

2006년 잉글랜드와 웨일즈의 <국가통계원>(the Office for National Statistics)과 <스코틀랜드 일반등기소>(the General Register Office for Scotland)와 <북아일랜드 통계연구소>(the Northern Ireland Statistics and Research Agency)가 제공한 통계를 보면, 영국 인구는 60,600,000명인데, 잉글랜드 인구가 50,800,000명이고, 스코틀랜드가 5,100,000명, 북아일랜드가 1,700,000명, 웨일즈가 3,000,000명이다. 그리고 매년 250,000명 씩 증가하는 추세를 보인다.

분리된 듯 하면서도 통합을 이루고 있는 영국인, 즉 UK의 국민을 가리키는 공식적인 단어는 브리튼인(the Britons)[11]이라는 의미의 "the British" 이다. 그러나 이 용어는 역사적인 과정에서 통합된 웨일즈인(the Welsh), 스코틀랜드인(the Scots), 아일랜드인(the Irish)을 간과하고 주로 잉글랜드인(the English)을 시사한다는 점에서 전 영국인에게 만족스럽게 받아들여지는 것은 아니다.

영국인들은 자신과 다른 지역의 사람들을 이질적으로 여기면서 다른 지역의 전형적인 특징을 크게 부각시키고 자신을 차별화하려고 한다. 잉글랜드인의 전형은 존 벌(John Bull)이다. 이 인물은 19세기의 그림에서 많이 등장하는 허구의 인물로 다소 뚱뚱하고 활발하고 현실적인 성격으로 잉글랜드 시골의 신사상을 나타낸다. 웨일즈인은 노래를 잘하고, 스코틀랜드인은 돈을 잘 쓰지 않고 인색하며, 아일랜드인은 수다쟁이(great talker)라는 등의 전형이 통용되고 있다.

영국인의 민족적 정체성이 형성되는 역사적 과정을 살펴보자. 원래 그레이트브리튼 섬의 잉글랜드 지역에 구석기 시대부터 살던 원주민은 브리튼족(the Britons)이었으므로 기원전 55년 경 부터 이 땅을 침공했던 로마인은 이곳을 브리튼족의 땅이라는 뜻으로 브리타니아(Britannia)라고 지칭했다. 그 후 이베리아 반도(Iberian Peninsula)[12]에 살던 켈트족(the Celts)이 잉글랜드로 밀려들어와 자리를 잡으면서 브리튼족은 웨일즈로 이주하거나 거의 멸종된다. 5세기 초부터는 유럽 대륙에 거주하던 게르만족(the Germans)이 추위를 피해 남쪽으로 대대적인 이동을 하게 되는데, 6세기 초에 그 중 한 일파인 앵글족(the Angles), 색슨족(the Saxons), 유트족(the Jutes)이 그레이트브리튼 섬의 잉글랜드 지역으로 밀려들어와

11 과거 로마가 브리튼 섬을 점령하기 이전부터 잉글랜드 지방에 살았던 원주민은 현대의 영국인과 구별하기 위해 고대 브리튼인(Ancient Briton)으로 지칭한다.

12 카프카스(Caucasus) 산맥 남쪽의 옛 지방 이름. 지금의 조오지아(Georgia)에 해당된다.

그곳에서 이미 번성하고 있던 켈트 족을 쫓아내고 자리를 잡는다. 영어에 독일어와 비슷한 단어와 어미 변화의 흔적이 남아 있는 것은 영어의 모태가 된 앵글로색슨어가 바로 게르만어에서 갈라져 나왔기 때문이다. 잉글랜드 지역에서 쫓겨난 켈트족은 웨일즈, 스코틀랜드, 아일랜드 지역으로 건너 갔으며 그곳에 정착해서 그 나라의 주된 민족을 형성하게 되었다. 따라서 웨일즈어, 스코틀랜드어, 아일랜드어 등은 모두 켈트계 언어이다.

잉글랜드의 새로운 주인이 된 앵글족, 색슨족, 유트족은 같은 문화, 같은 언어를 보유한 게르만족에 속했기 때문에 이후 하나로 동화되었으며 통칭해서 앵글로색슨족이라고 불리게 된다. 이들이 잉글랜드의 주요 민족을 구성하게 되어 이후 이 땅은 앵글족의 땅이라는 의미로 앵글즈랜드(Angles' land)로 불리다가 이후 잉글랜드(England)로 굳어지게 된다.

앵글로색슨족은 원래 유목민족이었기 때문에 자신들의 독특한 문화를 보유하지 못했다. 그래서 이들은 브리튼 섬에 원래 살고 있던 켈트족의 문화적 유산을 그대로 계승한다. 베어울프(Beowulf) 왕의 이야기나 아더왕(King Arthur)의 전설은 원래 켈트족의 유산이었는데 앵글로 색슨족이 물려받아 자신들의 신화로 받아들인 것이다.

부족국가에서 점점 왕국으로 발전하며 잉글랜드 땅에서 번성하던 앵글로색슨족은 10~11세기에 바이킹족(the Vikings)이라 불리던 데인족(the Danes) 일파의 침입을 받아 왕국의 흥망성세를 겪게 된다. 그러다 프랑스의 노르망디(Normandy) 지역에 살던 바이킹족의 일족인 노르만족(the Normans)의 공격을 받아 앵글로색슨족의 왕조는 완전히 무너지고 이후 노르만족이 잉글랜드를 통치하는 왕족으로 등극한다. 이것이 1066년의 "노르만 콩퀘스트"(Norman Conquest)이다.

노르만 왕조가 잉글랜드를 지배하게 되었지만 부족의 일부만 잉글랜드로 이주했을 뿐 부족민 대부분은 살기 좋은 프랑스에 그대로 남아있었다. 따라서 잉글랜드의 대부분 주민은 여전히 앵글로색슨족이었다. 이후 잉글랜드가 켈트족으로 구성된 웨일즈, 스코틀랜드, 아일랜드를 차례로 합병하면서 영국인은 앵글로색슨족, 노르만족, 켈트족으로 구성된다.

한편 19세기에 광대한 식민지를 운영하던 영국은 아시아, 인도, 아프리카 등의 식민지에서 많은 이민자들을 받아 들였고 이로 인해 현대의 영국인은 수많은 소수민족을 포함한 인종적 복합성을 특징으로 하게 된다. 영국의 2001년 인구조사에서는 "당신은 어느 인종 그룹에 속합니까?" (What is your ethnic group?)라는 질문이 있었는데, 주어진 범주에 대한 답변은 다음과 같았다.

<당신은 어느 인종 그룹에 속합니까?>

영국계 백인 (white British)	그 외 백인 (white other)	인도계 아시아인 (Asian Indian)	파키스탄계 아시아인 (Asian Pakistani)	혼혈인 (mixed ethnicity)	아일랜드계 백인 (white Irish)	카리브계 흑인 (black Caribb-ean)	아프리카계 흑인 (black African)	방글라데시계 흑인 (black Bangla-deshi)	중국인 (Chinese)	그 외 아시아인 (Asian other)
88%	2.4%	1.8%	1.3%	1.2%	1.1%	1.0%	0.8%	0.5%	0.4%	0.4%

2 영국인의 언어

1) 영어의 역사

영국인의 공용어인 영어(English)의 특성은 영국의 역사와 큰 관계가 있다. 영어는 게르만족의 일파인 앵글로색슨족이 사용하던 앵글로색슨어가 그 모태이다. 따라서 원래 앵글로색슨어는 현재의 독일어와 상당히 유사했다. 앵글로색슨어가 현재의 독일어와 다른 방향으로 변하게 된 것은 바로 1066년 노르만족의 윌리엄이 잉글랜드의 왕권을 차지하게 된 "노르만 콩퀘스트"와 긴밀하게 관련되어 있다.

앵글로색슨족은 전체 부족이 유럽대륙에서 잉글랜드로 이주해온 반면 노르만족의 침공은 소수 군대에 의해 이루어졌다. 노르만족은 잉글랜드를 점령했지만 전체 부족은 여전히 더 따뜻하고 풍요로운 프랑스의 노르망디(Normandy) 지방에 거주하고 있었던 것이다. 앵글로색슨 왕조의 왕과 귀족들의 영지를 빼앗은 노르만족의 왕과 영주들도 대부분 잉글랜드에 상주하기를 원치 않았으므로, 노르망디에 거주하면서 대리인을 시켜 영토를 관리하는 부재왕(Absentee king)과 부재지주(Absentee landlord)가 많았다. 따라서 잉글랜드 땅에서 살아가는 대부분의 일반 민중은 앵글로색슨족이었다.

노르만족 귀족과 상류계층은 학문적인 글을 쓸 때는 라틴어(the Latin)를 사용했고 일상어로는 그들의 고향언어이자 세련된 언어인 프랑스어,

즉 노르망디 지역의 사투리인 노르만프렌치(the Norman French)를 사용했다. 반면 앵글로색슨족인 일반 민중은 앵글로색슨어(the Anglo-saxon language)를 일상생활에서 사용했다. 이후 약 300여 년 동안 이런 양상이 계속되면서 영어는 독일어나 프랑스어에 비해 상대적으로 짧고 간결해지고 문법이 쉬워진다. 또한 라틴어와 프랑스어에서 많은 어휘를 차용하면서 원래의 앵글로색슨어보다 어휘가 풍부해졌다. 현재의 영어 중에서 단음절이며 쉬운 단어는 대개 토착 앵글로색슨어에서 기원한 것이며 다소 길고 복잡한 단어는 라틴어나 프랑스어에서 기원한 것으로 볼 수 있다.

앵글로색슨어의 흔적은 5세기부터 12세기 중반까지 쓰이던 고대영어(Old English)와 11세기 말에서 15세기 말까지 쓰이던 중세영어(Middle English)에 남아 있다. 고대영어는 앵글로색슨어의 모습을 거의 그대로 보존하고 있다. 고대영어로 쓴 작품으로는 『베어울프』(*Beowulf*)가 있는데, 오늘날 소수의 학자들만이 해독할 수 있다. 12세기에 이르면 일반 민중들이 주로 사용해온 영어는 한결 간결해져서 고대영어와 상당히 달라지며 현대영어와 비슷한 부분도 엿보이는데 이 영어를 중세영어라고 한다. 이 무렵 잉글랜드인의 자부심과 애국심이 증가하면서 영어를 무식한 사람의 저속한 언어라고 경시하던 풍조가 점차 사라졌으며 영어로 글을 쓰는 지식인들이 늘어났다. 중세영어로 시작을 한 가장 유명한 시인이 바로 제프리 초서(Geoffrey Chaucer, c. 1343~1400)이며 그의 걸작 『캔터베리 이야기』(*The Canterbury Tales*)는 지금도 널리 읽힌다. 『캔터베리 이야기』는 캔터베리로 순례를 가는 사람들이 여행길에 심심하지 않게 서로 나눈 이야기를 모은 형식을 취했다.[1] 『캔터베리 이야기』의 맨 앞에 있는 「서

1 이런 형식은 당대 유행하던 것으로 이탈리아의 죠바니 복카치오(Giovanni Boccaccio, 1313~1375)가 쓴 『데카메론』(*The Decameron*, 1350~51)의 형식을 보고 모방한 것으로 여겨진다. 그러나 데카메론은 기계적으로 이야기를 모은 데 반해 초서는 이야기 중간에 등장인물들이 서로 갈등하는 구조를 포함하여 창조성을 발휘했다.

곡」(The General Prologue)은 다양한 직업과 성격을 가진 순례자들을 설명하면서 앞으로 전개될 이야기의 기본을 제시한다. 중세영어로 씌어진 「서곡」의 일부를 살펴보면 현대영어와는 상당히 달라서 주석이 필요하지만, 현대영어의 면모를 엿볼 수 있다.

*『캔터베리 이야기』 제프리 초서 지음

「서곡」

4월이 달콤한 봄비와 더불어
메마른 3월의 뿌리까지 내려가
초목의 줄기를 흠뻑 적시고
그래서 꽃들이 피어날 때면,
서풍 또한 그 향기로운 숨결로
숲과 들판의 여린 싹들에게 입김 불어넣고,
젊은 태양은 황도대 반쯤 지나가고,
뜬눈으로 밤을 지샌 작은 새들은
(자연이 그들 가슴 설레게 하기에)
저마다 여기저기서 지저귈 때면,
사람들은 순례 떠나고픈 마음 달랠 길 없어
이역만리 낯선 고장 성소 찾아 나서고,
특히나 영국 방방곳곳에서
캔터베리로 그들은 모여든다네,
병들어 고생할 때 도움 주었던
거룩하고 복된 순교성인을 찾아서.

* *The Canterbury Tales* by Geoffrey Chaucer

The General Prologue (Middle English)

Whan that April, with his shoures soote
The droghte of March hath perced to the roote
And bathed every veine in swich licour,
Of which vertu engendred is the flowr;
Whan Zephyrus eek with his sweete breeth
Inspired hath in every holt and heeth
The tendre croppes, and the yonge sonne
Hath in the Ram his halve cours yronne,
And smale fowles maken melodye,
That sleepen al the night with open yë--
So priketh hem Nature in hir corages--
Thanne longen folk to goon on pilgrimages,
And palmeres for to seken straunge strondes
To ferne halwes, couthe in sondry londes;
And specially from every shires ende
Of Engelond to Canterbury they wende,
The holy blisful martyr for to seeke
That hem hath holpen whan that they were seke.

* *The Canterbury Tales* (Modern English)

The General Prologue

When the West Wind too, with his sweet breath,
Has breathed new life - in every copse and heath -
Into each tender shoot, and the young sun
From Aries moves to Taurus on his run,
And those small birds begin their melody,
(The ones who 'sleep` all night with open eye,)
Then nature stirs them up to such a pitch
That folk all long to go on pilgrimage
And wandering travellers tread new shores, strange strands,

Seek out far shrines, renowned in many lands,
And specially from every shire's end
Of England to Canterbury they wend
The holy blessed martyr there to seek,
Who has brought health to them when they were sick.

2) 영어의 지역적 차이

영국의 공식 언어는 영어이며 BBC 방송국에서 쓰는 영어를 표준어로 삼고 있다. 그러나 영국민의 구성 자체가 다양한 만큼 지역에 따라 다양한 언어가 사용되며 또 영어도 지역에 따라 다소의 차이를 보인다. 잉글랜드에서는 영어를 사용하지만 원래 켈트인들의 언어인 게일어(Gaelic)를 모국어로 가진 웨일즈, 스코틀랜드, 아일랜드는 상황이 다소 복잡하다. 물론 이 지역들에서도 영어를 사용하지만 원래의 게일어의 흔적을 영어에 포함하고 있거나 아니면 아예 게일어를 사용한다. 웨일즈에서는 인구의 50%가 웨일즈어(Welsh)를 사용하며 웨일즈어를 사용하는 독립방송국도 있다. 스코틀랜드 게일어(Scottish Gaelic)는 그 존재가 많이 사라졌지만 스코틀랜드 시골의 사투리에 흔적이 남아 있다. 아일랜드에서는 잉글랜드의 식민을 당하면서 아일랜드 게일어(Irish Gaelic)가 한때 거의 사라지기도 했으나 언어와 문화의 부흥운동을 통해 되살아났으며 현재는 공식 언어로 학교에서 가르친다. 영어와 웨일즈어, 스코틀랜드 게일어, 아일랜드 게일어의 차이를 예문을 통해서 살펴보자.

한국어	하늘에 계신 우리 아버지
영어	Our Father, who art[2)] in Heaven
웨일즈어	Ein Tad, yr hwn wyt yn y nefoedd
스코틀랜드 게일어	Ar n-athair a tha air nèamh
아일랜드 게일어	Ár n-atheir, atáar neamh

스코틀랜드어는 세 가지로 나누어진다. 스코틀랜드 전역에서 쓰이는 영어는 스코틀랜드 영어(Scottish English)이다. 스코트어(Scots)는 스코틀랜드 남부의 저지대인 로우랜드(Lowland)와 아일랜드 북부지방인 얼스터(Ulster) 지방에서 쓰이는 영어의 방언이다. 스코틀랜드 게일어는 스코틀랜드 북부의 고지대인 하이랜드(Highland)에서 주로 쓰인다. <스코틀랜드의 꽃>은 스코틀랜드 영어로 "Flower of Scotland", 스코트어로는 "Flouer o Scotland", 스코틀랜드 게일어로는 "Flùr na h-Alba"이다. 이 노래의 1절을 스코틀랜드 영어, 스코트어, 스코틀랜드 게일어로 살펴보면 그 차이를 알 수 있다.

"Flower of Scotland" (Scotland English)	"Flouer o Scotland" (Scots)	"Flùr na h-Alba" (Scottish Gaelic)
O Flower of Scotland, When will we see Your like again That fought and died for Your wee bit hill and glen. And stood against him, Proud Edward's army, And sent him homeward To think again.	O Flouer o Scotland, When will we see Yer like again, That focht an dee'd for Yere wee bit Hill an Glen, An stuid agin him, Prood Edward's Airmy, An senet him hamewart, Tae think again.	O Fhlùir na h-Alba, cuin a chìsinn an seòrsa laoich a sheas gu bàs 'son am bileag feòir is fraoich, a sheas an aghaidh feachd uailleil Iomhair 's a ruaig e dhachaidh air chaochladh smaoin?

지역별로 다른 언어적 차이는 지명과 인명에도 나타난다. 잉글랜드의 경우 앵글로색슨족이 지배하던 시절에는 사람을 지칭할 때 가문을 나타내는 성(last name, family name)이 없었고 이름(first name)만 있었다. 그러나 노르만족이 등장하면서 가문을 나타내는 성의 개념이 함께 들어왔고 이후 잉글랜드인들은 자신의 직업이나 특성을 고려해서 자신의 집안을 표현하는 성을 만들었다.[3] 직업을 나타내는 말을 가문의 성으로 만든 이

2 art: are의 고어.

3 잉글랜드와 스코틀랜드에서 가장 흔한 성은 대장장이라는 뜻의 "Smith"이다.

름의 예로는 "William Baker", "Margaret Thatcher", 자신의 신체적 특성을 고려한 성은 "John Long", "Emily Little" 등이다. 아버지의 이름을 부각시킨 경우는 "son"을 아버지의 이름 뒤에 붙인, "Kevin Williamson", "Robert Richardson" 등이다.

웨일즈의 가문의 성은 대개 기독교의 성인의 이름과 관련되어 있다. 유명한 웨일즈의 시인인 딜런 토마스(Dylan Thomas)의 이름에서 "Thomas"는 예수의 제자 중 한 명인 도마이며, 로저 데이비스(Roger Davies)에서 "Davies"는 "David"(구약의 다윗)의 한 형태이며, 제프리 존스(Geoffrey Jones)에서 "Jones"는 성서의 집필자인 "John"(요한)이다. 아버지의 이름을 이용할 경우 잉글랜드에서 "son"을 붙인 것처럼 웨일즈에서는 "누구의 아들"을 뜻하는 "ap"혹은 "ab"를 사용하며 이것이 접두어가 될 경우는 "p"로 바뀐다. "Price", "Parry", "Pugh" 등의 성이 그 경우에 속한다. 말하자면 웨일즈의 "Gary Prichard"는 잉글랜드의 "Gary Richardson"과 같은 이름이다. "Evans", "Jones", "Morgan", "Price", "Williams" 같은 이름은 모두 웨일즈에서 흔한 이름이다. 웨일즈 인을 통칭할 때는 다이(Dai), 혹은 태피(Taffy)라는 별명으로 부른다.

웨일즈의 지명에는 "란"(Llan)이라는 어미가 붙은 단어가 많은데 그것은 교회가 있는 지역(area)을 의미한다. 웨일즈어로서 전 영국에 잘 알려진 유명한 단어는 아이스테드포드(eisteddfod)이다. 이 말은 경연(competition)이라는 뜻으로 웨일즈에서 열리는 노래, 춤, 시 낭송 등의 경연대회를 말한다.

스코틀랜드에서는 "누구의 아들"이라는 뜻으로 "Mac"(son of)을 사용한다. 그래서 "MacDonald", "MacKenzie"라는 이름을 볼 수 있는데, "MacDonald"는 잉글랜드에서는 "Donaldson"이 된다. 스코틀랜드에서는 "Campbell", "Cameron" 등이 아주 흔한 성이어서 이런 성만 들어도 스코틀랜드 출신임을 짐작할 수 있다. 또 스코틀랜드에서 흔히 남자에게 붙여주는 이름으로는 “Angus”, “Donald”, “Duncan” 등이 있다. 여자에게는 “Morag”, “Fiona”, “Jean” 등을 곧잘 붙인다. “Jimmy”와 “Jock”도 스코틀랜드에서 흔한 남자 이름이므로 잉글랜드 사람들은 스코틀랜드 사람을 통칭할 때 아예 “지미”나 “족”이라고 부르기도 하는데, 자칫 경멸적으로 들릴 수 있다.

잉글랜드인과 스코틀랜드인의 묵은 갈등의 골은 아직도 스포츠 게임에서 잘 나타난다. 스코틀랜드 팀과 잉글랜드 팀이 축구 시합을 할 때 잉글랜드인들은 스코틀랜드인들이 샤세나크(the Sassenachs)에게 복수하러 온다고 말한다. 샤세나크는 잉글랜드인, 혹은 앵글로색슨인을 지칭하는 스코틀랜드말이다.

스코틀랜드는 웨일즈나 아일랜드에 비해 영어에 더 많이 동화된 지역이지만 아직도 게일어의 흔적이 남아 있다. 우리가 영어에서 익숙하게 볼 수 있는 스코틀랜드어로는, “For auld lang syne(in memory of past times)”, “wee(small)”, “wee laddie(small boy)”, “a bonnie lass(a pretty girl)”, “bairn(a young child)”, “aye(yes)”, “wee dram(one go)” 등이 있다. 스코틀랜드의 유명한 술은 “스카치 위스키”(Scotch Whisky)[4]이지만 스코틀랜드의 물건이나 사람을 가리키는 형용사로는 “Scottish”를 사용한다. 스코틀랜드인은 “the Scots”, 혹은 “the Scottish”라고 한다.

아일랜드인들이 가문(the family)을 나타내는 방식은 “O'”를 붙이는 것이며, 누구의 아들을 나타낼 때는 “Fitz”, “Mc”, “Kil”, “Gil”, 등을 앞에 붙인다. 그래서 “O'Brien”, “O'Neil”, “Kilmartin”, “Fitzwillaim”, “Fitzgerald”, “Gilmurray”, “McMahon”, “McHugh” 같은 이름을 볼 수 있다. 아일랜드도 잉글랜드와 같은 이름을 많이 쓰고 있으나 철자와 발음은 잉글랜드어와 다르다. 예를 들면 잉글랜드의 존(John)은 션(Sean), 제임스(James)는

4 아일랜드에서는 위스키의 철자를 스코틀랜드와 달리 “Whiskey”라고 한다.

시머스(Seamus), 윌리엄(William)은 리엄(Liam), 조애너(Joanna)는 시애너(Seanna), 브리짓(Bridget)은 브리드(Brid), 찰스(Charles)는 커테일(Catail) 등으로 쓰고 발음한다. 따라서 이름만 듣고도 아일랜드 출신이라는 것을 알 수 있다. 패트릭(Patrick)의 줄임말인 패디(Paddy)와 마이클(Michael)의 줄임말인 미키(Micky) 혹은 믹(Mick)은 게일식 이름은 아니지만 아일랜드에서 선호해서 많이 쓰는 이름이므로 흔히 아일랜드 사람들을 "미키"나 "패디"라고 통칭하는데, 다소 경멸적으로 들릴 수 있다.

아일랜드는 오랫동안 영국의 식민지로 있는 와중에 원래의 언어인 게일어를 잃어버리고 영어를 공식어로 사용해왔다. 20세기 초에 독립운동을 하면서 아일랜드의 언어와 문화를 되살리는 노력이 활발해졌으며 이것을 아일랜드 르네상스(Irish Renaissance)라고 한다. 이 운동을 통해 아일랜드어가 복원 되었고 현재는 아일랜드 게일어를 공식 교육과정에 삽입시켜 가르치고 있다. 영국에 속하기로 결정한 북아일랜드는 영어를 공식어로 사용하지만 아일랜드 게일어를 필수로 가르친다. 영어에 그대로 남아 쓰이고 있는 아일랜드 게일어로는 "bally(town)", "sliev(mountain)", "lough(lake)", "inis(island)", "drum(mountain top)", "glen(valley)" 등이 있다.

3) 계층에 따른 영어의 차이

영국은 일찍부터 왕의 권한을 제한하면서 입헌군주제를 확립했고 정치적 민주화도 이루었지만 젠트리와 중산층, 노동계층으로 구분되는 계층의 차이에 대한 인식은 쉽게 바뀌지 않았고 그 흔적은 영어의 특정 단어의 쓰임새와 발음 등에 아직도 남아 있다. 이런 현상이 사회적으로 주목의 대상이 된 것은 1954년 버밍엄 대학교 언어학 교수인 앨런 로스(Alan S. C. Ross)가 발표한 논문 때문이었다. 로스는 사회적 계층에 따라서 영어의 어휘 사용에 차이가 있음을 밝히면서 상류층이 쓰는 U 영어(Upper English)와 중산층이 쓰는 non-U 영어(non-Upper English)를 구별하였다. 로스의 핵심은 상류층과 노동자층은 같은 어휘를 쓰는 반면 중산층의 영어가 다르다는 것이다. 상류층은 굳이 자신을 미화시킬 필요가 없어 전통적인 어휘를 사용하지만 중산층은 자신들의 위치를 높이고 싶은 마음에 좀 고상해보이고 지적인 어휘를 쓴다는 것이다. 낸시 밋포드(Nancy Mitford)는 이에 자극받아 『영국의 귀족성』(*The English Aristocracy*)에서 상류층과 중류층이 다르게 쓰는 단어들을 모아서 제시하였다. 몇 가지 예를 들면 다음과 같다.

U English	non-U English
Bike	Cycle
Vegetables	Greens
Ice	Ice Cream
Scent	Perfume
Looking-glass	Mirror
Graveyard	Cemetery
Spectacles	Glasses
Die	Pass on
Mad	Mental
Lavatory	Toilet
Rich	Wealthy
What?	Pardon?
Lunch	Dinner
(School) master, mistress	Teacher

그러나 20세기 말에 접어들면서 반동적으로 반속물화 현상이 보편화되면서 상류층이나 중산층의 젊은이들이 노동자 계층의 화법을 차용하는 일이 늘어나기도 했다.

같은 영어를 사용하지만 다른 계층 사이에 의사소통이 되지 않는 상황은 실제 현실이기도 하다. 이를 과장되게 풍자한 소설이 수 타운젠드(Sue Townsend, 1946~)의 『여왕과 나』(*The Queen and I*, 1992)이다. 이 소설은 영국에 공화정부가 들어서게 된 상황을 상상한 판타지이다. 폐위가 된 영국 여왕은 남편과 함께 노동자들이 주로 거주하는 주택단지인 <헬 클로즈>(Hell Close)[5]라는 곳으로 이사를 가게 된다. 여왕은 노동자 계층인 스레드골드 부부(The Threadgolds)와 대화를 나누지만 서로 의사소통이 되지 않는다. 다음의 발췌문에서 여왕과 스레드골드는 서로 도끼(an ax)라는 말을 알아듣지 못해서 의사소통이 되지 않는다.

* *The Queen and I* by Sue Townsend

The Threadgolds watched as a shadowy figure ordered a tall man out of the van. Was she a foreigner? It wasn't English she was talking was it? But as their ears became more accustomed they realized it was English, but posh[6] English, *really* posh.

"Tone, why they moved a poho in Hell Close?" asked Beverley.

"Dunno," replied Tony, peering into the gloom. "Seen her somewhere before. Is she Dr Khan's receptionist?"

"No," said Beverley (who was always at the doctor''s, so she spoke with some authority), "definitely not."

"Christ, just our bleedin' luck to have poshos nex' door."

"Least they won't shit in the bath, like the last lot of mongrels."

"Yeah, there is that," conceded Tony.

Prince Philip stared speechlessly at Number Nine. A street light flickered into life, casting a theatrical glow over his dilapidated future home. It continued to flicker as though it

5 close: 골목길.

6 posh: (경멸적으로) 상류의.

belonged in the theatre and was auditioning for a storm at sea. The driver let down the ramp at the back of the van and went inside. He"d never seen such lovely stuff -- not in twentyone years of removals. The dog in the cage at the back started to growl and snap and hurl its ferocious little body against the bars.

"They've got a dog," said Tony.

"So long as they keep it under control," said Beverley.

Tony squeezed his wife's shoulder. She was a good kid, he thought. Tolerant like.

Prince Philip spoke. "It's abso-bloody-lutely impossible. I refuse. I'd sooner live in a bloody *ditch*. And that bloody *light* will send me *mad*."

He shouted up at the light which carried on with its stormat-sea impression, taking on hurricane status when Philip took hold of its post and shook it violently from side to side.

Beverley said, "I got it. He's a loony, one of them that's been let out to die in the community."

Tony watched as Philip ran to the back of the van and screamed at the little dog, "Quiet, Harris! You sodding little turd!"

"You might be right, Bev," said Tony. They turned to go back into their house when the Queen addressed them.

"Excuse me, but would you have an axe I could borrow?"

"An *ix*?" repeated Tony.

"Yes, an axe." The Queen came to their front gate.

"An *ix*?" puzzled Beverley.

"Yes."

"I dunno what an 'ix' *is*," Tony said.

"You don't know what an axe is?"

"No."

"One uses it for chopping wood."

The Queen was growing impatient. She had made a simple request; her new neighbours were obviously morons. She was aware that educational standards had fallen, but not to know what an *axe* was... It was a scandal.

"I need an implement of some kind to gain access to my

house."

"Arse?"

"*House*!"

The driver volunteered his services as translator. His hours talking to the Queen had given him a new found linguistic confidence.

"This lady wants to know if you've got a *axe*."

"Yeah, I got a axe, but I ain't 'anding it over to 'im," said Tony, pointing at Philip. The Queen came down the garden path towards the Threadgolds and the light from their hall illuminated her face. Beverley gasped and curtsied clumsily.

Tony reeled back and clutched the lintel of the front door for support before saying, "It's out the back, I'll geddit."

Left alone, Beverley burst into tears.

"It was the shock," she said later, as she and Tony lay in bed unable to sleep.

"I mean, who would believe it? I still don't believe it, Tone.'

"Nor do I, Bev. I mean, the Queen next door. We'll put in for a transfer, eh?"

Slightly comforted, Beverley went to sleep.

계층적인 특징을 가장 잘 나타내는 사투리가 코크니(Cockney)이다. 원래 코크니는 런던에 사는 토박이와 그들이 쓰는 액센트가 강한 영어 둘 다를 통틀어 칭하는 말이다. 진정한 코크니는 보우 종(Bow bells)[7]소리가 들리는 곳에서 태어난 사람이지만, 보통은 런던의 가장 동쪽 교외의 넓은 지역과 테임즈 강의 남쪽 지역에 사는 사람들을 지칭한다. 이 지역은 전통적으로 노동자 계층이 주로 살았으므로 하층노동계급의 영어를 코크니라고 지칭하게 되었다. 지금은 런던사람의 영어를 다 지칭하는 용어이다. 또 잉글랜드의 남서지역, 특히 템스 강 하구에서 널리 사용되는 영어를 하구영어(EN, Estuary English)라고 하는데 코크니 영어와 비슷한 특징을 보인다.

코크니 영어의 특징은 “레이트”(late)를 “라이트”(light)처럼 모음을 바

7 런던의 이스트엔드(East End)에 있는 성 메리러보우(St. Mary-le-Bow) 교회의 종.

꾸어서 발음하는 것이다. 또 [t] 소리를 목에서 공기를 멈추어 발음하지 않는 경향이 있다. 그래서 "butter"를 "버터"가 아니라 "버어"[bu'er]로 발음한다. 또 "th"글자의 발음, 즉 [θ]를 [f]로 발음한다. 그래서 "낫씽"(nothing)을 "나핑"(nuffink)으로 발음한다.

19세기에 이스트엔드(East End)에 살던 범죄자들은 경찰을 속이기 위해 은어(slang)를 발전시켰는데, 각운에 맞는 단어나 구를 사용했기 때문에 각운은어(rhyming slang)라고 한다. 이 각운은어가 이제는 관용구로 런던의 서민들 사이에서 사용되고 있다. 몇 가지 예를 들어보자. "head"를 뜻하는 은어는 "loaf of bread"인데 "head"와 "bread"의 각운을 맞춘 것을 알 수 있다. 마찬가지로 "look"의 뜻으로 "butcher's hook"을 사용한다. 그런데 각운으로 맞춘 원래의 단어를 혹시라도 경찰이 짐작해낼 위험을 피하기 위해 범죄자들은 각운을 맞춘 단어를 생략하고 앞단어만 사용하여 더욱 은밀한 은어를 만들어내었다. 그래서 "head"를 뜻하기 위해 "loaf of bread"대신에 "loaf"만 쓰거나, "look"을 의미하는 "butcher's hook"대신 "butcher's"만 쓴다. 따라서 "Use your head!"(머리를 쓰고 바보같이 굴지 마라)는 의미로 "Use your loaf!"라고 말한다. 또 "Let me have a look."(어디 한번 보자)의 의미로 "Let me have a butcher's."라고 한다. 비슷한 은어의 예를 몇 가지 더 들어보자.

Rhyming slang	Standard English
Barnet Fair	hair
Bees and honey	money
Daisy roots	boots
Plates of meat	feet
North and South	mouth
Dog and bone	telephone
Trouble and strife	wife
Apples and pears	stairs

다음의 문장은 공중전화가 어디 있느냐는 질문에 대한 장사꾼의 대답과 그것을 표준영어로 옮긴 것이다.

Rhyming slang	Standard English
Dog and bone, Guv? Right--Take a butcher's up the toad and then use your mince pies and you'll see it.	Telephone, Governor? Right--Take a look up the road and then use your eyes and you'll see it.

3 영국의 지리

먼저 영국의 수도인 런던시를 살펴보고, 잉글랜드 지역을 남동지역, 남서지역, 동부잉글랜드, 중부잉글랜드, 북부잉글랜드 등 5개 지역으로 나누어 살펴본 후, 웨일즈, 스코틀랜드, 북아일랜드를 살펴볼 것이다.

잉글랜드는 대체로 낮은 구릉과 고원들로 이루어져 있으며, 600~900m 높이의 페나인 산맥(the Pennines)이 상당한 고지대로서 잉글랜드 북부를 북서부와 북동부로 나눈다. 날씨는 대체로 온화하지만 표준에서 벗어난 온대 해양성 기후 지역이어서 변화가 많다. 강수량이 많지 않고 집중 호우도 없어서 잉글랜드의 산들은 산림이 없는 목초지로 개발되어도 홍수의 위협을 받지 않는 편이다.

1) 런던

잉글랜드와 영국의 수도로서 세계적으로 유명한 도시인 런던은 잉글랜드 남동부 템스 강 하구(estuary)에서 약 60km 상류에 있다. 영국인은 런던에 대해 대단한 자부심을 느끼고 있다. 18세기 영국의 저명한 작가인

사무엘 존슨(Samuel Johnson, 1709~1784)이 자신의 전기를 쓴 제임스 보스웰(James Boswell, 1740~1795)에게 런던의 다양성과 매력에 대해 한 다음의 말은 바로 그런 자부심을 드러낸다.

"글쎄, 선생, 지성인 중에서는 기꺼이 런던을 떠나려고 하는 사람이 거의 없을 거요. 아니, 선생, 런던에 싫증이 난 사람이라면 아마 인생 자체가 싫증이 난거지요. 인생이 제공할 수 있는 모든 것이 런던에 있으니까 말이오."

"Why, Sir, you find no man, at all intellectual, who is willing to leave London. No, Sir, when a man is tired of London, he is tired of life; for there is in London all that life can afford."

런던이라는 지명은 "호수의 도시"를 뜻하는 켈트어의 린딘(Llyn Din)

을 어원으로 한다. 중세까지는 런던이라고 하면 지금의 시티오브런던(the City of London)에 해당하는 지역을 가리키는 것이었으나 19세기 이후로 런던이라는 명칭은 이 중심가를 포함해서 그 주변에 발달된 대도시 지역 전체를 언급하게 되었다. 1965년 시티오브런던과 32개의 런던특별구들(London boroughs)을 포함해서 그레이터런던(Greater London)이 설립되었다. 통상적으로 런던은 그레이터런던 또는 도시권역 전체를 지칭하는 뜻으로 쓰이고 시티오브런던은 그냥 시티(the City)로 통칭된다.

런던은 기원 43년 로마의 클라우디우스(Claudius, 재위 41~54) 황제의 침공 때부터 발전하게 된다. 로마 점령시대에 론디니움(Londinium)이라고 불린 런던은 템스 강 덕분에 천연의 항구로서 일찍부터 상업의 중심지로 역할할 수 있었다. 로마인들이 2세기에 구축한 성벽이 아직도 남아있고 런던을 기점으로 하는 로마 도로의 흔적도 남아 있다. 그러나 로마인들이 물러가면서 런던은 수도로서의 위치를 상실하게 된다. 일부 앵글로색슨족이 런던에 자리를 잡았지만 런던은 크게 발전하지 못했고 바이킹족의 잦은 침공으로 점차 쇠퇴해갔다.

그러다 886년 앨프레드 대왕(Alfred the Great, 재위 871~899)이 런던을 재건한 후 천천히 성장했고, 11 세기경에는 급속도로 발전하여 잉글랜드의 다른 도시와 비교할 수 없을 정도로 큰 도시(town)가 되었다. 웨섹스 왕조(House of Wessex)의 마지막 왕인 참회왕 에드워드(Edward the Confessor, 재위 1042~1066)가 런던에 웨스트민스터 성당(Westminster Abbey)을 로마네스크(Romanesque) 양식으로 새로 지은 후 앵글로색슨족의 중심지는 윈체스터(Winchester)에서 런던으로 완전히 바뀌었다.

1066년 해스팅스 전투(Battle of Hastings)에서 승리를 거둔 노르망디 공 윌리엄(William Duke of Normandy, 재위 1066~1087)은 새로 지은 웨스트민스터 성당에서 잉글랜드의 정복왕 윌리엄 1세로 즉위하면서, 런던의 복종에 대한 교환조건으로 현재의 시티오브런던인 런던시를 자치정부로 인정했다. 1100년대에는 런던에서 길드(Guild)[1]가 발달하기 시작했고 1190년대에 길드의 조합원들이 런던의 첫 시장을 뽑았다. 이후 존 왕(King John, 재위 1199~1216)이 마그나 카르타(Magna Carta, 대헌장 1215)에서 런던의 자치를 인정하면서 런던자치가 확정되었다. 오늘날까지 이어진 런던시장각하(Lord Mayor)[2]의 취임식 행렬은 그때부터 시작된 의식이 계속 되고 있는 것이다.

이후 런던은 점점 국제상업의 중심지로 발전했다. 18세기 중반부터 시작된 산업혁명(Industrial Revolution) 때는 런던에 위치한 각종 상인 길드가 주로 잉글랜드의 중부와 북부에 위치해 있던 산업공장들을 대신해 원료수입과 제품수출의 중개지로서 지대한 역할을 하여 국내 뿐 아니라 국제적으로도 중요성을 가지게 되었다. 1851년 하이드 파크(Hyde Park)에서 열린 제 1차 세계박람회(World's Fair)는 이런 번영의 상징이 되었다.

런던의 인구는 중세 이후로 계속 증가했다. 16세기에는 템스 강 남쪽 해안을 별장지대로 개발하기에 이르렀으며, 17세기에는 인구가 40만 명으로 증가하여 플리트가(the Fleet Street)와 스트랜드가(the Strand) 등 인접지역이 시가지로 성장하였다. 그러다 왕정복고시대인 1665년 영국 전역에 페스트가 크게 유행하여 거의 10만 여명의 런던 시민이 목숨을 잃었으며, 감염을 우려해 런던을 벗어난 주민까지 합하면 런던 인구는 3분의 1로 격감하였다. 뒤이어 1666년 런던에 대화재(the Great Fire)가 발생하여 런던시의 5분의 4가 소실되었으며, 세인트폴 대성당(St. Paul Cathedral)

1 중세의 상인과 수공업자 등의 동업조합.

2 정식 명칭은 "The Right Honourable the Lord Mayor of London"이다. 시티에서는 "Lord Mayor"가 더 큰 힘을 가지고 있다. "Lord Mayor"는 매년 시티에서 미클머스(Michaelmas, 9월 29일 대천사 미가엘 축일)에 선출되며 선출 후 시장행렬(Lord Mayor's Show)을 한다. 그레이터런던의 시장은 "Mayor of London", 혹은 "London Mayor"라고 하며 서더크(Southwark)에 있는 시청(City Hall)에 집무실이 있고 4년의 임기로 선출된다.

과 길드홀(Guild Hall)을 비롯하여 13,000호 이상의 건물이 화재의 피해를 입었다. 이 화재 이후에 목조건물의 건축이 금지되면서 근대 런던의 기초가 이루어지게 되었다. 제 2차 세계 대전 이후에 런던은 바비칸 계획(Barbican plan) 등의 도시개조계획을 시행하여 고층건물 및 사무실 밀집 지역과 주택가를 분리하여 런던시에 현대적인 면을 추가했다.

런던시의 중심부는 경제금융의 중심인 시티오브런던, 정치적 중심인 웨스트민스터(Westminster), 쇼핑의 중심지인 웨스트엔드(West End)로 구분된다.

원래의 런던시였던 작은 구역인 시티오브런던은 시티(the City)라고 약칭한다. 여기서부터 해바라기꽃 모양으로 동서남북으로 펼쳐진 광범위한 지역이 현대의 런던이다. 시티에는 1년에 한 번 선출되는 시장각하(the Lord Mayor)의 집무처인 맨션하우스(Mansion House)가 있으며, 취임하면 11월 제 2토요일인 취임식(the Lord Mayor's Day)에 행진 행사를 벌인다. 새 시장은 200여 년 전에 만들어진 황금 마차를 타고 시가를 행진하며 저녁에는 시청사인 길드홀에 수상과 정부 관리들이 초대된다.

시티에는 "스레드니들가의 노부인"(The Old Lady of Threadneedle Street) 혹은 간단히 "노부인"(The Old Lady)[3]이라는 별칭을 얻은 잉글랜드 은행(Bank of England)을 비롯하여, 국내 주요 은행의 본점 뿐 아니라 해외은행의 지점과 증권거래소(the Stock Exchange)가 있다. 조금 떨어진 곳에는 로이드(Lloyds) 보험회사가 있고, 그 외 무역회사와 선박회사들이 좁은 도로변에 늘어서 있다. 그곳에 근무하는 직원들의 중산모(bowler hat)와 검은 양복이 전통적인 시티의 역할을 상징한다.

시티의 서쪽 지역에는 법조계와 관련된 건물이 들어서 있다. 올드베일

3 새러 화이트헤드(Sarah Whitehead)라는 여인의 유령이 은행의 공금을 유용한 것으로 밝혀져 감옥에 간 동생을 애통해하며 은행의 정원을 배회한다고 전해지면서 생긴 별명이다.

리가(the Old Bailey street)에는 영국 중앙형사법원(the Old Bailey)[4]이 위치하고 있으며 많은 변호사 사무실(chamber)들이 템플(Temple) 지역에 들어서 있다. 영국의 변호사(lawyer)는 두 종류가 있는데, 고객을 만나 그들의 소송을 정리하여 서류로 만드는 사무변호사(solicitor)[5]와, 사무변호사에게서 서류를 받아서 법정에서 재판관에게 발언을 하는 법정변호사(barrister)[6]가 있다. 사무변호사가 고객을 만나 서류를 작성해서 법정변호사에게 넘기면 법정변호사가 법정에서 변론을 한다. 사무변호사는 법정에서 변론을 할 수 없으며 법정변호사는 고객을 직접 만나지 않는다.

시티의 서쪽에 접한 플리트가(the Fleet street)에는 <타임즈>(*The Times*)를 비롯한 각종 신문사가 위치해 있다. 영국의 일간정간신문(Quality Daily Newspaper)으로는 <타임즈>, <가디언>(*The Guardian*), <데일리 텔레그래프>(*The Daily Telegraph*), <파이낸셜 타임즈>(*The Financial Times*), <인디펜던트>(*The Independent*) 등이 있다. 일간대중신문(Popular Daily Newspaper)으로는, <데일리 익스프레스>(*The Daily Express*), <선>(*The Sun*), <미러>(*The Mirror*), <데일리메일>(*The Daily Mail*), <투데이>(*Today*), <스타>(*The Star*) 등이 있다. 일요정간신문(Quality Sunday Newspaper)으로는 <선데이 타임즈>(*The Sunday Times*), <옵저버>(*The Observer*), <선데이 텔레그래프>(*The Sunday Telegraph*)등이 있다. 일요대중신문(Popular Sunday Newspaer)은 <월드 뉴스>(*The News of the World*), <피플>(*The People*), <일요메일>(*The Mail on Sunday*), <선데이 미러>(*The Sunday Mirror*), <선데이익스프레스>(*The Sunday Express*)가 있다.

---

4 정식명칭은 "The Central Criminal Court of England and Wales."

5 이전에는 "attorney at law"라고 했다.

6 스코틀랜드에서는 "advocate"라고 한다. "lawyer"와 "attorney"는 일반적으로 변호사를 지칭하는 용어이다.

웨스트엔드는 옛 런던의 서쪽 교외에 해당되기 때문에 그런 명칭을 갖게 되었는데, 몰(The Mall)에서 옥스퍼드가(the Oxford Street)에 이르는 런던 중심가에 위치해 있다. 거기에 트라팔가 광장(Trafalgar Square)을 비롯해서 옥스퍼드가와 리전트가(Regent Street), 본드가(Bond Street) 등의 주요 쇼핑지역이 다 들어 있으며, 소호(Soho), 피카딜리 서커스(Picadilly Circus),[7] 레스터 광장(Leicester Square), 극장들이 많이 들어선 샤프트베리로(Shaftesbury Avenue)가 있다.

트라팔가 광장은 나폴레옹 전쟁(Napoleonic Wars, 1803~1815) 때 트라팔가 전투에서 승리를 거두고 전사한 넬슨 제독(Admiral Lord Horatio Nelson, 1758~1805)을 기념하기 위한 것으로, 1845년에 완성된 제독의 동상이 광장의 한 가운데 있는 기둥 꼭대기에 세워져 있다. 광장 앞에는 내셔널 갤러리(National Gallery)가 있어 많은 예술 작품을 볼 수 있다. 뉴코벤트가든(New Covent Garden)은 원래 잉글랜드의 가장 큰 청과물 시장 자리였다. 수 년 전에 시장은 템스 강의 반대편으로 이주했고 원래의 시장 자리는 이제 뉴코벤트가든으로 명칭을 바꾸어 쇼핑센터가 되었다.

런던에서 꼭 보아야 할 명물로 꼽히는 피카딜리 서커스는 웨스트엔드에서 특히 밤을 즐겁게 보낼 수 있는 장소이지만 실제로 보면 너무 작아서 실망하기도 한다. 피카딜리 서커스의 북쪽에 소호가 있는데 이곳은 17세기 이후로 외국인 거주지였다. 오늘날은 다양한 나라의 음식을 맛볼 수 있는 곳이다. 또 많은 극장이 있어 오페라, 뮤지컬, 연극, 미스터리극(whodunnits)을 볼 수 있다.

시티의 남서쪽에 있는 웨스트민스터는 여왕의 공식관저인 버킹엄 궁전(Buckingham Palace)과 상하원이 있는 국회의사당(Palace of Westminster)을 포함한 특별구이며, 화이트홀(Whitehall), 다우닝가(Downing Street) 등

7 circus: (방사형 도로가 집중하는) 원형광장.

관청가가 있는 행정부의 중심지이다. 이곳에 영국의 상징이 된 빅벤(Big Ben)이 있다. 흔히들 빅벤이 국회의사당 바로 옆의 탑 꼭대기에 달려 있는 큰 시계를 가리킨다고 생각하지만, 사실은 탑 꼭대기에 있는 5개의 종들 중에서 가장 큰 종의 이름이 빅벤이다. 1097년 윌리엄 2세는 웨스트민스터 성당(Westminster Abbey)[8] 옆에 같은 이름의 궁(Westminster Hall)을 지었고 그의 후계자들이 궁을 확장해 오늘날의 웨스트민스터 궁(Palace of Westminster)이 되었다. 의회의 맞은편에 있는 고딕 양식의 웨스트민스터 성당은 원래 앵글로색슨 시대인 624년에 지어졌는데, 참회왕 에드워드가 1042년에서 1052년 사이에 재건한 것이다. 당시의 런던 중심에서 서쪽으로 5킬로미터 정도 떨어져 있어서 서수도원(West Monastery)이라고도 불렸다. 노르만족의 정복왕 윌리엄이 이곳에서 대관식을 치른 후 중심교회가 되었고, 13세기 이후로는 왕족과 유명인사들의 묘지가 되었다. 웨스트민스터 성당의 한 귀퉁이에 유명한 문학가들의 묘지인 시인의 묘역(Poet's Corner)이 있다.

시티의 동쪽에 인접한 지역이 이스트엔드(East End)이다. 이스트엔드는 산업화가 진행되고 런던 항이 커지면서 시티의 동쪽으로 퍼져나간 넓은 지역이다. 이곳은 의류산업(rag-trade)으로 유명하다. 이스트엔드의 시장도 유명한데, 페티코트레인(Petticoat Lane) 시장은 매일 일요일 아침에 열리는 런던의 진풍경이다. 이스트엔드에는 템스 강 하류를 따라 부두와 창고들이 많이 들어서 있어 다소 어수선하며 옛 슬럼가의 일부가 아직 남아 있기도 하나, 대부분은 깨끗한 노동자 아파트 단지로 재건축하여 예전의 모습은 사라졌다. 또 베스날그린(Bethnal Green) 같은 곳에는 아직도 시골의 분위기가 남아 있다. 공장지역이라 일자리가 많으므로 이민 온 외국인이 많아서 조그만 지역 안에 이슬람교의 모스크(mosque), 기

8 웨스트민스터 성당은 국교회 성당이며, 영국 가톨릭교의 대본산인 웨스트민스터 대성당(Westminster Cathedral)과 혼동하지 말아야 한다.

독교의 교회(church), 유대인의 시나고그(synagogue) 등 다양한 종교의 예배당이 나란히 들어서 있다.

웨스트엔드가 부유층을 상징한다면 이스트엔드는 빈민가를 상징한다. 일반적으로 영국의 주택가는 시의 서쪽에서 북쪽으로 펼쳐져 있고 공장지대는 동쪽과 남쪽에 많다. 한창 산업화가 진행되던 시기에 런던을 비롯한 대도시의 공기는 매우 오염이 심했는데, 영국에서는 대개 바람이 서쪽에서 동쪽으로 부는 동풍이므로 서쪽 지역이 공기 오염이 덜했다. 그래서 영국의 마을이나 도시에서 살기 좋은 곳은 중심의 서쪽이었고, 마을의 서쪽 부분이 대부분 더 부유한 지역이다.

런던의 주요 교통수단은 공영 버스와 지하철인데 시내버스는 빨간 2층버스(Red double-deck bus)이고, 지하철[9]은 튜브(Tube)라고 불린다. 빨간 2층버스는 런던을 상징하는 대표적인 존재가 되었다. 국가 소유이던 버스교통은 1990년대 초에 사유화되었다. 각 노선버스의 소유주들은 버스에 자기 회사의 고유한 색을 입히고자 했지만 많은 사람들이 반대하여 그대로 빨간색으로 유지되었다. 시내버스와는 별도로 장거리용으로는 1층짜리 그린 버스(Green bus)가 있다.

런던에는 하이드 파크(Hyde Park), 켄징턴 파크(Kengsinton Park), 리전트 파크(Regent Park), 세인트제임스 파크(St. James Park) 등의 대공원과 많은 소공원이 있다. 문화적인 시설로는 트라팔가 광장에 면한 내셔널 갤러리(National Gallery)와 템스 강에 면한 테이트 갤러리(Tate Gallery)가 특히 유명하다. 또 600만 권 이상의 장서가 있는 대영도서관(British Library), 이집트 문명 이래의 유물과 미술품을 많이 소장한 대영박물관(British Museum), 국립극장(The Royal National Theatre)을 비롯한 다수의 극장, 로열오페라하우스(Royal Opera House), 로열페스티벌홀(Royal

---

9 지하철은 영국에서는 underground, 미국에서는 subway라고 함. 영국에서 subway는 지하도로이며 미국에서는 underpass라고 함.

Festival Hall) 등이 있다.

템스 강에는 타워교(the Tower Bridge), 런던교(the London Bridge), 워털루교(the Waterloo Bridge), 웨스트민스터교(the Westminster Bridge) 등 여러 다리들이 있다. 그 중 최고의 역사를 지녔으며 하루 보행자 수가 2만 명에 달하는 런던교는 1972년 재개축되었다. "런던다리가 무너진다" (London Bridge is falling down)는 재미있는 노래는 바로 런던다리의 개축에 대한 얘기를 담고 있다. 그 중 몇 절만 살펴보자.

* "London Bridge is falling down"

London Bridge is falling down,
Falling down, falling down.
London Bridge is falling down,
My fair lady.

Build it up with wood and clay,
Wood and clay, wood and clay,
Build it up with wood and clay,
My fair lady.

Wood and clay will wash away,
Wash away, wash away,
Wood and clay will wash away,
My fair lady.

2) 남동지역(The Southeast)

잉글랜드의 남동지역은 도시개발이 가장 많이 이루어진 곳이다. 영국 전체 국토의 11퍼센트에 불과하지만 인구의 거의 3분의 1이 사는 인구 밀집 지역이다. 그러나 훼손되지 않은 아름다운 자연 풍경이 남아있으며, 온화하고 따뜻한 남쪽 해안은 휴양지로 이름이 높아 사람들이 살기에 가장 좋은 곳이기도 하다.

영국을 방문하는 외국인이 가장 처음 만나게 되는 항구와 비행장이 바로 이 남동지역에 있다. 공항으로는 히스로 공항(Heathrow Airport, 통칭 London Airport)과 게트윅 공항(Gatwick Airport)이 있다. 유럽대륙에서 배를 타고 오는 사람들은 주로 도버(Dover), 포크스톤(Folkestone), 램즈게이트(Ramsgate) 항구에 내린다. 그중 도버 항구가 가장 인기가 좋은데, 도버 항구에서 프랑스와 이어지는 채널 터널(The Channel Tunnel)이 시작된다.

켄트(Kent) 지역은 잉글랜드의 정원(Garden of England)이라고 불릴 정도로 풍부한 농산물을 생산하며 이곳에서 많은 건조소(Oast-house)를 볼 수 있다. 여기에 기독교의 성지로 유명한 마을인 캔터베리(Canterbury)가 있다. 이곳에 있는 캔터베리 대성당(Canterbury Cathedral)은 영국 국교의 2대 중심 교회 중 하나이며 캔터베리 대주교(Archbishop of Canterbury)는 영국 국교회의 수장이다. 이곳이 성지가 된 것은 12세기에 이 성당에서 암살당한 토마스 베케트(Thomas Becket, 1118~1170) 때문이다. 1170년 헨리 2세는 교황의 간섭을 벗어나 왕권을 강화하려는 야심을 품고 자신의 심복이라고 믿은 베케트를 캔터베리의 대주교로 임명했다. 그러나 막상 주교가 된 베케트는 왕이 아니라 교황의 뜻을 더 받들었으므로 헨리 2세는 분노했다. 왕의 심기를 읽은 일부 신하들은 대성당의 제단 앞에서 베케트를 살해했다. 이 일로 헨리 2세는 국민의 공감을 잃게 되었고 베케트는 교황 알렉산더 3세(Alexander III)에 의해 순교성인으로 추대되었다. 이후 캔터베리는 중세의 기독교인들에게 유명한 순례지가 되었다. 이 이야기를 소재로 20세기의 시인인 T. S. 엘리엇(T. S. Eliot, 1888~1965)은 『대성당의 살인』(*Murder in the Cathedral,* 1935)이라는 시극을 썼고, 프랑스 극작가 진 아누이(Jean Anouilh, 1910~1987)는 『베케트』(*Becket*, 1959)를 썼다. 캔터베리를 배경으로 한 또 하나의 유명한 문학작품은 14세기에 제프리 초서(Geoffrey Chaucer, c. 1343~1400)가 쓴 『캔터베리 이야기』(*The Canterbury Tales*)이다.

남동지역에 있는 또 하나의 주요한 지역은 서리주(Surrey County)이다. 서리주는 주식중개인 지역(The Stockbroker Belt)이라는 별칭을 얻었다. 이 지역에는 정원이 있는 크고 좋은 단독주택(detached house)이 즐비하며 이 저택들의 주인들은 부유한 상류층으로 주로 런던에 직장이 있는 통근자들(commuters)이다. 이들의 직업이 모두 주식중개인은 아니지만 현대사회에서 가장 수입이 좋은 계층이 주식중개인이므로 이 지역의 별칭이 생기게 되었다.

그 외로, 윈저(Windsor)에는 여왕의 공식적인 저택인 윈저 궁을 비롯해 성들이 즐비하다. 세인트 알반스(St. Albans)는 노르만 시대의 성의 유적이 있는 곳으로 이름나 있다. 노스다운즈(The North Downs)[10]는 아름다운 시골경치로 유명하며, 사우스다운즈(The South Downs)는 주로 보리(barley)와 밀(wheat)을 경작하는 농장지이다. 해안도시인 브라이튼(Brighton)은 휴양지로 유명하며, 로열 파빌리온(Royal Pavilion)[11]과 브라이튼 부두(Brighton Pier)가 유명하다. 템스 강 주변의 템스 하구(Thames Estuary)에는 많은 석유시추지, 발전소, 시멘트 공장, 제지공장 등이 들어서 있다.

---

10 "Down"은 초지 구릉지대.

11 존 내쉬(John Nash)가 1815~22년에 당시의 섭정황태자(Prince Regent, 후일의 조지 4세)의 지시로 인도-사라센식(Indo-Saracenic)의 양식과 중국식(Chinoiserie, "Chinese-esque"라는 뜻의 프랑스어)의 세부장식을 사용하여 건축한 궁으로 픽처레스크(picturesque)의 특이한 예로 주목받는다.

3) 남서지역(the Southwest)

남서지역의 서쪽에 있는 대표적인 도시인 데번(Devon), 콘월(Cornwall), 서머셋(Somerset) 등은 유명한 휴양지로 호텔과 별장이 많이 들어서 있다. 런던에서 가는 고속도로인 <M4>와 버밍엄에서 가는 고속도로인 <M5>는 여름이면 수많은 관광객으로 인해 심한 교통체증에 시달린다.

유명관광지에 가면 흔히 그곳의 특별요리를 먹고 싶어 하는데 데번에서는 크림 차(cream tea)가 유명하다. 크림 차가 차에 크림을 넣은 것이라고 생각하면 오산이다. 크림 차를 주문하면 차 주전자와 함께, 데번에서는 처들레이(chudleigh)라고 부르는 스콘(scone) 빵과 거기 발라 먹을 딸기잼과 크림이 나온다. 데번의 크림은 다른 지역의 크림과 달리 더 끈끈하고 노란색의 엉긴 크림(clotted cream)이다.

콘월 파이(Cornish pasty)는 콘월 지방의 특산품으로 콘월의 광부와 어부들이 지난 150여 년 간 먹어온 것이다. 파이껍질 반죽(pastry)에 달고 맛난 속(fillings)을 채운 뒤에 구운 것이 콘월 파이이다. 광부와 어부들은 자신의 파이가 다른 사람의 것과 바뀌지 않게 하기 위해 파이의 한쪽 끝에 자기 이름의 이니셜을 써서 구웠다고 한다.

서머셋은 치즈로 유명한 지방인데 가장 유명한 치즈는 딱딱한 치즈인 체다(Cheddar)로 향이 은근한 것이 일품이다. 오래 둘수록 숙성이 되어 맛이 더 강한 숙성 체다(mature Cheddar)가 된다. 서머셋의 또 다른 유명한 먹거리는 서머셋 사이다(Somerset cider)이다. 영국에서는 사과로 만든 음료를 사이다라고 하는데, 서머셋 사이다는 일반 사이다보다 훨씬 더 맛이 강하고 그 안에 작은 과일 조각이 둥둥 떠 있다. 이 서머셋 사이다를 특히 스크럼피(Scrumpy)라고 한다.

윌셔주(Wiltshire county)에는 거석문화의 유물로 유명한 스톤헨지(Stonehenge)가 있다. 스톤헨지의 유래에 대해서는 아직도 짐작만 할 뿐이다. 켈트족의 종교집단이었던 드루이드(Druid)교 사제들이 제사를 지내던 사원이 아닌가 짐작하기도 한다.

이곳의 해안은 1,000킬로미터에 이르며, 절벽, 사구, 항구, 하구, 늪 등이 펼쳐져 있어 바다와 관련된 많은 사업이 이루어진다. 햄프셔(Hampshire) 주의 남쪽 해안에는 포츠머스(Portsmouth) 항과 사우샘턴(Southampton) 항이 나란히 있다. 포츠머스는 왕립해군(Royal Navy)의 본거지로 해군 박물관이 있으며, 호라시오 넬슨(Horatio Nelson) 장군의 기함인 <승리 호>(*the Victory*)호가 전시되어 있다. 사우샘턴은 대륙간 페리호, 대형 쾌속선, 석유화물선 등이 밀집한 민간항구이다. 엘리자베스 1세(Elizabeth I, 재위 1558~1603) 시절에 탐험가로 유명한 월터 롤리 경(Sir Walter Raleigh, c. 1554~1618)이 바로 이 지역 출신이다. 조금 북쪽에 있는 브리스톨(Bristol)에서 빅토리아 시대의 가장 큰 증기선이며 세계 최초의 철선인 <그레이트브리튼 호>(*the Great Britain*)가 건조되었다.

이 지역의 해안에는 120개에서 130여 개의 섬이 있다. 그 중 와이트 섬(The Isle of Wight)은 남쪽 해안에서 가장 큰 섬으로 겹겹이 쌓인 석회석 절벽이 장관을 이루고 있다. 이곳에 파크허스트(Parkhurst) 감옥이 있으며, 영국 내전(English Civil War, 1642~1651) 당시 올리버 크롬웰(Oliver Cromwell, 1599~1658)에게 잡힌 찰스 1세(Charles I, 재위 1625~1649)가 한때 갇혀 있었다. 렌즈엔드(Land's End)[12]의 남서쪽에 있는 실리 제도(The Isles of Scilly)는 100여 개의 섬으로 구성되어 있으며 6개의 섬만 유인도이다. 세인트마이클즈마운트(St. Michael's Mount) 섬은 썰물이 되면 제방길로 본토와 연결되는데 프랑스의 몽생미셸(Mont-Saint-Michel) 섬과 종교적인 관계로 연결되어 기독교 초기 시대부터 무역과 이주의 중심이었다. 데번의 해안과 남웨일즈(South Wales) 사이에 있는 룬디 섬

12 땅끝 마을. 영국 콘웰 주 서남단의 갑.

(the Isle of Lundy)은 한때는 해적들의 본거지이기도 했으나 지금은 새들의 천국이다. 이외에도 종유석(stalactite)과 석순(stalagmite)[13]으로 유명한 체다 동굴(the Cheddar Caves), 히스(heath)와 숲이 아름다운 뉴포리스트(The New Forest), 국립공원인 다트무어(Dartmoor)가 있다.

콘월의 해안은 특이한 이유로 악명이 높다. 발모양인 콘월의 끝부분은 겨울에는 극심한 강풍이 부는 것으로 유명하다. 그 때문에 근처에서 난파된 배가 부지기수이므로 콘월의 박물관에는 난파된 배에서 나온 물건이 많이 전시되어 있다. 그런데 이런 상황으로 인해 콘월의 약탈자(Cornish wreckers)들이 생겨났다. 이들은 바람과 풍랑이 심한 날이면 소의 꼬리에 등불을 달아 콘월의 절벽이나 해안에 풀어놓는다. 그러면 지나가던 배들이 그 등불을 육지를 알리는 등대로 착각하고 절벽 가까이 접근하다가 암초에 걸려 난파를 당하게 된다. 그 때 난파된 배에 있던 물건을 훔치는 사람들이 콘월의 약탈자이다.

4) 동부잉글랜드(the Eastern)

동부잉글랜드 지역은 잉글랜드 동쪽의 돌출한 부분으로 과거 동앵글리아(East Anglia) 왕국이 있던 곳이다. 이곳은 지형적으로 평지가 많아 중세 때는 양모 산업이 발전해 부유한 편이었고 이후로는 농업을 주로 했다. 산업혁명의 영향을 별로 받지 않았고 중공업이 발전하지 않은 관계로 많은 역사유적지를 잘 보존하고 있다. 지역의 특성상 거의 반 이상이 바다로 둘러 싸여 있으며 잉글랜드의 나머지 지역에서 다소 고립된 편이다.

13 종유석은 천장에서 자라는 고드름 모양의 석회기둥이며 석순은 종유석에서 떨어진 지하수가 모여서 땅에서 자라나는 것으로 이 둘이 만나서 연결되면 석주(column)가 된다.

이 지역에서 가장 유명한 것이 케임브리지(Cambridge)에 있는 케임브리지 대학교이다. 케임브리지 대학은 옥스퍼드 대학과 마찬가지로 일반적인 대학의 구조와 다른 체제를 가지고 있다. 다수의 단과대학(college)을 거느린 종합 대학을 다수 포함하고 있는 것이다. 예를 들면 케임브리지 대학에서 가장 유명한 대학인 킹스 칼리지(King's College)와 1284년에 설립된 가장 오래된 대학인 피터하우스 칼리지(Peterhouse College)는 케임브리지 대학에 속해 있지만 여러 개의 단과대학을 가진 종합대학이다.

케임브리지 대학에 있는 술집 중에는 바스(The Bath)라는 이름의 술집이 있다. 그래서 바스에서 술을 마시는 학생들은 집에서 전화가 왔을 때 "바스에 있다"(I'm in the Bath.)라고 대답하여, 진실을 말하면서도 교묘하게 부모를 속일 수 있다. 홉슨의 선택(Hobson's choice)이라는 표현도 케임브리지와 관계있다. 홉슨은 약 200여 년 전에 케임브리지에 살던 부유한 말장수였다. 그는 자신의 말을 여행자들에게 빌려줄 때 고객이 선택할 수 없게 하고, 가장 오래 휴식한 말을 자신이 직접 골라서 내주었다. 그러므로 홉슨의 선택이라는 말은 결국 다른 선택권이 없다(No choice at all)는 뜻이 된다.

동부잉글랜드에서 가장 유명한 지역은 링컨셔(Lincolnshire), 케임브리지셔(Cambridgeshire), 노포크(Norfolk) 등 3개 주에 걸쳐 있는 펜 지역(the Fens)이다. 원래 "fen"은 물로 덮여있는 저지대의 늪지를 뜻하는 말인데, 항상 물에 잠겨있는 이 지역을 가리키는 고유명사가 되었다. 길게 뻗어있는 펜 마을(The Fen Country)에는 나무나 관목이 거의 없고, 강을 가두는 둑과 배수로 사이로 작은 마을이 늘어서 있다. 이 마을의 이름들을 보면 배수시설을 해서 물을 빼기 전에는 이 작은 마을들이 모두 섬이었다는 것을 알 수 있다. 위틀지(Whittlesey), 램지(Ramsey), 쏘니(Thorney), 매니(Manea) 등의 마을 이름에 모두 섬을 뜻하는 접미어 "-ey"나 "-ea"가 붙어 있기 때문이다.

19세기 말에 이 지역의 배수가 거의 완성되기 전에는 이곳 사람들은 상당히 고립된 삶을 살았으며, 다른 지역 사람들에게서 수상쩍은 인물로 의심받는 것이 보통이었다. 이곳 사람들은 물이 넘쳐흐르는 지역을 잘 건너다니기 위해 긴 막대다리(stilts)를 이용했지만, 늪지대 사람들(Fenmen)의 발에 물갈퀴가 달렸다는 소문이 나돌았다. 이들은 또 싸움을 잘하는 용맹한 사람들로 여겨졌으며 펜 호랑이(Fen Tigers)라는 별명이 오늘날도 남아 있다. 청교도 혁명을 주도하여 찰스 1세를 처형시킨 올리버 크롬웰(Oliver Cromwell)이 바로 이 지역 출신이다.

배수가 완성된 지금 펜지역은 검은 색의 비옥한 땅으로 변해서 여러 곡물을 다양하게 생산한다. 전국에서 가장 부유하고 수익을 많이 올리는 농장들이 많아서 과일을 따는 수확 철이 되면 짧은 기간에 돈을 벌려는 학생들이나 일꾼들이 유럽의 각지에서 몰려든다. 철새들이 많이 몰려들어 장관을 이루기도 한다. 오우스 여울(Ouse Washes)은 수많은 백조(swan)[14]들이 몰려드는 곳으로 유명하다.

놀위치(Norwich)는 콜맨 겨자(Colman's mustard)로 유명하며, 콜체스터(Colchester)는 14세기에서 16세기의 부유한 모(wool) 상인들의 아름다운 집들과 웅장한 교회 같은 역사적인 유적지로 유명하다.

5) 중부잉글랜드(The Heart of England)

잉글랜드 중부 지방에서 가장 중요한 도시는 버밍엄(Birmingham)이다. 버밍엄은 근교의 북서쪽에 있는 중공업지대인 검은 마을(the Black Country)[15]과 더불어 산업 집약지로서 많은 공산품을 생산했다. 또한 버밍엄은 무려 800여 년 동안 시장도시로 유명했으므로 이곳에서는 아내

---

14 작은 백조(Bewick)와 큰 백조(Whooper) 등 두 종류가 있다.

15 공장에서 뿜어내는 검댕 때문에 1840년대에 이런 이름이 붙었다.

도 사고 팔 수 있다는 말이 있었다. 실제로 1733년 사무엘 화이트하우스(Samuel Whitehouse)가 토마스 그리피스(Thomas Griffiths)에게 1파운드 정도에 아내를 팔았다고 한다. 토마스 하디(Thomas Hardy, 1840~1928)는 소설 『캐스터브리지의 시장』(*The Mayor of Casterbridge*, 1886)에서 이 사건을 소재로 이용했다.

버밍엄의 남쪽에는 역사적인 마을인 워릭(Warwick)이 있다. 그 가까이에 위치한 스트레트포드어픈에이븐(Stratford-upon-Avon)은, 벤 존슨(Ben Jonson, 1572~1637)이 "에이븐의 아름다운 백조"(Sweet Swan of Avon)라고 극찬한 윌리엄 셰익스피어(William Shakespeare, 1564~1616)가 태어난 곳이며 그의 박물관이 있다.

중부잉글랜드에는 버밍엄 같은 산업도시 뿐 아니라 슈롭셔(Shropshire), 우스터셔(Worcestershire), 레스터셔(Leicestershire)와 같은 큰 농장지역도 있다. 더비셔(Derbyshire)주 북부의 피크 지방 국립공원(Peak District National Park), 코츠월드 구릉(Cotswold Hills), 우스터셔주와 해리퍼드셔(Herefordshire) 사이의 몰번 구릉(Malvern Hills) 같은 아름다운 시골 경치도 있다. 영국의 주요 항구인 리버풀(Liverpool)은 1960년대의 전설적인 그룹인 <비틀즈>(The Beatles)가 탄생한 곳이다. 맨체스터(Manchester)와 셰필드(Sheffield)는 산업의 중심지로 유명하다.

글로스터셔(Gloucestershire) 주의 코벤트리(Coventry)에 있는 코벤트리 대성당은 전쟁 중에 거의 파괴되고 일부 벽만 남았는데 그것을 그대로 두고 그 옆에 현대적인 성당을 신축했다. 신축한 성당의 벽에는 성 미카엘(St. Michael)이 악마를 짓밟고 있는 유명한 조각상[16]이 있다. 성당의 십자가는 불에 탄 나무와 폐허에서 주운 못들을 이용해 만들었다. 전쟁이 끝난 후 코벤트리 성당은 그와 비슷한 못 십자가를 독일의 키일 대성당

16 엡스테인 경(Sir Jacob Epstein, 1880~1959)의 작품.

(Kiel Cathedral)에 우정의 선물로 보냈으며 그곳에서는 답례로 그곳의 폐허에서 나온 돌을 보내주었다. 이것이 연합 예배당(Chapel of Unity)에 있는 "키일의 용서의 돌"(Kiel Stone of Forgiveness)이다.

코벤트리에는 레이디 고다이버(Lady Godiva)라는 중세의 성주 부인에 대한 유명한 전설이 있다. 레이디 고다이버는 11세기 영국의 영주였던 레오프릭(Leofric, Earl of Mercia)의 부인이다. 코벤트리의 영민들이 지나친 소작료 때문에 고통받는 것을 본 레이디 고다이버는 남편에게 소작료를 낮추어 달라고 호소했다. 아내의 요청이 귀찮았던 레오프릭은 그녀를 단념시키기 위해서 그녀가 알몸으로 말을 타고 성 아래 마을을 순회하면 소작료를 낮추어주겠다고 대답했다. 레이디는 당일에는 누구도 외출하지 말고 문과 창문을 닫으라는 포고를 내린 후 알몸으로 말을 타고 성 아래 마을을 돌았다. 그녀를 지지했던 영민들은 포고대로 집안에서 나오지 않았지만 톰이라는 한 남자만이 몰래 부인을 엿보다가 천벌을 받아서 실명했다는 말이 전해진다. 이후 남을 엿보는 병을 피핑 톰(Peeping Tom, 관음증)이라고 부른다. 레오프릭은 아내와의 약속을 지켜 세금을 낮추는 등 압정을 고치게 되었다고 한다.

코벤트리 성당 근처에 있는 백화점 앞에는 알몸으로 말을 타고 있는 고다이버의 청동상이 세워져 있다. 그리고 매 정시가 되면 백화점 맞은편 집의 이층에 위 아래로 나있는 2개의 창문이 열린다. 아래 창에서는 말을 탄 알몸의 아가씨 인형이 지나가고 위 창에서는 눈이 왕방울만한 남자인형이 그녀를 쳐다본다. 약 5분간 진행되는 이 인형쇼를 보기 위해 관광객들은 열심히 기다린다.

옥스퍼드에는 옥스퍼드 대학이 있다. 『옥스퍼드 영어사전』을 비롯하여 많은 교재를 출판하는 옥스퍼드 출판사는 이 대학의 중요 산업을 이룬다. 옥스퍼드 불독(Oxford Bulldog)은 옥스퍼드 대학 경찰을 가리키는 말이다. 현재 12,000여 명의 학생을 둔 옥스퍼드 대학은 12세기 중반에 세워졌으며 1300년 경에는 이미 학생이 1,500명에 달했다. 그런데 1355년 2월 10일, 성 스콜라스티카(St. Scholastica, 학자의 성인)의 축제일에 평소에 사이가 좋지 않아 서로 으르렁거리던 마을 주민과 학생들 사이에 큰 싸움이 벌어졌다. 이틀이나 지속된 이 싸움에서 62명의 학생이 살해당했다. 이에 대한 벌로, 마을사람들은 1825년까지 매년 그 기일이 돌아오면 특별예배(special service)에 참가해야 했고, 거의 600여 년 동안 대학이 이 마을을 통제하게 되었다.

6) 북부잉글랜드(the North Country)

북부잉글랜드는 노섬브리아(Northumbria), 컴브리아(Cumbria), 요크셔(Yorkshire) 지방 등 스코틀랜드와의 경계(the Border)까지 이르는 넓은 골짜기(dale) 지역으로, 외지고 황량한 경치로 유명한 곳도 많고 산업혁명의 중심지가 된 지역도 많다.

노섬브리아 지역에는 타인(Tyne), 웨어(Wear), 클리브랜드(Cleveland), 더햄(Durham), 노섬버랜드(Northumberland) 등 5개의 주(county)가 있는데 아름다운 경치로 유명하다. 13세기 중반부터 어업이 발달해서 어업이나 상업을 위한 목선이 많이 건조되었고 1850년경에는 철증기선 건조가 타인 강과 웨어 강, 티스 강(Tees)의 주된 산업이 되었다. 약 100년 전에는 전 세계의 4분의 1에 달하는 선박이 노섬브리아에서 건조되었지만 오늘날은 점차 사양산업이 되고 있다.

약 200여 년 전, 석탄과 증기기관을 사용하면서 본격적으로 시작된 산업혁명으로 인해 19세기의 잉글랜드 북부지역은 많은 종류의 중공업(heavy industry)을 발전시키면서 세계의 산업을 주도했다. 요크셔(Yorkshire) 지방은 모직 산업, 랭카셔(Lancashire) 지방은 면직 산업으로 직물공업을 이끌었다. 그러나 산업혁명의 부작용으로 인해 도시는 엄청나게 더러워졌다. 또 많은 노동자들이 유입된 결과 야기된 과밀한 주거환경 때문에 주민들은 큰 고통을 받았다. 19세기는 아담 스미스(Adam Smith, 1723~1790)의 경제이론에 따른 자유경제정책(Laissez-faire economic policy)이 주도하던 초기 자본주의시대이므로 노동자에 대한 보호가 거의 없었다. 노동자들은 열악한 노동환경에서 저임금과 긴 노동시간으로 인해 착취 당했고, 여성과 어린 아이마저 가혹한 노동에 동원되었다. 산업도시의 비참한 상황은 많은 의식 있는 사람들의 비판의 대상이 되었다. 19세기의 유명한 작가 찰스 디킨즈(Charles Dickens, 1812~1870)도 소설 『어려운 시절』(*Hard Times*, 1854)에서 산업혁명으로 인한 노동자들의 열악한 삶과 산업화된 도시의 더러운 환경을 비판하고 있다. 다음은 『어려운 시절』의 한 구절로 19세기 가상의 산업도시인 코크타운(Coketown)을 묘사하는 부분이다.

*『어려운 시절』 찰스 디킨즈 지음

그곳[코크타운]은 붉은 벽돌의 도시, 만약 공장 연기와 재가 허락했다면 붉은 색이었을 벽돌로 이루어진 도시였다. 그러나 사실은 물감 칠한 야만인의 얼굴처럼 부자연스러운 붉은 색과 검은 색의 도시였다. 그곳은 기계와 높은 굴뚝의 도시로, 그 높다란 굴뚝에서 연기의 뱀이 끊임없이 기어 나와서는 결코 풀어지지 않았다. 도시 안에는 검은 운하와 악취를 풍기는 염료 때문에 자줏빛으로 흐르는 강이 있었으며, 창들로 꽉 찬 거대한 건물더미에서는 하루 종일 덜컹거리고 덜덜 떠는 소리가 들렸고, 우울한 광증에 사로잡힌 코끼리의 머리 같은 증기기관의 피스톤이 단조롭게 상하운동을 했다. 서로 꼭 닮은 큰길 몇 개와 한층 더 닮은 작은 거리가 많이 있었으며 그 거리에는 마찬가지로 꼭 닮은 사람들이 같은 시각에 같은 포도에서 같은 소리를 내며 같은 일을 하기 위해 출퇴근하면서 살고 있었다. 그들에게 매일은 어제나 내일과 똑같았고, 매해는 작년이나 내년과 똑같았다. (5장)

* *Hard Times* by Charles Dickens

It [Coketown] was a town of red brick, or of brick that would have been red if the smoke and ashes had allowed it; but as matters stood, it was a town of unnatural red and black like the painted face of a savage. It was a town of machinery and tall chimneys, out of which interminable serpents of smoke trailed themselves for ever and ever, and never got uncoiled. It had a black canal in it, and a river that ran purple with ill-smelling dye, and vast piles of building full of windows where there was a rattling and a trembling all day long, and where the piston of the steam-engine worked monotonously up and down, like the head of an elephant in a state of melancholy madness. It contained several large streets all very like one another, and many small streets still more like one another, inhabited by people equally like one another, who all went in and out at the same hours, with the same sound upon the same pavements, to do the same work, and to whom every day was the same as yesterday and to-morrow, and every year the counterpart of the last and the next. (Ch. 5)

오늘날 북부지역의 공해와 빈민가는 많이 줄어들었지만 대신 중공업이 쇠퇴하여 경기침체를 겪으면서 실업률이 높아졌다. 경제공황이 깊어지던 1930년대에는 일자리를 잃은 실업자들(dole queues)이 늘어났고 자로(Jarrow)[17]에서 런던까지 "기아행진"(hunger march)이 조직되었다. 1980년대에 이르러 다시 경제가 어려워지면서 실업자들이 늘었고 북부지역에서 런던으로 "실업행진"(unemployment marches)이 이어졌다. 현재는 중

17 잉글랜드 동북부 타인 강 하구의 항구도시.

공업 대신 기술집약적 산업(technological industries)으로 어려움을 극복하려고 노력하고 있다.

북부지역은 산업공해로 찌든 도시뿐 아니라 영국에서 가장 아름다운 경치로도 유명하다. 컴브리아의 산악지대에 있는 호수지대(The Lake District)는 호수마을(Lakeland), 잉글랜드 호수(the English Lakes)라는 별칭을 가지고 있는 국립공원이다. 아름다운 경치를 후손들에게 물려주기 위해 이 지역의 개발은 제한되어 있다. 이처럼 개발 제한이 가능해진 것은 전적으로 민간의 힘에 의한 것이었다. 호수지역의 4분의 1에 해당되는 토지를 소유하고 있는 지주는 국민신탁(National Trust)이다. 국민신탁은 1895년 비어트릭스 포터(Beatrix Potter, 1866~1943)[18]를 중심으로 몇 사람이 잉글랜드와 웨일즈의 시골마을과 유적이 산업화로 망쳐지지 않게 하기 위해 땅을 사 모으면서 시작된 단체이며, 이후 일반 사람들이 자발적으로 헌금을 내면서 점점 커진 기부단체(Charity)이다.

북요크셔(North Yorkshire) 주의 요크(York)는 과거 바이킹 왕국의 수도였던 유적과 중세 때 잉글랜드의 제 2의 마을이었던 흔적을 잘 보존하고 있는 아름다운 도시이다. 아름다운 스테인드글래스 창문으로 유명한 웅장한 요크 대성당(York Minster)은 북유럽에서 가장 큰 고딕식 성당이다. 이 교회에서는 매년 여름 기적극(Miracle plays)[19]을 비롯하여 각종 미술과 음악의 경연이 있는 축제가 열린다

요크셔 지방은 특히 늘 바람이 휘몰아치는 황량한 경치로 이름이 나 있다. 요크셔의 하워스(Haworth) 목사관에서 태어나 자란 브론테 자매(Brontë sisters)는 자신들의 소설에서 요크셔의 풍경을 잘 묘사하고 있다. 에밀리 브론테(Emily Brontë, 1818~1848)의 『폭풍의 언덕』(*Wuthering Heights,* 1847)의 서문에서 샬롯 브론테(Charlotte Brontë, 1816~1855)는,

---

18 1902년 피터 래빗(Peter Rabbit) 토끼를 주인공으로 한 그림과 동화를 쓴 작가.

19 성경의 이야기를 연극으로 꾸민 것.

"교육발전이 더디고 우리가 사는 좁은 땅 너머로 사람을 폭넓게 사귈 여건이 충분치 않은 외딴 지역에 살다보니 우리는 서로에게 모든 걸 의지하는 수 밖에 없었다."라고 고백한다. 실제로 브론테 가문의 세 자매는 서로 상상력을 키우고 격려하면서 훌륭한 문학작품을 만들어내었다. 샬롯 브론테의 『제인 에어』(*Jane Eyre,* 1847), 에밀리 브론테의 『폭풍의 언덕』, 앤 브론테(Anne Brontë, 1820~1849)의 『와일드펠 저택의 거주자』(*The Tenant of Wildfell Hall,* 1848)에서는 요크셔의 황량한 풍경과 그곳에 사는 사람들의 거칠고 고독한 삶이 잘 그려져 있다. 그 중 『폭풍의 언덕』의 한 부분을 살펴보자.

* 『폭풍의 언덕』 에밀리 브론테 지음.

"워더링 하이츠"(폭풍의 언덕)란 히스클리프 씨 소유의 저택 이름이다. "워더링"이란 유서 깊은 이 지방의 사투리로, 폭풍이 부는 날이면 이 집을 휩쓰는 대기의 난동을 의미하는 형용사다. 지대가 높고 보니 이곳에는 사철 맑고 상쾌한 바람이 불어제칠 것이다. 이 집 한쪽 끝에 있는 몇 그루의 왜소한 전나무가 심하게 휜 점이라든지, 말라 비틀어진 들장미가 마치 햇빛을 구걸이라도 하듯이 가지를 모두 같은 방향으로 뻗고 있는 점으로 미루어 이곳에 휘몰아치는 북풍의 위력을 가히 짐작할 수 있다. 다행히도 건축가의 선견지명으로 이 집은 견고하게 지어져 있어서 좁은 창문은 벽 속에 깊숙이 박혀 있고 네 귀퉁이는 돌출한 큰 돌로 보호되어 있었다. (1장)

* *Wuthering Heights* by Emily Brontë

Wuthering Heights is the name of Mr. Heathcliff's dwelling. "Wuthering" being a significant provincial adjective, descriptive of the atmospheric tumult to which its station is exposed in stormy weather. Pure, bracing ventilation they must have up there at all times, indeed: one may guess the power of the north wind blowing over the edge, by the excessive slant of a few stunted firs at the end of the house; and by a range of gaunt thorns all stretching their limbs one way, as if craving alms of the sun. Happily, the architect had foresight to build it strong: the narrow windows are deeply set in the wall, and the corners defended with large jutting stones. (Ch. 1)

요크셔 지방과 관계있는 또 다른 중요한 소설은 아일랜드 작가인 브램 스토커(Bram Stoker, 1847~1912)가 쓴 고딕소설 『드라큘라』(*Dracula,* 1897)이다. 사람의 피를 빨아먹는 흡혈귀 드라큘라는 트란실바니아(Transylvania)[20]에서 영국으로 건너오다가 심한 폭풍을 만나자 거대한 개로 변신해 북요크셔의 휘트비(Whitby)에 상륙한다. 드라큘라 이야기가 유명해지면서 조용하고 작은 어촌 마을인 휘트비는 세계적으로 유명한 마을이 되었다. 휘트비 항구 주변의 구도로에서 199개의 계단을 올라가면 성모 마리아(St. Mary) 교회가 나오는데, 스토커는 이 교회의 묘지에서 흡혈귀에 대한 아이디어를 얻었다고 한다.

*『드라큘라』 브램 스토커 지음

[미나 머레이의 일기]

7월 24일, 휘트비에서. 루시가 역으로 마중을 나왔다. 루시는 전보다 더 예쁘고 사랑스러워 보였다. 우리는 루시네가 머물고 있는 크레슨트까지 마차를 몰았다. 여기는 아름다운 곳이다. 에스크라는 작은 강이 깊은 골짜기 사이를 흐르다가 항구 가까이로 다가가면서 넓어진다. 높

20 루마니아(Romania)의 중서부지역.

직한 교각을 지닌 커다란 구름다리가 강을 가로지르고 있는데, 거기에서 바라보는 경치는 실제보다 더 멀리 보인다. 골짜기는 아름다운 풀빛인데, 아주 심하게 비탈이 져 있어서, 골짜기 좌우의 어느 쪽 언덕에 있든, 바로 건너편을 빤히 건너다 볼 수가 있다. 우리가 있는 곳에서 멀리 떨어져 있는 구시가지의 집들은 모두 빨간 지붕이고, 뉘른베르크의 그림에 나오는 집들처럼 층층이 겹쳐서 쌓여 있는 것처럼 보인다. 이 시가지의 바로 위쪽에 휘트비 대수도원의 폐허가 있다. 옛날에 데인 사람들이 쳐들어와서 짓밟았다는 곳이며, 『마르미온』[21] 에서 여자가 벽속에 혀 있다고 했던 곳이기도 하다. 매우 장대하고 멋있는 유적으로서, 아름답고 신비로운 것들로 가득 차있다. 그 창문들 중의 하나에서 하얀 옷을 입은 여인이 나타난다는 이야기도 전해 내려온다. 그 수도원 터와 시가지 사이에 교회가 하나 있다. 그 교회는 교구 교회로서, 그 주위에는 묘석들이 즐비하게 늘어선 커다란 묘지가 있다. 이곳이 휘트비에서 가장 내 마음에 든다. 이곳에서는 시가지를 바로 위에서 굽어볼 수 있을 뿐만 아니라, 항구와 케틀리니스 곶이 바다로 뻗어 나가 있는 물후미를 탁 트이게 바라다볼 수 있기 때문이다. 묘지는 항구 쪽으로 급한 경사를 보이며 내려가고 있다. 그 탓인지, 방파제의 일부가 떨어져 나가고, 몇 기의 무덤이 파손되었다. (6장)

---

21 월터 스코트(Walter Scott, 1771~1832)가 1808년에 발표한 서사시로, 플로던 필드 전투(Battle of Flodden Field, 1513)에 대한 것이다. 노섬브리아에서 벌어진 이 전투는 잉글랜드와 스코틀랜드 사이에 벌어진 가장 큰 전투이며 여기서 스코틀랜드의 왕 제임스 4세가 전사했다. 이 사건을 배경으로 하여 스코트는 잉글랜드의 헨리 8세의 총신인 마르미온 경이 다른 사람의 애인인 클라라(Clara de Clare)를 좋아해서 음모를 꾸민 이야기를 다루었다. 마르미온의 정부 콘스탄스(Constance)는 수녀의 서원을 깨트린 죄로 산 채로 수도원 벽에 생매장된다.

* *Dracula* by Bram Stoker

MINA MURRAY'S JOURNAL

24 July. Whitby.--Lucy met me at the station, looking sweeter and lovelier than ever, and we drove up to the house at the Crescent in which they have rooms. This is a lovely place. The little river, the Esk, runs through a deep valley, which broadens out as it comes near the harbour. A great viaduct runs across, with high piers, through which the view seems somehow further away than it really is. The valley is beautifully green, and it is so steep that when you are on the high land on either side you look right across it, unless you are near enough to see down. The houses of the old town--the side away from us, are all red-roofed, and seem piled up one over the other anyhow, like the pictures we see of Nuremberg. Right over the town is the ruin of Whitby Abbey, which was sacked by the Danes, and which is the scene of part of *Marmion*, where the girl was built up in the wall. It is a most noble ruin, of immense size, and full of beautiful and romantic bits. There is a legend that a white lady is seen in one of the windows. Between it and the town there is another church, the parish one, round which is a big graveyard, all full of tombstones. This is to my mind the nicest spot in Whitby, for it lies right over the town, and has a full view of the harbour and all up the bay to where the headland called Kettleness stretches out into the sea. It descends so steeply over the harbour that part of the bank has fallen away, and some of the graves have been destroyed. (Ch. 6)

7) 웨일즈

웨일즈는 남웨일즈, 중웨일즈, 북웨일즈로 나눌 수 있다. 남웨일즈는 스완시(Swansea), 카디프(Cardiff), 뉴포트(Newport) 같은 산업도시와, 해안과 휴양지가 공존하는 곳이다. 스완시는 중요한 컨테이너항(containerport)이다. 카디프는 1955년부터 웨일즈의 수도가 되었는데, 로마시대 성의 유적을 그대로 간직하고 있으면서 동시에 쇼핑의 중심지인 현대적인 도시이다. 캐어필리(Caerphilly)에는 이곳에 침공했던 노르만족들이 웨일즈인의 반격에 방어하기 위해 세운, 유럽에서 가장 큰 성과 기울어진 탑(leaning tower)이 있다.

해안을 따라 많은 어항이 있는 중웨일즈에는 인구가 다소 띄엄띄엄 살고 있다. 중웨일즈의 서부와 북부에서는 웨일즈어가 거의 일상어로 사용된다. 애버리스위스(Aberystwyth)는 웨일즈의 교육의 중심지이다. 웨일즈에서 유명한 마을은 와이 강(River Wye)의 남쪽 둑에 잇닿은 헤이온와이(Hay-on-Wye)이다. 이곳은 인구가 1,000여 명 밖에 되지 않지만 고서적과 중고서적을 100만권 이상 갖춘 서점이 14개나 되며, 세계에서 가장 큰 중고서점이 위치해 있다.

북웨일즈에는 잉글랜드의 왕들이 세운 멋진 성들이 많이 남아 있다. 웨일즈의 고대수도였던 카나번(Caernarfon)에서 영국의 황태자가 웨일즈의 대공(the Prince of Wales)으로 인정받는 의식을 치른다. 란골렌(Llangollen)에서는 매년 국제 아이스데드포드(eisteddfod)가 열리면서 시 암송과 춤과 노래의 경연이 벌어진다. 유럽에서 가장 긴 지명의 마을이 앵글시 섬(Isle of Anglesey)에 있다. 이 마을의 이름은 “Llanfairpwllgwyngyllgogerychwyrndrobwllllantysiliogogogoch”로 발음은 “란바이어, 불그윈, 길고, 개러, 수언, 드로불, 란디, 실조, 고로고, 스” [ˌɬanvairˌpuɬɡwɨnˌɡɨɬɡoˌɡɛrəˌχwərnˌdrobuɬˌɬantɨˌsiljoˌɡoɡoˈɡoːχ]이다. 그 의미는 “Mary's Church in the hollow of the white hazel near the rapid whirlpool and the church of St. Tysilia with a red cave”이다. 줄여서 “란바이어불그윈길”(Llanfairpwllgwyngyll)이라고 하는데 사실은 이것이 원래의 이름이다. 19세기에 이 마을의 상업과 관광을 활성화시키려고 주목을 끌기 위해 일부러 긴 이름으로 개명했던 것이다.

북웨일즈의 주된 사업은 오랫동안 광산업이었다. 블래나번(Blaenavon)의 빅핏 광산 박물관(Big Pit Mining Museum)이 과거의 광산 현장을 잘 보여준다. 웨일즈의 산 속에 세계에서 가장 큰 발전소 중의 하나가 있는 것도 흥미롭다. 산에 있는 호수의 물로 발전을 일으키는데 꼭대기 호수인 마크린 호수(Llyn Marchlyn)[22]에서 파이프를 통해 국립공원인 스노우도니아(Snowdonia)의 한가운데 있는, 산 밑의 페리스 호수(Llyn Peris)로 물을 내려 보내면서 전기를 만든다. 스노우도니아는 웨일즈의 3개의 국립공원 중에서 가장 유명한 곳이며 가장 아름다운 곳이다. 여기에 웨일즈의 가장 높은 산인 스노우돈(Snowdon)이 있는데 기차를 타면 정상으로 갈 수 있다.

웨일즈 출신의 유명한 시인으로 딜런 토마스(Dylan Thomas, 1914~1953)가 있다. 토마스가 임종 직전의 아버지를 생각하며 쓴 유명한 시가 「저 좋은 밤으로 고이 들어가지 마세요」(Do Not Go Gentle Into That Good Night)이다.

*「저 좋은 밤으로 고이 들어가지 마세요」

딜런 토마스 지음

저 좋은 밤으로 고이 들어가지 마세요
노인이라도 날이 저무는 것에 불타오르고 분노해야 합니다.
빛이 사라지는 것에 분노하고 분노하세요.

끝에 다다른 지혜로운 이들은 어둠이 옳다는 것을 알지만,
자신들의 말이 번개를 치지 못했던 까닭에,
저 좋은 밤으로 고이 들어가지 않습니다.

---

22 llyn: 웨일즈 말로 호수라는 뜻.

마지막 물결 옆에서 선량한 이들은 자신들의 미약한 행적이
초록만에서 얼마나 찬란하게 춤추었을까 한탄하면서,
빛이 사라지는 것에 분노하고 분노합니다.

날아가는 해를 붙잡고 노래불렀던 자유로운 이들은,
자신들이 제 갈 길 가는 태양을 서러워한 것임을 너무 늦게 알아차리고
저 좋은 밤으로 고이 들어가지 않습니다.

죽음을 앞둔 진지한 이들은 시력이 장님이 되어가도
눈먼 눈들이 유성처럼 반짝이며 흥겨울 수 있음을 깨닫고,
빛이 사라지는 것에 분노하고 분노합니다.

그리고 당신, 나의 아버지시여, 저 슬픔의 고지에서
당신의 격렬한 눈물로 지금 나를 저주하세요, 축복하세요, 제발.
저 좋은 밤으로 고이 들어가지 마세요.
빛이 사라지는 것에 분노하고 분노하세요.

* "DO NOT GO GENTLE INTO THAT GOOD NIGHT"
by Dylan Thomas

Do not go gentle into that good night,
Old age should burn and rage at close of day;
Rage, rage against the dying of the light.

Though wise men at their end know dark is right,
Because their words had forked no lightning they
Do not go gentle into that good night.

Good men, the last wave by, crying how bright
Their frail deeds might have danced in a green bay,
Rage, rage against the dying of the light.
Wild men who caught and sang the sun in flight,

And learn, too late, they grieved it on its way,
Do not go gentle into that good night.

Grave men, near death, who see with blinding sight
Blind eyes could blaze like meteors and be gay,
Rage, rage against the dying of the light.
And you, my father, there on the sad height,
Curse, bless me now with your fierce tears, I pray.
Do not go gentle into that good night.
Rage, rage against the dying of the light.

8) 스코틀랜드(Scotland)

스코틀랜드의 북쪽에는 부속 도서들이 많이 있다. 북서쪽의 여러 섬들을 헤브리디스 제도(the Hebrides)라고 하며, 바깥쪽을 아우터(Outer) 헤브리디스 제도, 안쪽을 이너(Inner) 헤브리디스 제도라고 따로 구분하기도 한다. 헤브리디스 제도는 스카이 섬(Isle of Skye), 타이리 섬(Isle of Tiree), 에리스케이 섬(Isle of Eriskay) 등으로 이루어져 있다. 스카이 섬은 스튜어트가(the Stuarts)의 마지막 왕자인 "아름다운 체얼리 왕자"(Bonnie Prince Charlie)가 1746년 잉글랜드 군대에게 완전히 패한 후 여장을 하고 숨어든 곳으로 유명하다. 북동쪽에는 오크니 제도(Orkney Islands)가 있고, 더 북쪽으로 올라가면 셰틀랜드 제도(Shetland Islands)가 있다.

스코틀랜드의 북서쪽 고원 지대는 하이랜드(Highland), 중요한 산업이 집약되어 있는 남동쪽 평야 지대는 로우랜드(Lowland)라고 한다. 스코틀랜드에는 곳곳에 호수(loch), 협곡(glen), 산중턱의 동굴(corrie) 같은 빙하 지형이 존재한다. 대표적인 호수로는 로먼드 호수(Loch Lomond,), 네스 호수(Loch Ness), 테이 호수(Loch Tay) 등이 있다. 강으로는 돈 강(Don River), 디 강(River Dee), 네스 강(River Ness), 테이 강(River Tay), 글래스고(Glasgow)를 관통하는 클라이드 강(River Clyde), 애프턴 강(River Afton)

등이 있다. 테이 강은 영국에서 연어가 가장 많이 나는 곳으로 유명하며 테이사이드(Tayside) 주의 주도인 던디(Dundee)가 바로 그 옆에 있다. 던디 케이크와 잼의 일종인 마멀레이드(marmalade)는 전 세계로 수출된다.

하이랜드 동부를 지나는 산맥으로 그램피언 산맥(Grampian mountains)이 있다. 그램피언 지역의 애버딘(Aberdeen)은 스코틀랜드의 주된 어항이다. 이곳은 북해(North Sea)의 정유 산업과 연결되어 점점 사업의 중심지로 부상하고 있다.

하이랜드의 경치는 골이 깊고 산이 높아 그야말로 장관을 이룬다. 하이랜드의 계곡에서 많이 보이는 하얀 건물은 좋은 물을 이용해서 몰트위스키(malt whisky)를 만드는 증류장이다. 그 지역의 언덕에서 나오는 물을 이용하므로 각 지역의 물맛에 따라 위스키의 맛도 각기 다르다. 위스키가 스코틀랜드에서 처음 생산된 것은 1494년인데, 이제는 100여개 이상의 몰트위스키 증류소가 있고 스카치(Scotch)라는 단어는 위스키를 대표하는 명사로 쓰이게 되었다. 반면 스코틀랜드 사람이나 물건을 묘사할 때는 "Scottish"를 사용한다.

현재 하이랜드에 거주하는 인구는 아주 적은데 그 원인은 18세기와 19세기에 비롯되었다. 하이랜드의 땅을 소유했던 많은 지주들이 사슴사냥을 하기 위해 혹은 돈이 벌리는 모직산업에 투자하기 위해 양을 키우려고 농민들을 자신의 영지에서 쫓아내었다. 농민들은 하이랜드의 작은 집(croft)을 버리고 대도시로 일자리를 찾아 떠나야 했기 때문에 하이랜드의 인구는 급속도로 줄어들었다. 이런 잔인한 퇴출(clearances)은 1886년 법의 제정으로 간신히 막을 수 있었다. 현재는 하이랜드 주거자(crofter)들은 자신의 집 주변의 땅을 돌보면서 일부 시간제 일을 하며 살아간다. 하이랜드인(Highlanders)들이 하는 유명한 게임으로는 창대던지기(Tossing the caber)가 있다.

스코틀랜드의 특징적인 의상은 체크무늬인 타탄(tartan)으로 만든 치마 모양의 킬트(kilt)이다. 16세기와 17세기의 클랜(clann)[23]은 대부분 대가족을 이루고 있었고 자신들의 가문을 표시하기 위해서 특별한 색깔의 체크무늬로 된 천, 즉 타탄을 통으로 허리에 두른 후 어깨에 올려서 걸쳤다. 이후 18세기 초가 되어 치마 형식으로 만들어 입는 킬트로 바뀌었다. 이처럼 각 가문이 독특한 체크무늬의 타탄을 입는 전통은 1972년 국제가문모임이 열린 후 세계적으로 유명해지게 되었다.

스코틀랜드의 수도인 에든버러(Edinburgh)는 행정과 상업의 중심지이면서 유명한 성이 있는 고풍스런 아름다운 도시이다. 프린스가(Prince's Street)는 에든버러의 유명한 쇼핑가로, 에든버러 성(the Castle)에서 홀리루드 하우스(Holyrood House)에 이르는 로열마일(Royal Mile)과 평행을 이루고 있다. 매년 8월과 9월에는 거의 매일 저녁 에든버러 성 앞에서 조명불(floodlights)을 밝히고 90분 동안 군악행진(Edinburgh military tattoo)이 벌어진다. 약 9,000명의 관중은 무대를 삼면으로 둘러싼 관람석에 앉아 에든버러 성을 배경으로 펼쳐지는 이 화려한 행진을 관람한다. 이곳의 예약은 이미 수 년 분이 꽉 차있다고 한다. 이 행진을 터투(tattoo)라고 이름붙인 유래가 흥미롭다. 원래 군인들은 매일 저녁 북소리를 들으면 자신들의 숙소로 돌아가야 했고 술집(pubs)에서는 더 이상 그들에게 위스키를 팔 수 없었다. 이때의 북소리가 "텃-투"(tat-too)처럼 들린다고 해서 붙여진 이름이다.

클라이드 강(River Clyde) 옆에 위치하고 있는 글래스고는 스코틀랜드에서 가장 큰 도시이며 조선 산업의 중심지였다. 산업혁명이 시작된 이후 산업의 발달로 공해에 찌든 글래스고는 "사랑하는 더러운 도시"(dear dirty city)로 불렸으나 지금은 연어를 볼 수 있을 정도로 깨끗한 환경으로 변해 이제는 "친근한 도시"(the friendly city)로 불린다. 유명한 축구 클럽

23 게일어로 가족이나 후손을 나타내는 말.

글래스고 레인저(Glasgow Rangers)와 켈틱(Celtic)의 고향이다.

잉글랜드와의 경계에 위치한 그레트나그린(Gretna Green)은 잉글랜드의 젊은이들이 결혼하기 위해 찾는 곳으로 유명하다. 잉글랜드에서는 부모의 동의 없이 결혼하려면 18세가 되어야 하지만 스코틀랜드에서는 16세면 가능하기 때문이다.

스코틀랜드에서 가장 유명한 인물 중의 한 명은 증기기관을 발명한 제임스 와트(James Watt, 1736~1819)이다. 시인으로는 스코틀랜드 사투리로 시를 쓴 로버트 번즈(Robert Burns, 1759~1796)가 유명하다. 스코틀랜드 사람이라면 세계 어느 곳에 있든지 반드시 기념하는 1월 25일이 바로 번즈의 생일이다. 그 날은 스코틀랜드의 전통음식인 해기스(haggis)[24]를 감자와 순무(turnip)와 함께 먹으면서 위스키를 들이킨다. 킬트를 입은 연주자(piper)가 스코틀랜드의 전통악기인 백파이프(bagpipe)를 연주하면서 들어오면 그 뒤에 해기스가 날라져 오며, 이때 해기스를 위한 시가 낭송된다. 로버트 번즈가 스코틀랜드 사투리로 쓴 「해기스에게 바치는 연설」(Address to a Haggis)의 마지막 8연을 원문과 표준영어 번역으로 살펴보자.

"Address to Haggis" by Robert Burns	Translation into Standard English
Ye Pow'rs, wha mak mankind your care, And dish them out their bill o fare, Auld Scotland wants nae skinking ware That jaups in luggies: But, if ye wish her gratefu prayer, Gie her a Haggis!	You powers, who make mankind your care, And dish them out their bill of fare, Old Scotland wants no watery stuff, That splashes in small wooden dishes; But if you wish her grateful prayer, Give her a Haggis!

24 양이나 송아지의 내장을 오트밀과 섞어 위장에 넣어 삶은 요리.

9) 북아일랜드(Northern Ireland)

얼스터(Ulster)라고도 불리는 북아일랜드는 북쪽과 동쪽으로 바다를 면하고 있다. 북쪽에 있는 라스린(Rathlin) 섬에는 단지 30여 가구만 거주하고 있다. 이 섬을 두고 스코틀랜드와 아일랜드가 수세기동안 싸웠으나 이 섬에 뱀이 없다는 이유로 마침내 아일랜드인들이 차지하게끔 허용되었다. 아일랜드의 수호성인인 성 패트릭이 아일랜드에서 모든 뱀을 몰아내었다는 전설이 있기 때문이다.

북아일랜드는 서쪽으로는 아일랜드 공화국의 도니골(Donegal) 지역, 남쪽으로는 모나간(Monaghan)과 캐번(Cavan)과 경계를 두고 있다. 앤트림(Antrim), 다운(Down), 아마(Armagh), 티론(Tyrone), 퍼매너(Fermanagh), 런던데리(Londonderry) 등의 6개주로 이루어져 있으며 벨패스트(Belfast)가 수도이다. 벨패스트는 현재는 북아일랜드 전체 인구의 거의 3분의 1인 40만이 거주하는 큰 도시이지만 17세기까지만 해도 작은 마을(village)에 불과했다. 19세기 중에 린넨, 기계, 담배, 무역 등이 발전하면서 매 10년마다 크기가 거의 2배씩 커진 도시이다. 벨페스트는 조선업으로 유명한데, 처녀항해에서 비극적인 최후를 맞이한 <타이타닉 호>(*the Titanic*)가 바로 이곳에서 건조되었다. 벨패스트의 거리들, 예를 들면 폴즈가(the Falls Road)나 샨킬가(Shankill Road) 등은 영국 사람들에게 폭력을 연상시키는 이름일 정도로 이곳에서 많은 폭력적인 사건들이 일어났지만, 일상은 여전히 평화롭다.

런던데리 주는 북쪽으로는 멋진 해안과 남쪽으로는 스페린 산맥(Sperrin Mountains)을 두고 있다. 주도(county town)인 런던데리시는 북아일랜드에서 가장 중요한 도시 중의 하나이다. 원래 이곳은 데리라는 지명을 가지고 있었으나, 잉글랜드인들이 대규모로 북아일랜드로 건너와 정착한 식민(plantation) 시기에 잉글랜드의 런던시에서 많은 건축업자와 돈을 보내와 데리를 재건했으므로 그 후 런던데리로 명칭을 바꾸었다. 오늘날은 긴 이름인 런던데리와 약칭인 데리가 함께 쓰이고 있다.

데리에서 가장 유명한 것은 이 시의 장벽이다. 1614년 식민이주자들에 의해 지어진 무려 1.5킬로미터의 길이에 6.5미터의 두께로 된 이 장벽은 그동안 수많은 포위공격을 당했음에도 불구하고 영국이나 아일랜드에서 유일하게 완벽하게 남아있는 장벽이다. 특히 가톨릭 군주인 잉글랜드의 제임스 2세가 당시 신교도의 성채(stronghold)인 이곳을 공격한 대포위(the Great Siege, 1688년 12월~1689년 7월)에서 30,000명의 인구 중에서 7,000명의 인구가 굶어죽었다고 한다. 이 공격을 기억하기 위해 데리시는 매년 시의 성문을 닫는 행사를 벌인다.

이 장벽의 바깥 쪽 북쪽에 프레헨 하우스(Prehen House)라는 곳에 아직도 살고 있는 녹스(Knox) 가문에 얽힌 이야기가 있다. 1760년 존 맥노튼(John Mcnaghten)이라는 도박사가 메리 앤 녹스(Mary Ann Knox)를 납치하려고 하다가 그녀가 저항하자 우발적으로 쏘아 죽인다. 그는 교수형 선고를 받았지만 교수형을 당하던 중에 줄이 끊어져 목숨을 부지하게 되었다. 구경꾼들은 사람을 두 번 죽이는 것은 도리에 맞지 않다며 그를 살려주자고 주장했으나 맥노튼은 자신이, "반쯤 목 매달린 맥노튼"(half-hanged Mcnaghten)이라고 알려지기 싫다면서 다시 교수대에 올라가 스스로 목을 매 죽었다고 한다.

앤트림은 거의 3억 년 전에 만들어진 지질학적 경이의 결과이다. 아름다운 앤트림의 9개의 계곡(glen)은 예전에는 접근이 어려웠으나 1834년 앤트림 해안길(Coast Road)을 만들어 널리 알려지게 되었다. 이 해안길을 따라가면 거인의 제방길(the Giant's Causeway)이라고 이름 붙은 세계 8대 비경 중의 하나를 만나게 된다. 이 제방길은 무려 13미터에 이르는 돌기둥을 비롯해 여러 크기의 거대한 돌기둥들이 무려 4,000여 개나 모여서 이루어져 있으며 그 돌기둥의 머리를 징검다리처럼 디디고 건너 갈 수 있다. 이 돌기둥은 절벽의 발치에서 시작되어 바다 속까지 연결되어 있다. 이 장대한 광경은 화산활동의 지질학적 결과이지만 고대 아일랜드인들은 전아일랜드(All Ireland) 왕의 얼스터 근위군 대장이었던 거인 핀 맥쿨(Finn McCool)의 작업이라고 여겼다. 앤트림의 북쪽 해안에 살던 핀은 스코틀랜드 헤브리디스(Scottish Hebrides)의 한 섬에 살던 거인 여성과 사랑에 빠졌으며, 그녀가 얼스터에 건너오게 하기 위해서 이 거대한 제방길을 지었다고 한다. 엄청나게 힘이 셌던 핀은 한번은 스코틀랜드의 거인과 싸우면서 땅의 한 쪽을 떼어내어 적을 향해 집어던졌고 그 땅이 아일랜드해(the Irish Sea)에 떨어져 맨 섬(the Isle of Man)이 되었으며, 땅이 떨어져 나간 구멍이 물로 채워져서 거대한 내륙의 바다가 된 것이 바로 니흐 호수(Lough Neagh)라는 설화도 있다.

거인의 길을 따라 내륙으로 3킬로미터 이상을 가다보면 부시밀즈(Bushmills)가 있는데 이것이 1608년에 세워진 세계에서 가장 오래된 위스키 증류소이다. 아일랜드의 위스키는 스카치 위스키와 아주 다른 맛을 가지고 있으며 위스키(whiskey)의 철자도 스코틀랜드와 다르다.

4 영국의 역사

1) 영국의 건국신화: 아더 왕의 전설

세계의 모든 나라는 각기 자신의 고유한 신화나 민담을 가지고 있으며 그런 이야기들을 통해서 우리는 그 민족의 문화적 정체성을 가늠할 수 있다. 국가의 성립을 상징적으로 보여주는 건국신화는 그 나라의 지도자의 자질에 대한 국민의 욕구를 가늠하게 해준다. 예를 들면 로마의 건국신화에서 로마를 세운 로물루스(Romulus)와 레무스(Remus)는 늑대[1]의 젖을 먹고 컸다고 하는데 그것은 호전적이고 외향적인 지도자를 원하는 로마제국의 가치를 상징적으로 보여준다.

한국의 건국신화는 고조선을 세운 단군에 대한 이야기이다. 단군신화에서는 호랑이와 곰 중에서 참을성이 많은 곰이 인간이 되어 우리의 왕인 단군을 낳는다. 이 신화에서 상징하는 것은, 우리 민족은 우리의 왕, 우리의 지도자로 전투적인 호랑이보다는 타협적이고 인내심 강한 곰의 자질을 갖춘 사람을 이상적으로 여겼다는 것이다. 그것은 사방에 강대국을 두고 있는 반도 국가인 우리의 정치적 자세를 암시한다.

영국의 건국신화는 아더 왕(King Arthur)의 신화이다. 아더 왕의 신화 역시 통치자에 대한 영국인의 소망과 이상을 드러낸다. 어린 시절 다른

1 늑대는 로마 신화에서 전쟁의 신 마르스(Mars), 그리스 신화에서 아레스(Ares)의 상징동물이다.

사람에게 무시를 받던 보잘 것 없는 소년 아더가 전설적인 칼 엑스캘리버(Excaliber)를 뽑아서 왕이 된 것, 왕이 된 이후에 군림하는 것이 아니라 공평함을 상징하는 원탁회의(the Round Table)에서 신하들의 충고를 듣는 왕이 된다는 이야기를 통해 영국인이 소망하는 지도자 상을 엿볼 수 있다. 즉 영국인들은 군림하는 왕이 아니라 민주적인 왕을 이상적으로 여긴다는 것이 드러난다.

사실 아더 왕의 전설은 잉글랜드의 주 민족인 앵글로색슨족의 것이 아니라, 그 이전에 잉글랜드 지역에서 부족국가를 이루고 살다가 앵글로색슨족에게 쫓겨난 켈트족의 신화이다. 이처럼 다른 민족의 신화를 자신들의 건국신화로 삼고 발전시켰다는 사실이야말로 이 신화가 앵글로색슨족의 이상을 담고 있다는 확실한 증거이다.

아더 왕의 이야기에는 아직 왕권이 확립되지 않은 부족국가 시대의 왕권에 대한 개념이 그대로 투영되어있다. 서구의 고대 부족국가의 왕은 절대 권위를 누리는 자가 아니라 공정하게 베푸는 존재이다. 즉 왕은 전쟁에서 얻어진 전리품을 공정하게 나누어주는 미덕을 가져야 했다. 또 왕은 일상생활의 모든 점에서 모범이 되는 미덕을 갖춘 존재였다. 남자는 농사짓고 사냥하고 물고기를 잡고, 여자는 길쌈을 하고 요리를 하는 사회에서 왕과 왕비는 일상생활에서도 다른 사람보다 모범이 되어야 했다.

왕과 왕비가 일상적인 일을 하는 이야기는 호메로스(Homer)가 그린 영웅 오디세우스(Odysseus)[2]의 이야기에서도 잠시 엿볼 수 있다. 트로이(Troy)의 왕자 패리스(Paris)는 그리스의 도시국가 중 하나인 스파르타(Sparta)를 방문했다가 메넬라오스 왕(Menelaus)의 아내인 헬레네(Helen) 왕비를 데리고 달아난다. 그녀를 되찾아오기 위한 다소 명분 없는 싸움이 바로 그리스와 트로이의 전쟁이다. 이타카(Ithaca)의 현명한 왕이었던

2 로마 이름은 율리시즈(Ulysses).

오디세우스는 이런 명분 없는 전쟁에 참가하기를 원하지 않았지만 그리스의 자존심을 지키자는 명분에 딱히 거절할 수가 없어 미친 척 한다. 그러나 오디세우스가 거짓으로 미친 척 한다고 생각한 그리스의 장군들은 오디세우스가 소를 몰고 밭을 갈 때 그 앞에 어린 아들 텔레마쿠스(Telemachus)를 놓아두었다. 정말로 미친 사람이라면 아들을 치고 그대로 지나갈 것이라고 여긴 것이다. 오디세우스는 할 수 없이 소의 방향을 돌렸으며 거짓 광기를 거두고 전쟁에 참가한다. 그리스군은 오랜 격전을 치른 후 마침내 트로이를 물리치고 고향으로 향하지만 오디세우스는 신의 분노로 고향으로 돌아오지 못하고 20여년을 방랑하는데 이 유랑의 경험을 다룬 책이 『오딧세이』(*Odyssey*)이다. 이 신화에서 우리의 관심을 끄는 부분은 왕인 오디세우스가 몸소 소를 몰고 밭을 갈았다는 사실이다.

오디세우스의 이야기는 그의 아내 페넬로페(Penelope)의 이야기로 이어진다. 남편이 오랫동안 돌아오지 않지만 아들을 키우며 충실하게 남편을 기다리는 페넬로페는 여성의 정절을 상징하는 존재로 널리 알려져 있다. 오디세우스가 행방불명이 된 동안 페넬로페는 그녀에게 구혼하는 귀족들 때문에 고초를 겪는다. 페넬로페가 갖은 핑계를 대면서 이들의 청혼을 거절하는 동안 이들은 청혼자라는 구실로 마음대로 음식과 술을 먹고 마시면서 횡포를 부렸다. 페넬로페가 미인이기도 했지만, 사실은 페넬로페와 결혼함으로써 오디세우스의 왕국을 통째로 집어삼키려는 것이 청혼자들의 음흉한 심보였던 것이다. 결혼 상대를 정하라는 압박을 더 이상 견딜 수 없게 된 페넬로페는 자신이 결혼식에 입을 옷감을 다 완성한 후에 청혼을 받아들이겠다고 약속한다. 그녀는 낮에는 옷감을 짜고 밤이면 그 옷감을 다시 풀어버리는 일을 반복하다가 결국 발각되는 바람에 꼼짝없이 누군가와 결혼해야 하는 상황에 이른다. 마침 이때 20여년 만에 돌아온 오디세우스가 집안을 어지럽히던 청혼 귀족들을 다 소탕하고 아내와 아들과 재회한다. 이 이야기에서 우리의 관심을 끄는 것은 바로 왕비인 페넬로페가 손수 길쌈을 했다는 사실이다.

영국의 고대 영어로 씌여진 서사시 『베어울프』(*Beowulf*)에서는 공평하게 나누어주는 존재로서의 왕의 모습이 잘 나타난다. 베어울프는 고기잡이, 사냥, 전투 모든 것에서 다른 사람의 모범이 되며, 나라와 백성을 위해 자신의 목숨을 걸고 괴물과 싸우다 비극적인 죽음을 맞는 영웅적인 왕이다. 베어울프는 특히 전투에서 얻은 전리품을 공정하게 나누어주는 존재이기 때문에 더욱 존경을 받는다고 강조된다. 왕은 권력을 누리는 자가 아니라 공정하게 나누어주는 미덕을 가진 존재라는 개념은 씨족의 우두머리를 칭하는 왕(King)의 별칭이 고대어로 반지를 주는 자(ring giver)라는 것에서 분명히 확인된다.

씨족이 부족으로 커지고 이후 봉건제 국가로 확장되면서 모범적이고 공평한 존재로서의 왕의 미덕은 현실성을 상실하고 추상적인 미덕으로 이상화된다. 봉건제가 몰락하고 절대군주제가 정착되면서 왕은 이제 공평하게 나누어주는 자가 아니라 절대적인 권력을 누리는 존재로 바뀐다. 대부분의 절대군주제국가에서 국왕은 점점 강력한 권력을 행사하게 된다. 프랑스의 대표적인 절대군주인 태양왕(Le Roi Soleil) 루이 14세(Louis XIV, 재위 1661~1715)는 "짐이 곧 국가니라"(L'État, c'est moi)라는 말로 왕의 절대 권력을 강조했다.

그러나 유럽 전역에서 절대군주제가 확립되어 가는 중에도 영국은 오히려 왕의 권한을 제한하거나 축소하는 방향으로 향하고 있었다. 1215년 존 왕이 의회의 압력을 받아 대헌장(Magna Carta)을 채택하게 된 역사적 사건을 시작으로 의회는 끊임없이 왕의 권한을 제한하는 법안을 통과시켰다. 그리고 마침내, 프랑스에서는 루이 14세가 절대 권력의 전성기를 구가하던 시기에, 영국은 무혈혁명(Bloodless Revolution)인 명예혁명(The Glorious Revolution, 1688)을 통해 왕의 권한을 명목상의 것으로 한정시키는 입헌군주제를 채택하게 된다. 프랑스는 1789년에 왕과 귀족의 압제를 참다 못 한 시민들의 혁명(French Revolution)으로 왕과 귀족이 참형 당하는 피비린내 나는 정치적 변화를 겪고서야 공화제로 전환되지만, 진작부터 군주의 권리를 제한해왔던 영국에서는 피를 보는 혁명 자체가 일어날 여지가 없었다. 이와 같은 영국의 정치 상황은 영국 문화의 저변에 흐르는 정치적 타협 정신의 결과물인데, 그것이 바로 영국인들이 숭배하는 아더 왕의 전설에 이미 내재해 있다.

아더가 왕이 되는 과정에서 엑스캘리버라는 전설적인 칼을 뽑아서 왕으로 인정되는 초자연적인 요소가 삽입되어 아더에게 하늘의 점지를 받은 계승자라는 신권을 부여한 것은 사실이다. 왕권과 신권을 연결해서 왕권에 위엄을 부여하는 성향은 거의 모든 건국 신화에 들어있는 요소이다. 그런데 아더 왕의 이야기에서 특별한 것은 아더가 엑스캘리버를 뽑은 후에 원로들의 인정을 받아야 했다는 사실이다. 아더는 엑스캘리버를 뽑아서 왕으로서의 상징적인 권위를 부여받았지만 그가 실제로 힘을 가지게 되는 것은 원로들의 인정을 받고 선출된 후인 것이다. 실제로 켈트족의 사회 뿐 아니라 앵글로색슨족의 사회에서도 왕위는 계승되는 것이 아니라 원로회에서 선출되는 것이었다. 계승제로 변한 것은 노르만족인 윌리엄 1세가 즉위한 이후부터이다.

윌리엄 1세 이후 왕권이 계승제로 바뀐 이후에도 잉글랜드 왕의 권위는 귀족회의, 혹은 의회에 의해 계속 견제되고 제한되었다. 잉글랜드의 왕은 절대적인 권력을 누리기보다는 끊임없이 귀족, 혹은 의회와 타협해야 했던 것이다. 그 결과 대헌장(Magna Carta, 1215), 권리청원(Petition of Rights, 1628), 청교도 혁명인 영국내전(English Civil War, 1642~1651), 명예혁명(Glorious Revolution, 1688) 후의 권리장전(Bill of Rights, 1689)을 거치면서 영국은 입헌군주제의 정치체제를 확립하게 된다. 이때의 귀족이나 의회가 일반 민중을 대표하지 못했다는 점에서 아직 진정한 민주주의와 거리가 멀기는 하지만, 왕의 절대 권리가 제한된다는 점에서 큰 의

의가 있다. 아더 왕이 다른 기사들과 나란히 원탁에 둘러 앉아 국사를 논의한다는 설정 자체가 바로 민주적 왕을 기대하는 영국적 정치 문화의 상징이다.

2) 고대 역사

영국을 이루고 있는 브리튼 섬의 역사는 선사시대부터 시작된다. 선사시대의 브리튼 섬을 짐작하게 하는 대표적인 유적지는 스톤헨지(Stonehenge)이다. 스톤헨지는 B.C. 2500년~B.C. 2000년 사이에 지어진 것으로 추정되며 신석기 시대 유럽 전역에서 사람들이 찾아드는 순례지였을 것으로 짐작된다.

브리튼 섬이 본격적으로 문명과 접하게 된 것은 로마의 침공을 받으면서이다. 율리우스 카이사르(Julius Caesar, B.C. 100~B.C. 44)의 『갈리아 전쟁기』(*Commentaries on the Gallic War*)에 따르면 로마 제국은 B.C. 55년과 B.C. 54년에 브리튼 섬을 침공하였고, A.D.[3] 43년에 다시 클라우디우스(Claudius) 황제가 브리튼 섬을 침공하여 로마의 속주로 삼고 브리타니아라고 불렀다. 당시 브리튼 섬에는 켈트족의 일파인 브리튼족이 살고 있었기 때문이다. 이세니(Iceni) 부족의 부디커 여왕(Queen Boudicca or Boadicea)[4]이 61년에 로마의 점령에 대항하는 반란을 일으켰다가 비참하

---

3 BC: before Christ, AD: In the Year of Our Lord(Latin: Anno Domini). 현대역사가 중에는 BCE(before Common Era), CE(Common Era)를 사용하기도 한다.

4 부디커와 같은 이름인 빅토리아가 1837년 여왕으로 등극하면서 부디커에 대한 재평가가 이루어졌고 여왕의 남편인 앨버트 공(Prince Albert)이 추진해서 전차에 딸을 태운 부디커의 청동상이 발주되었다. 동상은 1905년에 완성되어 웨스트민스터교와 의사당 옆에 세워졌고, 윌리엄 쿠퍼(William Cowper, 1731~1800)의 시, <부디커에 대한 송가>(Boadicea, an Ode)에서 인용해온 구절, “카이사르가 알지 못했던 영역을/ 그대의 자손이 통치하리니”(Regions Caesar never knew/ Thy posterity shall sway)가 적혀 있다.

게 패배했다. 브리타니아에 대한 로마 제국의 지배는 410년에 종식되었다.

5세기에서 6세기까지는 게르만족의 여러 부족이 잉글랜드를 침공하였는데, 주로 오늘날의 독일 북서부에 거주하던 앵글족(the Angles)과 색슨족(the Saxons), 덴마크 일대에 살던 유트족(the Jutes)이 잉글랜드 각지에 왕국을 세웠다. 그로 인해 원주민이던 켈트족은 웨일즈, 스코틀랜드, 아일랜드로 밀려났다. 앵글로색슨족은 서쪽으로 세력을 넓혀가던 중에 용맹한 켈트계 브리튼족(the Celtic Britons)에 의해 저지당했는데 그 저항을 이끈 것이 바로 아더 왕(King Arthur)[5]이었다.

6세기 전반에 잉글랜드에서 앵글로색슨족의 세력이 확대되면서 현재의 잉글랜드 북부지역과 스코틀랜드 남동지역에 노섬브리아(Northumbria), 지금의 잉글랜드 중부지역에 머서(Mercia), 지금의 노포크(Norfolk), 서포크(Suffolk) 지역과 케임브리지셔 늪지(Cambridgeshire fens)의 동쪽 부분에 동앵글리아(East Anglia), 지금의 잉글랜드 남서지역에 웨섹스(Wessex) 등 여러 왕국이 건립되었다. 그 중 가장 큰 왕국인 웨섹스 왕국은 요충지를 확보하면서 잉글랜드 서부지역까지 영토를 확장하였고 9세기경에는 현재의 잉글랜드 전체 지역까지 확보했다. 웨섹스 왕국의 앨프레드 대왕(Alfred the Great, 재위 849~899)은 앵글로색슨의 왕(King of the Anglo-Saxons)이라는 칭호를 처음으로 사용했다.[6] 899년

5 아더 왕은 켈트족이었는데 나중에 앵글로색슨족이 주 민족이 된 잉글랜드에서 그의 원탁의 기사단(Knights of the Round Table)과 함께 영웅으로 부각되었으며, 이후 중세의 역사에서 고귀함(nobility)과 기사도정신(chivalry)을 대표하는 상징적 존재가 되었다.

6 앨프레드 왕은 훌륭한 전사일 뿐 아니라 뛰어난 학자였으며 영국사에서 유일하게 대왕(the Great)이라는 칭호를 받은 왕이다. 그와 관련해 불에 탄 빵에 대한 유명한 일화가 있다. 숲을 헤매다가 어느 오두막에 들어간 왕에게 그 집의 아낙네는 잠깐 자리를 비울텐데 굽고 있던 빵이 타는지 봐달라고 한다. 생각에 잠겼던 앨프레드가 빵을 태우자 돌아온 여인이 크게 화를 내며 그를 꾸짖고 쫓아내었지만 그는 자신이 왕이라는 것을 밝히지 않았다고 한다.

앨프레드 대왕이 사망하자 그의 아들 대 에드워드(Edward the Elder, 재위 899~924)가 웨섹스의 왕위에 올라 영토 확장을 계속하였다.

『앵글로 색슨 연대기』(*Anglo-Saxon Chronicle*)[7]에 따르면 793년에 최초의 바이킹족(the Vikings)의 침입이 있었으며 이때 브리튼의 동쪽 해안의 린디스판(Lindisfarne)의 수도원이 파괴되고 수도승들은 사살 당했다. 이후 잉글랜드는 바이킹족의 끊임없는 침공을 받으며 고난을 겪었다. 878년 앨프레드 대왕이 윌트셔(Wiltshire)의 에딩턴(Edington)에서 바이킹족과 맞서 승리를 거둔 적도 있었으나 호전적인 바이킹족에 당할 수가 없어 결국 잉글랜드의 북동부는 바이킹족의 지배하에 들어가게 되었다.

바이킹족과 투쟁하는 시기에도 앵글로색슨의 왕조는 명맥을 유지해 갔다. 대 에드워드 왕의 사후에는 에설어드(Ælfweard 924)의 뒤를 이어 애설스탠(Athelstan, 재위 924~939)이 왕위에 오르게 되었다. 애설스탠은 잉글랜드 전역을 직접 통치하려고 시도했으므로 실질적으로 최초의 잉글랜드 군주(English Monarch)로 여겨진다. 그러나 그는 결국 잉글랜드 통일을 완수하지는 못하였다. 애설스탠의 뒤를 에드먼드 1세(Edmund I, 재위 939~946)가 이었고 그 뒤에 에드레드(Eadred, 재위 946~955), 에드위그(Eadwig, 955~959)를 거쳐 온화한 에드거(Edgar the Peaceful, 재위 959~975), 순교왕 에드워드(Edward the Martyr, 재위 975~978)가 잉글랜드를 통치했다. 이후 부족한 에셀레드(AEthelred the Unready, 재위 978~1013, 1014~1016)는 오랜 치세 후에 결국 바이킹족인 덴마크의 갈퀴턱수염왕 스벤(Forkbeard Sweyn, 재위 1013~1014)에게 왕권을 잃은 채 사망하였다. 에셀레드의 아들 용맹왕 에드먼드 2세(Edmund Ironside II, 재위 1066) 역시 1016년 바이킹족이자 덴마크 노르웨이의 군주였던 카뉴트 대왕(Canute the Great, 재위 1016~1035)에게 패배하여 전사하였다. 이로

7 앵글로색슨족과 노르만족이 지배하던 시기의 영국에 대한 연대기적인 기록으로 앨프레드 대왕의 통치시대에 모아졌다.

인해 카뉴트는 덴마크, 노르웨이와 더불어 잉글랜드까지 지배하는 왕이 되었다. 1035년, 카뉴트의 사후 잉글랜드의 왕권은 그의 아들 질주왕 헤럴드 1세(Harold Harefoot, 재위 1035~40)에게 물려졌으며 이후 다시 색슨족인 참회왕 에드워드(Edward the Confessor, 재위 1042~1066)가 왕위를 계승하였다. 1066년 참회왕 에드워드가 후사 없이 사망하자 그의 처남인 해럴드 2세(Harold II, 재위 1066)가 왕이 되었다.

3) 노르만 왕조

해럴드 2세가 왕이 되자 노르망디 공작 윌리엄(William Duke of Normandy)은 자신이 에드워드 참회왕의 먼 친척으로서 정당한 왕위 계승권이 있다고 주장했다. 그는 1066년 10월 14일에 벌어진 헤스팅스 전투(Battle of Hastings)에서 앵글로색슨족의 마지막 군주인 해럴드 2세를 물리치고 잉글랜드의 왕 윌리엄 1세로 등극하여 정복왕 윌리엄(William the Conqueror, 재위 1066~1087)이라고 불리며 노르만 왕조(The House of the Norman)를 시작한다.

노르만족의 잉글랜드 정복은 잉글랜드 역사의 한 획을 긋는 사건이었다. 윌리엄이 잉글랜드를 정복한 이후로 이제 왕은 앵글로색슨 시대의 국민의회인 위터너거모우트(Witenagemot)에 의해 선출되는 것이 아니라 계승에 의해 결정된다. 앵글로색슨족의 토지는 몰수되어 그들의 기반이 붕괴되면서 노르만프렌치족이 귀족으로 자리를 잡게 된다. 이런 작업의 기초가 된 것이 윌리엄 1세가 편찬하게 한 『둠스데이 북』(*Domesday Book*, 1086)이다. 이 책은 세금을 징수할 기반을 마련하기 위해 잉글랜드의 토지와 가호를 세세하게 수록한 토지대장이다. 이 장부를 이용해서 잉글랜드 정복 후 20년 만에 대부분의 지주를 노르만인으로 교체했고, 정부 요직과 고위 성직자 역시 노르만인들로 채웠다.

그런데 노르만프렌치족의 잉글랜드 정복은 전 민족의 이동에 의해서 이루어진 것이 아니라 소수의 전투부대원에 의해 이루어진 것이었다. 때문에 왕족과 귀족은 노르만프렌치족으로 바뀌었지만 잉글랜드 땅에서 삶을 영위하는 대부분의 일반 민중은 여전히 앵글로색슨족이었다. 노르만족의 왕과 귀족들은 자신의 고향인 프랑스를 그리워하면서, 당시 문명이 낙후된 야만인의 땅인 잉글랜드 땅에서 거주하고 싶지 않았기에 일년의 거의 대부분을 프랑스에서 생활했다. 따라서 이들은 대부분 부재왕(absentee king)이나 부재지주(absentee landlord)들이었다.

노르만 귀족들은 학문적인 활동이나 저술을 할 때는 대부분 라틴어(Latin)를 사용했고, 일상생활에서는 앵글로노르만프렌치어(Anglo-Norman French)를 사용했다. 반면 영어의 모태인 앵글로색슨어를 사용하는 사람들은 주로 앵글로색슨족인 일반 민중이었다. 이러한 상황이 이후 영어가 다른 유럽어에 비해 한결 간결한 언어로 발전하는데 큰 영향을 끼쳤다.

현대영어에는 노르만족의 정복 이후에 신분의 구별에 따라 다른 언어가 사용된 흔적이 남아 있다. 예를 들면 현대영어에서 큰 가축을 표현하는 두 가지 방식이 있다. 살아있는 가축을 말할 때의 cow(소), pig(돼지), sheep(양) 등은 앵글로색슨어에서 파생한 단어이다. 반면 가축이 먹는 음식으로 변한 것은 beef(쇠고기), pork(돼지고기), mutton(양고기)으로 표현되는데 이것은 노르만족이 쓰던 프랑스어에서 나온 말이다. 이 단어들을 볼 때 노르만족은 가축을 양식으로 먹은 반면 앵글로색슨 농부들은 가축으로 키웠을 뿐 고기를 먹지 못했다고 짐작할 수 있다.

윌리엄 1세는 큰아들에게 프랑스의 노르망디(Normandy)를 주고 둘째를 잉글랜드 왕으로 삼는데 그가 윌리엄 2세(재위 1087~1100)이다. 윌리엄 2세가 사냥 중에 사망하자 윌리엄 1세의 셋째 아들인 헨리 1세(재위 1100~1135)가 잉글랜드 왕으로 즉위한다. 헨리 1세는 색슨족의 딸과 결혼하여 잉글랜드인들의 호감을 샀으며, 치세 기간 동안 여러 가지 개혁을 실시하여 앵글로색슨의 전통에 기반을 두었던 잉글랜드 사회를 근본적으로 변화시켰고, 그 결과 앵글로노르만(Anglo-Norman) 사회가 형성되었다.

1120년 노르망디와 잉글랜드를 왕래하던 배가 난파되어 헨리 1세의 장자인 윌리엄 애덜린(William Adelin)이 사망하면서 왕위 계승권에 대한 갈등이 시작되었다. 헨리 1세는 앙주 백작 제프리 플랜태저넷(Geoffrey Plantagenet, Count of Anjou)과 결혼한 딸 마틸다(Matilda)에게 왕위를 주려했으나 그의 누이 애덜러(Adella)의 아들 스티븐(Stephen, 재위 1135~1154)이 계승권을 주장하며 왕위에 오른다. 스티븐의 치세 동안 잉글랜드에서는 영주들의 왕위에 대한 잦은 도전으로 인해 혼란이 끊이지 않았다. 이런 권력 투쟁으로 잉글랜드의 힘이 약해지자 그 틈을 타 스코틀랜드와 웨일즈가 침입해 온다. 결국 스티븐은 많은 영토를 양도하는 조약을 맺을 수밖에 없었고, 긴 내전을 겪은 뒤 스티븐은 자신의 사촌인 마틸다에게 왕위를 넘겨주게 된다. 이로써 노르만 왕조의 시기가 끝나고 플랜태저넷 왕조(The Plantagenets)가 들어서게 된다.

4) 플랜태저넷 왕조

플랜태저넷 왕조를 시작한 마틸다의 아들 헨리 2세(Henry II, 재위 1154~1189)는 왕권의 강화를 도모하면서 기독교의 수장인 교황과 충돌하게 된다. 그는 자신의 심복이라고 여긴 토마스 베케트(Thomas Beckett)를 캔터베리의 대주교(the Archbishop of Canterbury)에 임명했으나 막상 그가 왕보다는 교회에 더욱 충성하자 분노한다. 왕의 심기를 읽은 신하들이 캔터베리 대성당 안까지 베케트를 쫓아가 제단 앞에서 암살하는 참극을 벌였다. 국민들은 베케트의 죽음을 애통해하면서 베케트를 순교자로 추앙했고 캔터베리 대성당은 이후 잉글랜드인의 성지가 된다. 이 사건에서는 잉글랜드인들이 왕이 아니라 교황의 편을 든 것이며 헨리 2세는 교황에게 굴복한다. 왕권과 교황권의 투쟁에서 교황이 승리한 것이다.

헨리 2세의 뒤를 이은 리처드 1세(Richard I, 재위 1189~1199)는 그 용맹함으로 인해 "사자심왕 리처드"(Richard the Lionheart)라는 별칭을 얻었다. 그러나 제3차 십자군전쟁(the Crusades)[8]에 참전하여 재위 기간의 대부분을 전쟁터에서 보내는 "부재왕"(the Absentee king)이어서 국내정치에는 소홀했다. 그가 부재한 동안 그의 동생인 존(John)이 정치를 맡았으나 존은 극도의 횡포와 실정을 벌이는 바람에 국민의 비판을 샀으며 그것이 로빈 후드(Robin Hood) 이야기[9]에 반영되어 있다.

리처드가 죽은 후 왕이 된 존 왕(재위 1199~1216)은 1214년 부빈 전투(Battle of Bouvines)에서 프랑스에게 패배하여 노르망디를 잃어 실지왕(Lackland)이라는 별칭을 얻었다. 존의 폭정과 자의적 권력에 제동을 걸기 위해 무장 봉기한 귀족, 교회, 상인들에 의해 존 왕은 왕의 권한을 제한하는 "대헌장"(the Magna Carta, 1215)[10]에 서명한다. 이는 유럽에서 군

---

8 십자군은 원래 교황의 호소로 조직된 기독교 군대를 가리키지만, 역사적으로는 11세기부터 13세기에 서유럽의 로마 가톨릭 국가들이 중동의 이슬람 국가에게서 성지 예루살렘을 탈환하는 것을 목적으로 행해진 대규모의 군사 원정을 가리킨다. 사자심왕 리처드와 프랑스, 독일 등 서유럽의 대표적인 세 나라의 군주들이 함께 참가한 제3차 십자군(1189~1192)과, 콘스탄티노폴리스를 함락시켜 같은 기독교 국가인 동로마 제국(Eastern Roman Empire 혹은 Byzantine Empire, c. 330~1204, 1261~1453)을 몰락시키고 라틴 제국(the Latin Empire, 1204~1261)을 세운 제4차 십자군(1202~1204)이 유명하다. 이 전쟁에서 약탈해 온 유물, 서적들은 당시 암흑시대를 지내던 서구에 큰 영향을 끼쳐 르네상스 운동을 일으키는 근거가 되었다.

9 노팅엄(Nottingham) 외곽의 셔우드 숲(Sherwood Forest)에 숨어 사는 로빈 후드와 그의 패거리인 "즐거운 사람들"(Merry Men)은 부자의 재산을 훔쳐서 가난한 사람을 도와주는 것으로 유명하다.

10 "Great Charter"라는 뜻의 라틴어. 사실 대헌장은 왕권에 대항해 귀족의 권리를 재확인한 봉건적 문서이지만, 17세기에 왕권과 의회가 대립할 때 왕의 전제에 대항하

주의 권력을 제한한 최초의 사건으로 민주주의 역사에서 중요한 사건이다. 왕이 될 자격이 부족할 때 그 권한을 제한할 수 있다는 사상을 담은 아더 왕의 전설이 현실화된 예이기도 하다. 왕의 권한을 제한하는 전통은 이후 청교도 혁명(English Civil War, 1642~1651)에서 과격하게 실현되었으며 이어 명예혁명(Glorious Revolution, 1688)에서 완성되어 잉글랜드의 입헌군주제가 확립된다.

존 왕의 아들인 헨리 3세(Henry of Winchester, 재위 1216~1272)는 1216년 즉위 당시 9세에 불과했다. 그로 인해 잉글랜드의 귀족들은 다시 권력 투쟁을 시작했고 1264년 헨리 3세는 자신의 매제였던 시몽 드 몽포르(Simon de Montfort)의 포로가 되었다가 이듬해 장자인 에드워드에 의해 구출된다.

헨리 3세의 뒤를 이어 왕위에 오른 다리 긴 왕 에드워드 1세(Edward Longshanks, 재위 1272~1307)는 새로운 법령을 통해 정부의 권한을 강화했으며 최초의 잉글랜드 의회를 소집하였다. 또 웨일즈를 정복하여 장자인 황태자에게 주었으며 이후 황태자는 웨일즈 대공(the Prince of Wales)이라고 불리게 된다(1301). 웨일즈의 굴복에 힘을 얻은 에드워드 1세는 스코틀랜드와의 전투에서 승리하는 등 에드워드 치세의 잉글랜드는 그 세력이 크게 확장되었다. 이후 잉글랜드는 스코틀랜드를 정복하기 위한 전쟁을 계속했으나 에드워드 2세 때인 1314년 바녹번 전투(Battle of Bannockburn)에서 스코틀랜드에게 대패를 한 뒤 결국 스코틀랜드의 독립을 인정하였다.

에드워드 1세를 이어 왕위에 오른 에드워드 2세(재위 1307~1327) 때

여 국민의 권리를 옹호하는 최대의 전거가 되었다. 특히 의회의 승인 없이 군역대납금이나 공과금을 부과하지 못한다고 정한 제12조는 의회의 승인 없이 과세할 수 없다는 주장의 근거이다. 자유인은 재판이나 국법에 의하지 않으면 체포, 감금할 수 없다고 정한 제39조는 보통법 재판소에서 재판을 요구하는 근거로 이용되었고, 영국 뿐 아니라 전 세계의 근대적 헌법의 토대가 되었다.

가족 간의 피비린내 나는 왕권다툼이 시작된다. 에드워드 2세는 음악에만 몰두하면서 모든 정사를 피어스 가베스턴(Piers Gaveston, 1st Earl of Cornwall)에게 의존하였으므로 귀족들의 불만이 팽배했다. 1312년 왕의 사촌인 랭커스터의 토마스(Thomas of Lancaster)를 비롯한 귀족들이 가베스턴을 잡아 처형하고 왕의 권한을 제한했다. 1326년 에드워드 2세의 아내인 이사벨라 여왕(Queen Isabella)은 자신의 고향인 프랑스를 방문했다가 애인인 로저 모티머(Roger Mortimer)와 동조해서 잉글랜드를 침공했다. 에드워드 2세는 런던을 떠나 달아났다가 사로잡혀 폐위되었고 1327년 살해되는데, 이사벨라와 모티머의 하수인이 죽인 것으로 짐작된다. 에드워드 2세의 치세인 1315년~1317년에 유럽에 전례 없는 대기근(the Great Famine)이 일어나며 이때 잉글랜드 인구의 10퍼센트 이상이 기아로 죽은 것으로 추정된다.

뒤를 이은 에드워드 3세(재위 1327~1377)는 왕권의 권위를 다시 회복했으며 군사력을 강화하는데 큰 노력을 기울였다. 또 법률과 정부행정, 잉글랜드 의회를 발전시켰다. 그러나 이 시기에 국가적으로 어려운 상황도 많이 일어났다. 1348년 유럽 전역을 휩쓴 치명적인 전염병인 페스트(Black Death)가 잉글랜드에도 상륙해서 인구의 3분의 1에서 절반 정도가 사망했다. 잉글랜드의 정치 판도를 바꾼 백년전쟁도 이때 시작되었다. 에드워드 3세는 스코틀랜드 정복이 실패로 돌아가자 프랑스의 땅에 관심을 돌렸다. 1338년 프랑스의 카페 왕조(the Capétiens)의 마지막 왕 샤를 4세(Charles IV)가 남성 후계자를 남기지 못하고 사망했다. 그러자 외가 쪽으로 카페 왕조와 혈연관계가 있던 에드워드 3세는 자신에게 프랑스의 왕위계승권이 있다고 주장했다. 그것은 프랑스의 비옥한 플랑드르(Flandre) 지방을 차지하려는 속셈에서였다. 이로 인해 잉글랜드는 프랑스와 전쟁을 벌이며 이 전쟁은 이후 100여년이나 지속되어 백년전쟁(Hundred Years' War)으로 불린다. 백년전쟁의 초기에는 잉글랜드가 우세

했으나 1429년 잔 다르크(Jeanne d'Arc)의 출전으로 프랑스군의 사기가 드높아지자 잉글랜드군은 고전을 면치 못하게 된다. 1431년 잔 다르크를 생포한 잉글랜드군은 그녀를 마녀로 몰아 화형에 처했지만 이후에도 계속 프랑스에게 패배한다. 결국 1453년 헨리 6세 때 잉글랜드는 패배를 선언하고 이후 프랑스에 대한 권리를 완전히 포기하게 된다.

에드워드 3세(요크가)의 뒤를 그의 손자이며 10세에 불과한 리처드 2세(재위 1377~1399)[11]가 이어받는데, 이때 다시 골육상잔의 왕위 찬탈전이 벌어진다. 리처드 2세는 처음에는 훌륭한 왕이었으나 실정을 많이 해서 나중에는 국민의 혐오를 받았다. 이를 계기로 에드워드 3세의 셋째 아들인 곤트의 존(John of Gaunt)의 아들인 랭커스터 공작 헨리 볼링브로크(Henry of Bolingbroke, Duke of Lancaster)가 자신의 사촌인 리처드 2세를 폐위하고 나중에 살해한 후 헨리 4세로 등극한다.

윌리엄 셰익스피어(William Shakespeare, 1564~1616)의 역사극 『리처드 2세』(*Richard II*, 1595)에서, 리처드 2세는 연약하고 여성적이며 시를 좋아하여, "저 향기롭고 사랑스러운 장미"로 묘사된다. 반면 헨리 볼링브로크는 용감하고 남성적인 존재이다. 따라서 자질로 보면 리처드보다는 헨리 볼링브로크가 왕이 될 만 하다. 그렇다고 해서 헨리가 사촌인 정통의 왕을 죽이고 왕위에 오르는 것이 정당한 것인가에 대해서는 의문의 여지가 있다. 리처드 2세를 퇴위시키려는 음모를 꾸미는 헨리에 대해 카알라일 주교(Bishop of Carlisle)는 그런 시도가 결국 나라를 망치게 될 것이라고 강력하게 말하는데 그것은 이후의 역사에서 사실로 확인된다.

---

11 에드워드 3세의 장자인 흑태자 에드워드(Edward the Black Prince)의 둘째 아들. 그런데 형이 죽고 곧이어 아버지인 흑태자가 에드워드 3세보다 1년 먼저 죽어 리처드 2세가 후계자가 된 것임.

*『리처드 2세』 윌리엄 셰익스피어 지음

카알라일 주교:

그리고 만약 그[헨리]를 즉위시킨다면, 소승은 예언합니다.
잉글랜드인의 피가 온 땅을 물들이게 될 것이고,
미래의 세대는 이 추악한 행위에 신음할 것입니다.
평화는 터키인들이나 이교들과 함께 잠들 것이고,
이 평화의 터전에서는 소란한 전쟁이
동족상잔의 혼란을 초래할 것입니다.
무질서와 공포와 증오와 폭동이
이 땅에 그칠 새 없을 것이고, 이 땅은
골고다의 들판, 해골의 들판이 될 것입니다. (4막 1장)

* *Richard II* by William Shakespeare

Bishop of Carlisle:

And if you crown him, let me prophesy:
The blood of English shall manure the ground,
And future ages groan for this foul act;
Peace shall go sleep with Turks and infidels,
And in this seat of peace tumultuous wars
Shall kin with kin and kind with kind confound;
Disorder, horror, fear and mutiny
Shall here inhabit, and this land be call'd
The field of Golgotha and dead men's skulls. (IV. I)

15세기 말에서 16세기 초까지 비극, 희극, 낭만희극, 역사극 등 다양한 시극(poetic drama)을 쓴 윌리엄 셰익스피어는 영국의 역사와 왕권의 의미에 깊은 관심을 가지고 있었고 그것을 역사극과 비극에서 극화했다. 16세기는 모든 것이 종적인 질서체계를 이루고 있다는 전통적인 세계관, 즉

"존재의 대사슬"(Great Chain of Being)에 대한 개념이 일반적인 철학기조였다. 그러므로 왕권신수설, 즉 왕은 신권을 받았으며 왕 아래의 어느 누구도 그 질서를 전복할 수 없다는 봉건적 사상이 왕권을 뒷받침하고 있었다. 그러나 현실적으로는 왕권을 둘러싼 끊임없는 갈등이 존재했다. 그런 역사를 잘 알고 있는 셰익스피어는 왕위를 계승받은 자가 과연 왕이 될 자질이 있는지, 과연 어떤 사람이 정당한 왕의 자격이 있는지를 계속 질문하면서 진정한 왕의 자질을 정립하고자 했다.

『햄릿』(*The Tragedy of Hamlet, Prince of Denmark, 1602)*은 어머니에 대한 햄릿의 이디프스 콤플렉스(Oedipus complex)를 가장 잘 드러내었다거나, 아버지에 대한 복수를 제대로 하지 못하는 우유부단한 인간형을 창조했다는 비평이 보편적이다. 그러나 역사적인 시각에서는『햄릿』을 다르게 해석할 수 있다. 햄릿이 자신의 어머니와 결혼해서 왕이 된 숙부를 쉽게 죽이지 못하고 주저하는 것은 단순히 그가 우유부단한 인간이어서는 아니다. 숙부가 형수인 햄릿의 어머니와 결혼한 것 자체에 대해서는 그리 크게 비난할 수 없다.『성경』의「레위기」(Book of Leviticus)에는 형수와 결혼하는 것이 잘못이라고 규정되어 있기도 하지만, 실제로 많은 문화권에서 남편이 죽고 혼자 남은 여성의 경제적 생존과 적절한 생활을 위해 가까운 친지가 결혼을 해서 보호해주는 것이 당연하다고 여겨졌다. 또 헨리 8세가 형이 죽자 왕권을 이어받으면서 형의 아내였던 스페인의 공주 캐서린(Catherine)과 결혼했듯이 왕권을 확립하기 위해서 이루어지는 일이기도 했다. 그러므로 햄릿은 숙부가 아니라 차라리 어머니의 욕망을 비난하는 것이다.

햄릿은 아버지의 유령에게서 숙부가 아버지를 독살했다는 말을 듣고 숙부에 대한 의심을 품지만, 신에게서 왕권을 받은 왕을 죽이려면 유령의 말보다 더 확실한 증거가 필요하기에 머뭇거린다. 햄릿은 아버지가 시해당하는 장면을 연극으로 꾸며 숙부의 당황하는 모습을 본 후 심증을 굳히고 나서도, 그가 왕으로서 선정을 베풀고 있는 상태에서 죽이는 것은 오히려 하늘을 거역하는 것이라고 생각하기에 쉽게 죽이지 못하고 고뇌한다. 이후 숙부가 전 국왕을 시해했다는 증거가 더 확실해지고, 숙부가 햄릿을 처단하려는 정당하지 못한 행동을 하자, 또 최종적으로 숙부가 독을 탄 술을 왕비가 마시고 죽게 되자, 그제야 햄릿은 왕을 처단한다. 그래도 햄릿 역시 죽는 것으로 결말이 날 정도로 왕의 시해는 엄중한 죄로 그려져 있다.

『리어 왕』(*King Lear*, 1605)의 중심 이야기는 왕이 왕으로서의 직무를 방기할 때 생기는 비극을 그린다. 고대 브리튼 왕국의 리어 왕은 나이가 들자 세 딸에게 왕국을 나누어주고 자신은 은퇴해서 편안한 여생을 보내고자 한다. 그러나 아버지를 지극히 사랑한다고 주장했던 두 딸은 권력과 경제력이 없어진 아버지를 공개적으로 경시한다. 그제야 매끈한 말만 믿은 자신의 잘못을 깨달은 리어는 실성한 채 광야를 헤맨다. 리어는 입에 발린 사랑의 말을 하지 않는다고 해서 자신이 매몰차게 내쫓았던 막내딸 코델리아(Cordelia)의 죽음을 보며 울부짖다 자신의 생을 마감한다. 이 극은 스케일이 방대하며 많은 이야기를 담고 있지만 왕권에 대해서만 살펴보면, 현명하지 못한 왕으로 인해 왕 본인이 비극을 맞는 것은 물론이고 나라가 분열되어 내란을 겪는 비극을 초래한다는 것을 알 수 있다.

『멕베스』(*Macbeth*, 1603)에서 셰익스피어는 가상의 역사를 다루면서 더욱 자유롭게 왕권의 문제를 탐색한다. 스코틀랜드의 장군 멕베스는 큰 공을 세우고 개선하다가 세 마녀에게서 "글라미스의 영주"(Thane of Glamis)인 그가 곧 "코오더의 영주"(Thane of Cawdor)가 될 것이며 또 "미래의 왕이 될 것"(be king hereafter)이라고 예언하는 것을 듣자 왕이 되려는 야심을 가지게 된다. 마녀의 예언은 그의 야심을 상징적으로 드러낸 것으로 볼 수 있다. 덩컨 왕(King Duncan)을 죽이고 왕이 된 멕베스는 불안과 죄의식 때문에 점점 더 많은 사람을 죽이는 악한 왕으로 변한다. 결국 파이프의 영주 맥더프(Macduff, Thane of Fife)에게 죽임을 당하여 정당하지 못한 왕의 비참한 말로를 보여준다. 다음은 살인을 한 후 맥베스가 괴로워하며 아내에게 하는 말과, 죽음을 눈앞에 둔 맥베스가 회한에 사로잡혀 하는 독백이다.

*『맥베스』 윌리엄 셰익스피어 지음

맥베스:
어디서인지 외쳐대는 소리가 들려오는 것 같소.
"더 이상 잠을 못잔다! 맥베스가 잠을 죽였다!"고.
저 맑고 깨끗한 잠, 엉클어진 심로의 실타래를 풀어주는 잠.
그 날 그 날의 생명의 죽음, 노고를 풀어주는 목욕, 마음의 상처를
치유해주는 영약, 대자연이 베풀어주는 제2의 생명,
생명의 향연에 중요한 자양분인 잠을. (2막 2장)
…

맥베스:
꺼져라, 꺼져라, 단명한 촛불이여!
인생은 걸어가는 그림자에 불과하다. 자기 시간에는
무대 위에서 장한 듯이 떠들어대지만
지나고 나면 아무도 알아주는 이 없는
가련한 배우에 지나지 않는다. 그것은 백치가 떠드는
일장의 이야기, 소란으로 가득 찬
아무 의미도 없는 것이다. (5막 5장)

* *Macbeth* by William Shakespeare

MACBETH:

Methought I heard a voice cry, "Sleep no more!
Macbeth does murder sleep," the innocent sleep,
Sleep that knits up the ravell'd sleave of care,
The death of each day's life, sore labor's bath,
Balm of hurt minds, great nature's second course,
Chief nourisher in life's feast. (II. ii)
…

MACBETH:

Out, out, brief candle!
Life's but a walking shadow, a poor player
That struts and frets his hour upon the stage
And then is heard no more; it is a tale
Told by an idiot, full of sound and fury,
Signifying nothing. (V. v)

5) 요크가와 랭커스터가(The Houses of York and Lancaster)

리처드 2세에게서 왕권을 찬탈한 헨리 4세(재위 1399~1413)는 아버지인 제 1대 랭커스터 공작 곤트의 존의 이름을 따서 랭커스터 왕가를 시작한다. 그는 왕이 된 이후 항상 불안한 마음으로 주변을 경계하는데, 심지어 자신의 왕위를 물려받을 큰아들인 헨리 왕자(Prince Henry)[12]마저 의심하여 그와 불화를 겪는다. 아버지의 의심을 두려워한 헨리 왕자는 일부러 무능력한 존재인양 방탕하게 지내다가 아버지가 죽은 후 헨리 5세(재위 1413~1422)로 등극하자 자신의 능력을 드러내어 선정을 펼치지만 일

12 셰익스피어의 『헨리 4세, 1, 2부』에서 헨리 왕자는 해리 왕자(Prince Harry)라고 불리기도 하고, 그의 건달 친구인 폴스태프(Falstaff)는 그를 핼 왕자(Prince Hal)라고 부른다.

찍 죽는다. 이런 갈등이 셰익스피어의 역사극 『헨리 4세 1, 2』(*Henry IV 1, 2*, 1597)와 『헨리 5세』(*Henry V*, 1599)에 극화되어 있다.

왕자는 자신을 경계하는 아버지의 의심을 피하기 위해서 왕위에 욕심이 없는 듯이 일부러 방탕한 생활을 하다가 아버지가 임종의 자리에 누웠다는 소식을 듣자 놀란 마음으로 달려온다. 잠들어있는 헨리 4세를 본 왕자는 왕이 숨을 거두었다고 생각하고 옆에 있는 왕관을 들고서, 도대체 왕위가 무엇이기에 자신의 아버지가 그토록 불안에 시달렸는지 한탄한다. 그는 아버지의 유지를 이어 좋은 왕이 되겠다고 결심하고 왕관을 들고 잠시 방을 나간다. 이때 잠이 깬 헨리 4세는 자기가 죽기도 전에 왕자가 왕위에 대한 욕심을 드러낸 것으로 오해하여 왕자가 들어오자 격렬하게 비난한다. 그러자 왕자는 비통한 마음으로 자신의 충심을 호소하고 그제야 왕은 자신의 의심을 반성하고 왕자를 축복하며, 왕자는 앞으로 자신이 넘겨받을 왕좌를 잘 지킬 것을 맹세한다. 여기서 왕권을 두고 벌어지는 갈등과 정통 왕권의 중요성이 잘 드러나 있다.

* 『헨리 4세, 2』 윌리엄 셰익스피어 지음

헨리 5세(왕자):
헌데 어째서 왕관이 베개 맡에 놓여 있을까?
잠자리 친구로는 무척이나 골치 아플 텐데.
오, 닦아서 반짝이는 불안거리! 황금으로 된 걱정거리!
너 때문에 잠의 문이 며칠 밤 씩 닫히지 못하고
수많은 밤샘을 해야 하는 구나!...
오, 국왕의 지위!
너는 한 더위에 입은 화려한 갑옷처럼 주인을 갑갑하게
둘러싸고 고통을 주니, 안전을 위한답시고

몸을 뜨겁게 태우는 것이나 마찬가지로다…

(왕자가 왕관을 들고 퇴장한 후 헨리 4세가 깨어나 격분한다.)

헨리 4세:
내가 너를 너무 오래 기다리게 하고, 너를 지치게 한 모양이군.
네 시기가 채 무르익기도 전에
네가 내 영예를 지녀야 할 정도로
너는 그렇게도 내 옥좌가 비기를 고대한 것이냐?
오, 미련하고 미숙한 것!
너를 제압해버릴 위대함을 욕심내는구나…

헨리 5세(왕자):
왕관은 여기 있습니다.
영원히 왕관을 쓰고 계시는 하느님께서
이 왕관을 길이 폐하의 것으로 지켜주시길! …
부왕폐하, 폐하를 뵈러 와서, 승하하신 것 같아서
소자도 죽을 것 같은 심정에 이 왕관이 생명이 있는 것처럼
이렇게 꾸짖었던 것입니다. "네게 속해 있는 근심이
내 부왕의 육체를 잠식했구나.
그러니 너, 최고의 황금이 최악의 황금이구나.
순도가 덜한 금도 약으로 쓰여 인명을 구하니
너보다 더 귀중한 황금이다.
그러나 너는 최고의 순금이며, 그렇게도 존중받고, 그렇게도 귀중하나
네 주인의 목숨을 잠식했구나." (4막 5장)

* *Henry IV* by William Shakespeare

HENRY V(PRINCE HENRY):

Why doth the crown lie there upon his pillow,
Being so troublesome a bedfellow?
O polish'd perturbation! golden care!
That keep'st the ports of slumber open wide
To many a watchful night! …
O majesty!
When thou dost pinch thy bearer, thou dost sit
Like a rich armour worn in heat of day
That scald'st with safety.
…

HENRY IV:

I stay too long by thee, I weary thee.
Dost thou so hunger for mine empty chair
That thou wilt needs invest thee with my honours
Before thy hour be ripe? O foolish youth!
Thou seek'st the greatness that will overwhelm thee.
…

HENRY V:

There is your crown,
And he that wears the crown immortally
Long guard it yours! …
Coming to look on you, thinking you dead-
And dead almost, my liege, to think you were-
I spake unto this crown as having sense,
And thus upbraided it: "The care on thee depending
Hath fed upon the body of my father;
Therefore thou best of gold art worst of gold.
Other, less fine in carat, is more precious,
Preserving life in med'cine potable;
But thou, most fine, most honour'd, most renown'd,
Hast eat thy bearer up." (IV. v)

헨리 5세의 뒤를 이은 헨리 6세 때 다시 왕권투쟁이 벌어진다. 헨리 6세(재위 1422~1461, 1470~1471)는 치세 후반기에 정신 이상을 보여 국정 운영이 불가능하게 되었다. 그로 인해 후계자 문제가 불거지자 리처드 2세 때 왕위를 빼앗긴 요크가에서 헨리 6세의 랭커스터가에 도전하게 된 것이다. 플랜태저넷 왕가의 방계인 두 가문 중 랭커스터가(the Lancastrian)는 붉은 장미, 요크가(the Yorkist)는 흰 장미를 가문의 문양으로 사용했기 때문에 이 전쟁은 흔히 장미 전쟁(the Wars of the Roses, 1455-85)이라 불린다. 요크가의 에드워드는 헨리 6세를 폐위시키고 에드워드 4세(재위 1461~1470, 1471~1483)로 등극하여 모티머즈크로스 전투(Battle of Mortimer's Cross, 1461)에서 랭커스터가를 패배시켰다. 그러나 워릭 백작 리처드 네빌(Richard Neville, Earl of Warwick)이 헨리 6세를 다시 왕위에 올리면서 에드워드 4세는 잠시 왕위에서 물러난다. 얼마 후 에드워드 4세는 네빌을 전투에서 죽이고 왕권을 되찾으며 헨리 6세는 런던탑에 유폐되었다가 사망한다.

에드워드 4세가 1483년 40세의 나이로 사망하자 그의 장남이 12세의 나이로 에드워드 5세로 즉위한다. 에드워드 4세의 동생인 글로스터 공작 리처드(Richard, Duke of Gloucester)는 어린 조카를 보호하는 호민관(Lord Protector)으로 지명되었지만 왕이 되려는 야심에 가득 차 있었다. 그는 형인 에드워드 4세와 엘리자베스 우드빌(Elizabeth Woodville)[13]의 결혼이 중혼이므로 에드워드 5세가 적자가 아니며, 따라서 적법한 왕이 아니라고 주장했다. 결국 그는 에드워드 5세와 그의 10살 난 동생 리처드를 런던탑에 가둔 후 리처드 3세(재위 1483~1485)로 왕위에 오른다. 이후 소

13 1464~1483년까지 에드워드 4세의 왕비(Queen Consort). 엘리자베스는 원래 그로비의 존 그레이 경(Sir John Grey of Groby)의 미망인이었기에 에드워드 4세는 처음에 그녀와 비밀결혼을 했다. 리처드는 에드워드 4세가 그녀와 결혼하기 전에 이미 레이디 엘리노어 버틀러(Lady Eleanor Butler)와 결혼계약을 한 후였다는 주장을 하면서 에드워드의 결혼이 무효(invalid)라고 주장했다.

년 왕과 그 동생은 죽은 것으로 짐작되며 자신의 조카를 살해하고 왕위에 오른 리처드 3세에 대한 비난이 높아진다. 이때를 틈타 랭커스터가의 헨리 튜더(Henry Tudor)가 1485년 보스워스필드 전투(Battle of Bosworth Field)에서 리처드 3세의 군대를 물리치고 헨리 7세로 등극한다. 헨리는 에드워드 5세의 누이인 요크가의 엘리자베스와 결혼함으로써(1503) 마침내 랭커스터가와 요크가의 화해가 이루어지며 이로서 두 가문을 명실공히 계승하는 튜더(Tudor) 왕조가 시작되어 그 문장으로 붉은 장미와 흰 장미를 겹쳐 넣게 된다.

백년전쟁과 장미전쟁이라는 긴 전쟁 기간 동안 잉글랜드 국민이 당한 고초는 말로 표현할 수 없을 정도로 엄청난 것이었다. 백년전쟁을 거치면서 황폐해진 국토에서 피폐한 삶을 살면서 지칠 대로 지친 국민들은 또다시 장미전쟁을 겪으면서, 안정된 왕권이 안정된 나라를 이룬다는 믿음을 가지게 되었다.

또한 이 두 전쟁은 잉글랜드 역사상 중요한 변화를 만들어내는 전기가 되었다. 두 번의 전쟁으로 영주들이 자산을 소모하면서 세력이 약화된 반면, 상업이 발달하면서 새로운 계층인 상인들이 힘을 가지게 된 것이다. 이 상인계층이 튜더왕가를 지지하면서, 지방 영주가 장악하던 봉건주의 시대가 끝나고 왕에게 권한이 집중되는 절대왕정의 기틀이 잡히게 된다.

5) 튜더 왕가(The Tudors)

헨리 7세(재위 1485~1509)는 튜더왕가의 발전의 초석을 닦았다. 그는 성법원(Court of Star Chamber, 1487~1641)[14]을 세웠고, 귀족들의 사병소

14 보통법 법원(Common Law Court)의 정규 재판을 보완하기 위해 법관 및 추밀원의 추밀고문관(privy councillor)들로 구성한 법원. 다른 법원들이 부패와 외압 등으로 인해 제대로 집행할 수 없는 법률을 집행할 수 있었고 다른 조처가 부적절할 때 구

유를 금지했으며, 세금 징수를 엄격히 하여 재정을 확보했으며, 치안판사를 통해 지방행정을 통제했다. 대외정책에도 성공을 거두었다. 1541년에는 아일랜드 의회에서 아일랜드의 왕으로 인정받았고, 자신의 딸인 마거릿(Margaret)을 스코틀랜드의 왕 제임스 4세와 결혼시켜서 스코틀랜드와 협조관계를 맺었다.[15]

헨리 7세의 뒤를 이은 헨리 8세(재위 1509~1547)는 강력하고 안정된 왕권에 대한 의지가 무엇보다 확고했다. 그는 왕비인 캐서린(Catherine)[16]이 딸만 낳고 아들을 낳지 못하던 중에 앤 볼린(Anne Boleyn)이 임신을 하자 적자인 아들을 얻기 위해 캐서린과의 이혼을 허락해 달라고 교황에게 청구한다. 가톨릭 국가인 스페인의 눈치를 보느라고 교황이 이혼을 허락하지 않자, 헨리 8세는 의회의 권고에 따라 잉글랜드 교회를 로마가톨릭 교회에서 분리하는 종교 개혁을 단행한다. 1534년 의회는 잉글랜드 교회에 대한 교황의 권리를 폐지하고 헨리 8세를 영국 국교회의 수장(the Supreme Head of the Church in England)으로 임명하는 수장법(The Act of Supremacy)을 통과시켰다. 헨리 8세는 이 종교개혁을 기회로 삼아, 가톨릭 수도원을 해산하고 그들의 토지와 재산을 몰수해 국가의 재정을 확보하는 등 정치적으로 이용했다. 그러나 교황에게서 "종교의 수호자" (Fidei Defensor, Defender of the Faith)라는 칭호를 받을 정도로 믿음이 강했던 헨리 8세는 당시 독일에서 급속도로 확산되던 마틴 루터(Martin Luther, 1483~1546)의 신교(Protestant) 이론을 좋아하지 않았으므로 영국 국교회(성공회, Anglican Church or Church of England)의 예배형식은 오

제수단을 제공할 수 있었다.

15 이로 인해 제임스 4세의 증손자인 스코틀랜드의 제임스 6세가 잉글랜드의 엘리자베스 여왕의 왕위 후계자로서 잉글랜드의 제임스 1세로 등극하게 된다.

16 스페인의 공주인 캐서린은 헨리 8세의 형과 결혼했으나 그가 죽자 아직 합방을 하지 않은 처녀라는 검사를 받은 후 헨리 8세와 결혼하여 딸 메리를 낳는다.

히려 가톨릭교와 닮아있다.

1547년 헨리 8세가 죽은 후 아들 에드워드 6세(재위 1547~1553)가 즉위했다. 소년왕은 짧은 재위 기간 후 16세의 나이로 사망하고, 캐서린 왕비의 딸이며 가톨릭교도인 메리 1세(재위 1553~1558)가 즉위한다. 그녀의 치세동안 잉글랜드는 다시 가톨릭 국가가 되면서 프로테스탄트 300여명이 화형 당하는 등 피비린내 나는 종교보복이 벌어지며, 그로 인해 메리 1세는 "피의 메리"(Bloody Mary)라는 별칭을 얻게 된다. 5년만인 1558년 메리 1세가 죽자 앤 볼린의 딸 엘리자베스 1세가 왕위에 오르며 이후 잉글랜드는 안정된 시기를 맞아 국력이 크게 신장된다.

처녀왕(The Virgin Queen)[17]으로 알려진 엘리자베스 1세(재위 1558~1603)는 헨리 8세와 그의 두 번째 아내인 앤 볼린 사이에서 태어났다. 그녀는 왕위 서열 3위였으므로 이복 남매인 에드워드 6세와 메리 1세에게는 위협적인 존재였다. 그녀는 항상 의심의 눈초리를 받았고 생명의 위협도 느끼는 등 불안한 궁정 생활을 했다. 그런 시련을 겪고 마침내 왕위에 오른 엘리자베스는 헨리 8세의 반교황령을 재차 의회에서 통과시키면서 성공회가 잉글랜드의 국교임을 재확인하고 잉글랜드 교회의 수장이 되었다. 엘리자베스 1세는 현실적으로는 다소 관용적인 종교정책을 시행하여 성공회와 청교도(Puritan),[18] 로마가톨릭교의 균형을 맞추기 위해 노력하였다.

몇 차례의 반란이 있기는 했으나 엘리자베스 1세의 치세 동안 잉글랜드는 국내적으로는 비교적 평온한 시기였다. 대외적으로는 엘리자베스 여왕의 결혼을 외교적 무기로 잘 활용하여 주변국들과의 갈등을 봉합하는 정책을 추진하여 국가의 안정을 도모했다. 한편 반스페인 정책을 취

17 미국의 버지니아(Virginia)주는 엘리자베스 여왕 당대의 유명한 시인이자 탐험가였던 월터 롤리 경(Sir Walter Raleigh)이 여왕을 기념하기 위해 만든 지명.

18 16세기 후반에 영국국교 내에서 일어난 신교도의 한 분파.

하면서 프랜시스 드레이크(Francis Drake)와 같은 해적을 지원하여 스페인의 해상활동을 견제했다. 1588년 스페인의 펠리페 2세(Felipe II, 영어로 Philip II)는 용맹하기로 이름 높은 무적함대(the Spanish Armada)를 파견하여 잉글랜드의 해상 진출을 저지하고자 하였으나 오히려 잉글랜드 해군에 의해 격파되었고 이를 계기로 잉글랜드 해군은 유럽의 재해권에서 우위를 점하게 되었다.

엘리자베스 1세 때는 경제적으로도 번영의 시기로 이윤창출이 높은 직물업이 확장되었다. 이로 인해 양모가격이 상승하자 개방경작제도(open field system)에서 공유지(commonland)를 개방하던 지주들이 양을 키우기 위해 말뚝을 박아 자신들의 토지를 제한하면서 많은 농민들이 땅을 잃고 쫓겨났는데 이것이 인클로저(Enclosure)이다. 이로 인해 일자리를 잃게 된 소작인들은 빈민으로 전락해서 거리를 유랑해야 했다. 의회는 이러한 상황을 해결하려고 1601년 빈민구제법(Poor Law)을 통과시켰다.

6) 스튜어트 왕가(The Stuarts)

처녀왕인 엘리자베스 1세에게는 후사가 없었기 때문에 튜더 왕조는 1603년 그녀의 죽음을 끝으로 막을 내리게 된다. 누구를 왕으로 추대하느냐는 문제로 많은 갈등을 겪은 끝에 신교도가 주도하던 의회는 여왕의 친척이며 신교도인 스코틀랜드의 왕 제임스 스튜어트(James Stuart) 6세를 영국 왕으로 모시기로 결정한다.[19] 그가 스튜어트 왕가의 시조인 제임스 1세(재위 1603~1625)이다. 제임스 1세는 웨일즈를 포함한 잉글랜드와

19 잉글랜드의 헨리 7세의 딸 마거릿이 스코틀랜드의 제임스 4세와 결혼했고, 그 아들이 제임스 5세, 그 딸이 메리 여왕이며, 그 아들이 제임스 6세이다. 그러므로 잉글랜드의 헨리 8세의 딸인 엘리자베스 1세는 스코틀랜드의 메리 여왕에게는 5촌 아주머니이며, 제임스 6세에게는 7촌 할머니뻘이다.

스코틀랜드가 합쳐진 그레이트브리튼의 최초의 왕으로 즉위하였다.

제임스 1세 치하의 잉글랜드 왕국과 스코틀랜드 왕국은 예전과 같이 각자의 의회와 법률을 유지한 채 분리 통치되었다. 그러나 잉글랜드에 그토록 저항했던 스코틀랜드가 왕으로 인해 잉글랜드와 한 국가가 된 상황은 이후 갈등의 원인이 된다. 제임스 2세를 끝으로 스튜어트가에서 왕이 나오지 않게 되자 스코틀랜드는 다시 잉글랜드와 분리되려고 했던 것이다. 그러나 스코틀랜드의 반란은 결실을 맺지 못했고 오늘날까지 한 국가로 통합되어 있다.

헨리 7세에서 시작되어 엘리자베스에서 끝난 튜더 왕조는 절대군주제를 완성하였지만 프랑스와 같은 유럽의 다른 절대군주제 국가와 달리 왕의 권한을 제한하는 잉글랜드의 고유한 정신과 대헌장의 전통에 의거해 군주와 의회가 원만한 관계를 유지했었다. 그러나 스코틀랜드 출신인 스튜어트가의 왕들은 잉글랜드의 전통에 어두웠기 때문에 의회를 무시하고 군주의 절대 의지를 강요하려고 했고 그로 인해 군주와 의회 사이에 갈등이 빚어지면서 이후 내전이 발생하는 원인이 된다.

제임스 1세 시절에는 종교 갈등으로 인한 정치적 불안으로 내정이 어수선했다. 제임스 1세를 겨냥한 암살 시도가 여러 번 발생하였는데 그 중 가장 유명한 암살 시도는 1605년 11월 5일 가이 폭스(Guy Fawkes)를 포함한 가톨릭교도 4명이 신교도가 주류를 이루는 의회를 회기 중에 폭발시키려고 도모한 화약음모사건(Gunpowder Plot)이다. 이 사건은 가톨릭교도에 대한 잉글랜드인들의 반감을 더욱 증가시켰다. 한편 국교회 내의 혁신파인 청교도(Puritan)들은 의회 내에서, 형식적인 예배식을 고수하는 영국 국교회의 개혁과 의회의 권한 증대를 계속 요구했다. 그러나 제임스 1세는 왕권신수설을 내세워 이를 거부했다.

1625년 제임스 1세의 아들인 찰스 1세(재위 1625-1649)가 즉위하면서 왕과 의회의 대립은 격화되었다. 1628년 의회는 왕에게 권리청원(Petition of Right)[20]을 제출해 의회의 통제권을 확대하려고 했다. 그러자 찰스 1세는 의회를 해산시키고 1629년부터 1640년까지 의회 없이 통치하면서 세금을 대폭 인상했다. 종교정책에서는 엄격한 국교주의를 표방하는 캔터베리 대주교 윌리엄 로드(William Laud)의 정책을 받아들여, 종교의식에서 반드시 공동기도서(The Book of Common Prayer)를 쓸 것을 강요했고, 공식기도서를 사용하지 않는 성직자들을 처벌했다. 이런 강경한 종교정책은 다수의 청교도인들이 종교의 자유를 찾아 북아메리카로 떠나게 한 원인이 되었다.

왕과 의회의 갈등은 결국 1642년 국왕을 지지하는 왕당파(Royalists 혹은 Cavaliers)와, 국왕에 반대하는 올리버 크롬웰(Oliver Cromwell)의 의회파(Roundheads)[21] 사이의 내전(The English Civil War, 1642~1651)으로 발전한다. 왕당파 군대는 1645년 6월, 네이즈비 전투(Battle of Naseby)와 7월의 랭포트 전투(Battle of Langport)에서 의회파의 신형군(New Model Army)에게 패하면서 와해되었다. 1647년 패배한 찰스 1세는 고향인 스코틀랜드로 피신하였으나 스코틀랜드는 40만 파운드를 받고 그를 의회파에 넘겨주었다. 포로가 된 찰스 1세는 와이트 섬(Isle of Wight)에 유배되었다. 1647년 11월 찰스 1세는 유배지를 탈출하여 다시 군대를 소집했다. 이번에는 스코틀랜드가 찰스 1세를 지원하였으나 1648년 프레스턴 전투(Battle of Preston)에서 또 다시 패배했다. 찰스 1세는 1649년 처형당하고 아들인 찰스 왕자는 프랑스로 망명하여 루이 14세에게 의탁했다. 잉글랜

20 1628년 잉글랜드 하원이 상정해 찰스 1세의 승인을 얻은 법안으로, 국민의 인권에 관한 선언. 의회의 동의 없이는 어떤 과세나 공채도 강제하지 않고, 법에 의하지 않고는 누구도 체포, 구금되지 않으며, 육군 및 해군은 인민의 의사에 반하여 민가에 숙박할 수 없고, 군법에 의한 민간인의 재판을 금지하며, 각종 자유권을 보장한다는 내용. 이 청원이 주권이 국왕으로부터 의회로 옮겨지는 첫걸음이 되었다. 권리청원은 대헌장 및 권리장전(Bill of Right)과 함께 영국 헌법의 기초를 이룬다.

21 짧은 머리 스타일 때문에 붙은 이름.

드 내의 왕당파들은 찰스 왕자를 왕위에 올리기 위해 계속 전투를 벌였으나 1651년 9월 3일 우스터 전투(Battle of Worcester)에서 격파된 후 완전히 그 힘을 상실했다.

1653년 군대의 지지를 받는 올리버 크롬웰(임기 1653~1658)의 "공화정"(the Republic)이 시작된다. 크롬웰이 호국경(Lord Protector)으로 통치한 이 때를 "호국경정부"(Protectorate)라고 칭하기도 하고 왕조의 관점으로는 "공백기"(Interregnum)라는 명칭으로 지칭하기도 한다. 크롬웰의 정치는 군사 통치에 기반을 두었으며, 무거운 세금을 매겼고, 신정정치에 가까울 정도의 엄격한 도덕을 강요했으므로 곧 국민의 불만이 높아지게 된다. 1658년에 크롬웰이 죽고 그의 아들 리처드 크롬웰(1658~1659)이 뒤를 이었으나 의회는 리처드를 실각시킨 후 프랑스에 거주하던 찰스 왕자를 불러들여 1660년에 찰스 2세로 즉위시켰다. 이것이 왕정복고(Restoration)이다. 이 과정에서 왕권은 철저하게 약화되었다.

프랑스에 망명해 있는 동안 프랑스의 자유롭고 방종한 문화에 젖어있던 찰스 2세(재위 1660~1685)는 왕위에 복귀하자 청교도 사회의 경직된 사회 분위기를 크게 완화시켰다. 연극을 음탕한 예술로 규정한 청교도 정부의 치하에서 문을 닫아야 했던 극장들이 다시 문을 열면서 다양한 연극이 활발하게 공연되었고 커피하우스(coffee house)가 처음으로 생기는 등 런던은 더욱 발전하며 번잡한 도시가 되었다. 하지만 종교적으로는 비국교도인(nonconformist)에 대한 관용정책이 사라졌다. 성공회의 공동기도서의 사용을 강요하는 통일법(Act of Uniformity, 1559)이 통과된 상태였고, 비국교도의 설교가 금지되었으며, 국교도에게만 관직을 개방한다는 심사법(Test Act, 1673)이 통과되었다.

왕정복고 후 얼마 되지 않았을 때 잉글랜드에 대역병(Great Plague, 1665~1666)이 일어나 런던 인구의 15퍼센트인 거의 10만 명의 죽음을 초래했다. 1666년 9월에는 런던에서 대화재(the Great Fire)가 발생해 5일간

87 채의 교회, 13,000 채의 집이 불타 도시의 목조건물 대부분이 파괴되었고, 당시 인구 80,000 명 중 70,000 명이 집을 읽고 노숙자가 되었다. 그러나 동시에 화재 덕분에 병원균인 선페스트(bubonic plague) 균이 몰살된 점은 다행이라 하겠다. 이때 나온 노래가 "장미고리"(Ring-a-Ring-o'-Roses 혹은 Ring Around the Rosie)이다. 이 노래는 어린아이들을 잠재울 때 부르는 노래로 잘 알려져 있는데, 사실은 1665년의 대역병에 대한 노래이다.

* Ring-a-Ring-o'-Roses

Ring-a-ring-o'-roses,
A pocket full of posies.
Atishoo! Atishoo!
We all fall down.

"장미의 반지"(ring of roses)는 선페스트의 발병기 마지막에 병자의 몸에 나타난 붉은 반점 형상을 말하며, 허브 꽃다발(posies)은 병을 예방한다고 여겨졌다. "에취"(Atishoo)는 재채기 소리로 병의 한 증상이다. 이 병에 걸리면 재채기를 한 후 몇 시간 만에 죽어서 "넘어질"(fall down) 수 있었다

찰스 2세는 왕권이 약화된 것을 잘 의식하고 있었으므로 의회와 갈등이 생기면 타협적으로 비켜가는 정치적 책략가였다. 그러나 적자가 없는 그의 왕위 계승자가 된 동생 제임스는 이런 타협적인 면이 부족했다. 게다가 제임스는 의회의 불신을 받는 가톨릭교인이었다. 그는 자신이 왕이 되면 가톨릭교인의 권한을 복구시키겠다는 말을 공공연히 했으므로 의회는 그를 위협적인 존재로 여겼다. 1678년 티투스 오츠(Titus Oates)는 불만에 싸인 가톨릭교도들이 런던에 불을 지른 후 찰스 2세를 죽이고 제임스를 왕으로 삼으려 한다고 고발했다. 이것이 구교도음모사건(the Popish

Plot)이다. 이를 계기로 잉글랜드와 스코틀랜드 전역에 반가톨릭 히스테리가 극에 달했으며 수십 명이 처형되었다. 그러나 이 사건은 날조된 거짓이라는 것이 밝혀졌고 오츠는 위증으로 체포되었다. 그러나 그의 거짓 증언은 가톨릭교도에 대한 불신과 불안을 극도로 촉발시켰고 제임스를 잉글랜드의 왕위에서 제외시키는 제외법(Exclusion Bill, 1679)을 촉진시키는 계기가 되었다.

1685년 찰스 2세가 사망한 후 제임스 2세(재위 1685~1689)[22]가 즉위했으나 국민과 의회는 그것을 수용하지 않으려고 했다. 의회는 제임스 2세의 딸이며 신교도인 메리와 그녀의 남편인 네덜란드(Netherlands)의 오렌지 공 윌리엄(William, Prince of Orange)을 초빙하여, 메리 2세(재위 1689~1694)와 윌리엄 3세(재위 1689~1702)로 공동 왕으로 추대한다. 이처럼 피를 흘리지 않고 왕권의 교체가 이루어졌다고 해서 이를 무혈혁명(Bloodless Revolution) 혹은 명예혁명(the Glorious Revolution)이라고 한다. 의회는 또한 왕권을 제한하는 권리장전(Bill of Rights)[23]을 통과시켰다. 권리장전은 로마가톨릭교도가 왕위를 계승할 수 없으며, 의회가 자주 소집되어야 한다고 명시했다. 의회는 국왕에게 충성맹세(Oath of Allegiance)를 하면 비국교도(Nonconformist)에게도 신앙의 자유를 인정하는 관용법(Act of Toleration, 1689)도 통과시켰다. 그러나 여기에서 가톨릭교도는 제외시켰다. 1701년에는 왕위 계승자가 가톨릭교도이거나 가톨릭교도와 결혼하는 경우는 왕위계승의 자격을 상실한다는 왕위 계승

---

22 스코틀랜드의 제임스 7세이며 아일랜드의 제임스 2세

23 제임스 2세의 불법행위를 12개조로 열거하면서, 의회의 동의 없이 왕권에 의하여 이루어진 법률이나 그 집행 및 과세는 위법이며, 의회의 동의 없이 평화 시에 상비군의 징집 및 유지를 금지하고, 국민의 자유로운 청원권을 보장하며, 의원선거의 자유를 보장하고, 의회에서의 언론 자유를 보장하고, 지나친 보석금이나 벌금 및 형벌을 금지하는 내용을 담고 있다.

법(Act of Settlement)[24]을 통과시켰다.

1702년 윌리엄 3세가 사망하자 메리의 여동생인 앤(Anne 재위 1702~1714)이 왕위를 계승했다. 1707년에는 연합법(Acts of Union)으로 스코틀랜드와 잉글랜드가 <그레이트브리튼 연합왕국>이 되었다.[25] 이에 따라 통합된 그레이트브리튼 왕국의 정부와 의회를 구성하기 위해 잉글랜드 의회와 스코틀랜드 의회는 해산되었다. 스코틀랜드는 대표를 그레이트브리튼 왕국의 의회에 파견했으나 법과 교회는 그대로 유지했다.

잉글랜드의 왕위에서 폐위당한 제임스 2세는 여전히 스코틀랜드와 아일랜드의 지원을 받았다. 아일랜드로 달아난 그는 아일랜드의 가톨릭 군대를 모아 전투를 벌였으나 1690년 6월 보인 전투(the Battle of the Boyne)에서 패배하였다. 1692년 2월 스코틀랜드의 하이랜드 지역에서는 새로운 군주인 윌리엄과 메리에게 충성을 약속하지 않는다는 이유로 주민 수십 명이 학살되었는데 이것이 글랜코의 대학살(Massacre of Glencoe)이다. 영국 정부는 더 이상의 반란을 막기 위해 아일랜드의 북쪽인 얼스터(Ulster) 지방으로 장로교도(Presbyterian)인 스코틀랜드인들을 대거 이주시켜 정착하도록 했다. 이 후손들은 그들의 후원자인 오렌지 공 윌리엄의 이름을 따서 오렌지인(Orangemen)으로 알려져 있다. 이런 역사적 과정으로 인해 2차 대전 이후 아일랜드가 영국으로부터 독립할 때 얼스터 지역은 독립을 거부해서 현재 영국의 일부로 남아 있다.

24 영국의 왕위상속의 차례를 규정한 법률이다. 명예혁명 때 권리장전에 윌리엄 3세와 메리의 사망 후의 왕위계승 순위를 정해놓았으나, 제2순위인 앤 여왕의 남자 자손이 없었기 때문에 퇴위당한 제임스 2세의 아들이며 대 왕위요구자(The Old Pretender)로 불리는 가톨릭교도 제임스 에드워드(James Edward Stuart, 1688~1766)에게 왕위가 갈 염려가 생겼다. 그래서 50여 명이 넘는 가톨릭 친척이 있음에도 불구하고 제임스 1세의 손녀딸이며 신교도인 하노버 공국(Hanover Duchy) 공작부인 소피아(Sophia)의 자손에게 왕위를 계승하도록 정한 법률이다. 이 법률에 의해 앤 여왕이 죽은 뒤 1714년 조지 1세의 하노버 왕조(The House of Hanover)가 시작된다.

25 이 시점부터 영국이라는 명칭을 쓸 수 있음.

스튜어트 일가를 정통 군주로 인정하는 정치세력인 재커바이트(Jacobites)[26]들의 반란은 1715년과 1745년에 두 차례 일어났다. 하노버 왕가가 들어선 1715년에 먼저 격렬한 저항이 있었다. 1745년에는 제임스 2세의 손자인 찰스 에드워드 스튜어트(Charles Edward Stuart)[27]가 자신의 아버지 대 왕위요구자(the Old Pretender) 제임스 에드워드 스튜어트를 왕위에 올리려고 군사를 일으켰다. 찰스는 1746년 컬로든 전투(Battle of Culloden)에서 잉글랜드 군대와 저지대 스코틀랜드인들(Lowland Scots)에게 패배한 후 프랑스에 망명했다가 그곳에서 죽었고 그것으로 스튜어트 왕가는 완전히 사라진다.

7) 하노버 왕가(The House of Hanover)

1714년에 앤 여왕이 죽자 제임스 1세의 외손자이며 하노버 공국의 통치자인 조지(George)가 왕위를 물려받아 조지 1세(1714~1727)로 즉위해서 하노버 왕가가 시작되었다. 왕위에 오를 당시 이미 54세였던 조지 1세는 독일에서 태어나 자랐고 영어를 잘 할 줄 몰랐기 때문에 수상(Prime Minister)이 이끄는 내각정부(Cabinet Government)가 사실상의 통치를 했다. 조지 왕의 통치 말기에는 실제적인 권력은 거의 전부 영국의 최초의 수상인 로버트 월폴 경(Sir Robert Walpole, 1676~1742)에게 가 있었다. 예산은 왕의 재무관리(Treasury official)들이 만들어 의회의 승인을 얻도록 결정되었다.

---

26 "James"의 라틴 이름이 "Jacobus"이므로 거기서 유래한 것이 "Jacobitism," 즉 제임스주의이며 그를 따르는 사람은 "Jacobite"이다.

27 소 왕위요구자(Young Pretender)인 찰스 왕자는 스코틀랜드인들에게 아름다운 체얼리 왕자(Bonnie Prince Charlie)라고 불리며 사랑받았다. "Charlie"의 스코틀랜드 발음은 찰리가 아니라 체얼리이다.

조지 2세(재위 1727~1760)에 이어 조지 3세(재위 1760~1820)가 통치하던 1800년 연합법(Acts of Union)에 의해 <그레이트브리튼과 아일랜드 연합왕국>이 정식으로 출범했다. 조지 3세는 말년에 광기를 보여서 황태자가 섭정(재위 1811~1820)으로 통치했는데 이 시기를 섭정기(the Regency)라고 한다. 황태자는 1820년에 조지 4세(재위 1820~1830)로 즉위했으나 왕위를 이을 적자를 남기지 못해 동생인 윌리엄 4세(재위 1830~1837)가 뒤를 이었다. 윌리엄 4세 역시 적자를 남기지 못하고 사망하자, 이미 세상을 떠난 에드워드 공작(Duke Edward, 조지 3세의 넷째 아들)의 딸인 빅토리아(Victoria)(재위 1837-1901)가 1837년 18세의 나이에 여왕으로 등극하여 1901년까지 통치하게 된다.

하노버 왕조 중에는 스튜어트 왕가를 추종하는 재커바이트의 두 차례의 반란 외에도 대외적으로 여러 차례의 전쟁과 격변이 일어났다. 오스트리아 왕위계승전쟁(War of the Austrian Succession, 1740~1748)[28]으로 프랑스와 전쟁을 치렀으며, 식민지 무역에 관한 갈등 때문에 7년 전쟁(Seven Years' War, 1756~1763)[29]을 치루어야 했다. 또 1776년 미국 식민지가 영국으로부터 독립을 선언하면서 1783년 전후에 영국은 북미 식민

28 여성의 왕위 계승을 금지하는 살리카 법(Salic law, 라틴어로는 Lex Salica)에 따라 오스트리아의 마리아 테레지아(Maria Theresa of Austria, 1717~1780)가 합스부르크 왕가(the House of Habsburg)를 계승하는 것은 부당하다는 구실을 내세우며 각국이 개입하여 전쟁이 시작되었다. 오스트리아는 프랑스의 전통적인 적대국이던 대영 제국과 네덜란드 공화국으로부터 거의 대부분의 군수품을 지원받았다.

29 오스트리아 왕위계승전쟁에서 프로이센(Prussia)에게 패배해 동부의 비옥한 슐레지엔(Silesia)을 빼앗긴 오스트리아가 그곳을 되찾기 위해 프로이센과 벌인 전쟁. 유럽의 거의 모든 열강이 참여하여 유럽뿐 아니라 그들의 식민지가 있던 아메리카와 인도까지 퍼진 대규모 전쟁이다. 오스트리아-프랑스-작센(Saxon)-스웨덴-러시아가 동맹을 맺어 프로이센-하노버-영국의 연합에 맞섰다. 유럽에서 벌어진 전쟁은 포메라니안 전쟁(Pomeranian War)으로 불린다. 아메리카 대륙에서는 영국과 프랑스가 영역권을 두고 전쟁을 벌였는데 이것을 영국 쪽에서는 프렌치 인디언 전쟁(French and Indian War)이라고 불렀다.

지의 절반을 상실했다. 무엇보다 영국에 큰 영향을 준 전쟁은 프랑스의 나폴레옹 보나파르트(Napoleon Bonaparte, 1769~1821)와의 전쟁이었다. 1789년 프랑스에서는 압제에 시달리던 시민들이 왕정을 전복하고 공화정을 수립하는 시민혁명을 일으키지만 오래 지속되지 못하고 평민 출신인 나폴레옹 보나파르트가 프랑스의 황제 나폴레옹 1세(재위 1804~1815)로 집권한다. 나폴레옹은 국민의 불만을 잠재우기 위해 유럽전역을 상대로 정복전쟁(Napoleonic Wars, 1803~1815)을 일으키며 영국은 주변 국가들과 연합하여 프랑스에 대항하는 전쟁에 돌입한다. 1813년 영국 연합군은 나폴레옹을 폐위시키고 엘바 섬(Island of Elba)에 감금하지만 그곳을 탈출한 나폴레옹은 다시 권좌에 오른다. 1815년 6월 워털루 전투(Waterloo Battle)에서 패배한 나폴레옹은 영국에 의해 세인트헬레나 섬(Island of Saint Helena)에 6년간 감금되어 있다가 사망하며 유럽은 안정을 회복하게 된다.

이 시기에 영국은 많은 개혁을 이루며 근대적인 사회로 변화하였다. 영국의 발전에 큰 영향을 끼친 사건은 18세기 후반부터 기술의 혁신과 기계화를 통해 일어난 산업혁명(Industrial Revolution)이다. 1782년 제임스 와트(James Watt)가 발명한 증기기관은 산업혁명의 상징적인 발명이다. 증기를 기반으로 하는 공장제 기계 공업은 경제 규모를 증대시켰고 새로운 기술에 의한 생산력을 향상시켰다. 그러나 그로 인해 전통적인 가내 공업이 몰락했으며 전통적인 농업 사회였던 영국 사회의 구조가 바뀌게 되었다. 농업 인구의 대부분이 시골을 버리고 대도시로 이주했으며 그 결과 도시는 인구과밀로 고통 받았고 유아의 사망률[30]과 범죄가 증가했다. 노동자들은 자신들의 삶이 기계에 의해 위협받고 있다고 여기면서 기계나 공장을 파괴하기도 하였는데 이런 기계 파괴 행위를 “러다이트 운동”

30 5세에서 6세 이하의 미취학 아동을 위한 대부분의 주말 학교는 교내에 장례식장을 두고 있을 정도였다.

(Luddism, 1811~1812)이라고 한다.

하노버 왕가에서 가장 중요한 시기가 빅토리아조(the Victorian Age)이다. 빅토리아조는 빅토리아 여왕이 즉위한 1837년부터 서거한 1901년까지를 일컫는데, 그 명칭처럼 여왕 자체가 이 시기를 상징한다. 장기간에 걸친 빅토리아조는 상당히 다양하고 복합적인 성격을 가지고 있으므로 그 특징에 따라, 혼란 속에서 점차 안정을 찾아가던 초기(1837~1850), 발전과 안정을 구가하던 중기(1850~1870), 자본주의의 부작용과 종교적 회의, 도덕적 갈등을 겪던 후기(1870~1901)로 나뉘어 평가된다.

여왕은 근면하고 종교적이었으며, 남편인 알버트 공(Prince Albert)에게 헌신하며 10명의 아이를 키운 현모양처였다. 빅토리아 여왕과 앨버트 공의 도덕적인 부부생활과 모범적인 가정생활은 전 국민의 모범이 되었고, 여왕은 영국국민의 삶의 구심점이 된다. 여왕의 삶과 행동, 도덕이 당대의 규범으로 여겨지면서, 군주가 백성들의 모범이 된다는 개념을 다시 환기시키게 된 것이다.

빅토리아조는 영국역사상 가장 부강한 시절이었다. 안으로는 산업혁명과 과학의 발전에 힘입어 세계에서 가장 부강한 국가가 되었고, 세계도처에 식민지를 개척하여 "해가 지지 않는 나라"(Empire Under the Sun)라는 칭호를 얻었다. 1851년에 처음 열린 런던 세계박람회(London World's Fair)는 영국의 전성기를 상징하는 행사로 기획되었다. 빅토리아조 말기에도 빅토리아 여왕 재위 50주년(the Golden Jubilee, 1887)과 60주년(the Diamond Jubilee, 1897) 기념식에 세계 각지에 흩어져 있는 식민지의 통치자들과 대표자들이 참석하여 대영제국의 위상을 높여 주었다. 산업의 발전과 식민지의 확장도 계속 되어 영국 정부의 부는 점점 더 확산되었다.

그러나 자본주의와 도시의 발달로 인해 농촌의 공동체가 붕괴되자 농민들이 유랑하는 일용노동자로 전락하게 되는 등 진보와 발전의 부작용도 심각해졌다. 빈부의 격차도 심해져서 영국 내에 두 개의 나라(Two nation)가 존재한다고 비판되었다.

정치적 개혁도 많이 이루어졌다. 빅토리아조 초기인 1838년부터 1848년까지 노동자층이 중심이 되어 전개된 선거법 개정운동(Chartist Movement), 1846년의 곡물법(Corn Law) 폐지[31] 등으로 시작된 국내의 개혁은 이후로도 계속되어, 보통교육의 의무화, 노조의 합법화, 비밀투표제 등의 개혁으로 이어졌다. 공장에서 아동이 일하는 시간을 제한하는 공장법(Factory Acts, 1833)이 제정되었고, 노예제폐지법(Slavery Abolition Act, 1833)으로 비인간적인 노예제가 불법으로 선포되었다. TUC(노동조합연합회 Trades Union Congress, 1868)도 결성되었다.

종교적으로도 큰 변화가 일어났다. 찰스 다윈(Charles Darwin, 1809~1882)이 생물학 논문, 『종의 기원』(*On the Origin of Species,* 1859)에서 인간의 진화론(theory of evolution)을 발표한 후 야기된 종교적 갈등은 이후 무신론(Atheism), 토마스 칼라일(Thomas Carlyle, 1795~1881)이 『영웅숭배론』(*On Heroes, Hero-Worship, and the Heroic in History,* 1841)에서 주장한 초인적인 영웅에 대한 열망,[32] 원래의 종교인 가톨릭 신앙으

---

31 곡물법은 곡물의 수출입을 규제하기 위하여 1815년에 제정되었다. 산업혁명이 진행되면서 인구가 증가하고 나폴레옹 전쟁으로 곡물의 수요가 증대하여 곡물가격이 급등하자 농산물을 생산하던 지주는 폭리를 얻었다. 그러나 나폴레옹 전쟁이 종결되면서 곡물가격이 폭락하는 농업공황으로 파산하는 지주가 속출했다. 이에 지주계급이 다수를 이룬 영국의회에서 지주들의 이익을 확보해주기 위해 외국산 곡물의 수입을 금지하는 곡물법(1815)을 통과시켰다. 1828년에는 곡물가격의 오르내림에 따라 수입관세를 증감하도록 개정된 신곡물법이 의회를 통과하였다. 이러한 법은 지주계급의 이익을 보호하는 대신 풍작이나 흉작에 관계없이 비싼 빵을 사먹어야 했던 일반국민에게는 불만의 대상이었다. 따라서 자유무역주의자들이 중심이 되어 곡물법에 대한 반대운동이 일어났다. 1839년 맨체스터에서 결성된 반곡물법 동맹이 선봉이 되어 의회에서 곡물법 반대운동이 벌어졌으며, 1846년 로버트 필(Robert Peel) 내각 때 폐지된다.

32 『의상철학』(*Sartor Resartus*, 영어로 *The Tailor Retailored*, 1834)에서 낡은 옷이 되어버린 기독교를 벗어던져야 한다고 주장한 칼라일은 『영웅숭배론』에서, 우리에게는 초월적인 신보다는 성실하고 용기 있는 영웅적 지도자가 필요하며, 우리는 영웅

로 되돌아가자는 뉴먼 추기경(Cardinal Newman, 1801~1890)의 옥스퍼드 운동(Oxford Movement)[33] 등으로 다양하게 나타난다.

빅토리아조의 도덕적 이데올로기도 변화를 겪었다. 초기 빅토리아조의 이상적인 가정을 구성하던 점잖은 신사(Respectable Gentleman)와 순결한 집안의 천사(Angle of the House)라는 이데올로기는 말기에 이르면 활발해진 성담론을 통해 비판되었다. 또한 영국사회의 위선과 허구적인 면모에 대한 비판이 가속화되었다.

8) 윈저 왕가(The House of Windsor)

1901년 빅토리아 여왕이 서거하자 아들 에드워드 7세(재위 1901~1910)가 왕위를 계승했으며 앨버트 공의 성을 따라 에드워드 7세부터는 작센 코브르그 앤 고타 왕가(The House of Saxe-Coburg and Gotha)가 되었다. 그런데 그 뒤를 이은 조지 5세(재위 1910-1936) 때인 1914년 1차 대전이 발발하여 독일과 전쟁에 돌입하게 된다. 조지 5세는 영국민들의 반독일 정서를 고려하여 왕가의 이름을 윈저 왕가(The House of Windsor, 1917)로 바꾸었다.

독일과의 전쟁이 계속되던 중인 1916년, 아일랜드에서는 독립을 쟁취하기 위한 대규모 항쟁인 부활절 봉기(Easter Rising)가 일어났고 이후 아일랜드의 독립을 준비하는 여러 과정이 발생한다. 1920년 아일랜드 분리(Partition of Ireland)와, 1921년 영국과 아일랜드 의회 사이의 협정이 그러한 과정이다. 아일랜드는 2차 대전이 끝난 후 1949년, 북아일랜드를 제외

을 존경해야 하는데 영웅을 알아보고 존경할 안목이 있는 작은 영웅들 역시 필요하며, 이렇게 영웅들로 가득한 세계에서만 진정한 영웅 숭배가 가능하다며, 역사에서 개개인의 역량이 중요하다고 주장했다.

33 가톨릭교가 정통믿음임을 확신하고 많은 국교회 성직자들이 가톨릭으로 개종한 사건.

한 나머지가 아일랜드 공화국(Republic of Ireland)으로 독립한다.

1936년 조지 5세의 뒤를 이어 에드워드 8세가 즉위했으나 그는 미국인 이혼녀인 심슨 부인(Mrs. Simpson)과 결혼한다고 해서 국민의 극심한 저항에 부딪친다. 그는 결혼을 포기하는 대신 왕위를 양위했고 조지 6세(재위 1936~1952)가 왕위에 올랐다. 그러나 조지 6세가 아들이 없이 사망하자 큰 딸인 엘리자베스가 왕위를 물려받아 엘리자베스 2세(재위 1952~)로 즉위하여 지금까지 다스린다. 그녀는 1947년 에든버러 공작 필립 공(Prince Philip, Duke of Edinburgh)과 결혼했다.

오늘날의 영국왕실은 가히 세계인의 관심거리라고 할 수 있다. 1999년 현재의 여왕인 엘리자베스 2세가 우리나라를 다녀가면서 한국에서도 영국왕실에 대한 관심이 높아졌다. 이러한 인기는 텔레비전의 등장과 뉴스거리를 원하는 미디어의 발달과도 관계가 있을 것이다. 1981년 찰스 황태자(Prince Charles, the Prince of Wales)와 다이애나 황태자비(Princess Diana)의 결혼이 전세계에 생중계 되었고, 1997년에는 다이애나의 장례식 역시 생중계 되었다. 찰스 황태자는 2005년 오랜 연인이던 카밀라(Camilla, Duchess of Cornwall)와 결혼했고 그 소식 또한 세계인의 관심을 모았다. 얼마 전에는 그 아들인 윌리엄 왕자(Prince William)의 결혼식이 또 한바탕 전 세계를 떠들썩하게 만들었다.

왜 영국의 왕실은 이처럼 인기가 있는 것일까? 영국으로부터 독립하겠다며 조지 3세를 독재자로 비방하던 미국인들도 영국 왕실의 소식에 목말라하며 열렬한 관심을 보이고 있다. 영국왕실의 이러한 인기는 영국왕실이 절대적인 권력을 상징하는 존재가 아니기 때문이 아닐까. 사실 일찍부터 영국왕실은 절대 권력의 산실이라기보다는 국민의 꿈을 대신 이루어주는 존재, 즉 신데렐라의 꿈을 대리 만족시켜주는 존재였기 때문에 사랑을 받아온 듯하다. 영국왕실은 미국의 할리우드 대중스타를 대신한다. 국민의 호기심을 자극하고 또 만족시켜주는 장식품으로서의 영국 왕실을 영국민은 언제까지 유지할까? 궁금한 일이다.

9) 20세기의 영국

(1) 양차 세계대전과 그 영향

빅토리아조 시기에는 세계의 최강대국이었고 20세기 초까지 세계의 지도자 역할을 자임하던 영국은 세계 제 1, 2차 대전을 수행하면서 점차 그 자리를 미국에게 내주어야 했다. 미국의 힘이 강대해진 탓도 있지만 영국 스스로의 고립정책에서 자초된 상황이기도 했다. 영국은 일찌감치 산업혁명을 완수하여 19세기에는 세계 제 1의 강대국으로 부상했고 식민지 획득에서도 프랑스와 독일과 비교가 안 될 정도로 유리한 위치를 점하면서 독보적인 위치를 누렸으므로 다른 나라들과 제휴할 필요성을 느끼지 못했다. 그래서 영국은 대체로 독자적으로 행동하면서, 자국이 유럽의 다른 나라들의 균형을 잡아주는 역할을 하고 있다고 자위했다. 19세기 말 벤저민 디즈레일리(Benjamin Disraeli, 1804~1881)의 보수당 체제 하의 영국의 외교정책의 핵심은, 영국의 고립을 정당화하는 "영광스러운 고립" (Splendid Isolation)[34]이라는 개념이었다.

19세기 말에서 20세기 초의 복잡한 유럽의 정치 상황 속에서 점차 고립되는 자국의 상황을 "영광스런 고립"이라고 강변하던 영국은 보어전쟁(Boer War, 혹은 Anglo Boer War, 1880~1902)[35]을 치르면서 고립정책

---

34 캐나다의 한 정치인이 유럽의 정치 상황에 관여를 하지 않는 영국의 정책을 칭찬하면서 사용한 용어.

35 아프리카에서 종단정책을 추진하던 영국제국과 당시 남아프리카 지역에 정착해 살던 네덜란드계 보어족 사이에 일어난 전쟁으로 1차 보어전쟁(1880~1881), 2차 보어전쟁(1899~1902)이 있다. 영국은 1차 보어전쟁에서 보어족의 트란스발 공화국(Transvaal Republic)과 오렌지 자유국(Orange Free State)의 독립을 인정하였으나 이후 이곳에서 다이아몬드와 금이 다량 발견되자 다시 2차 보어전쟁을 일으켰다. 결

의 대가를 실감하게 된다. 보어군이 각국의 지원을 받은 반면 영국은 혼자서 이 전쟁을 수행하면서 무려 50만의 병력을 투입하고서야 5만의 보어군을 진압할 수 있었던 것이다. 이에 영국은 전통적인 고립정책을 포기하고, 독일, 오스트리아-헝가리, 이탈리아의 삼국동맹(Triple Alliance, 1882~1915)에 대항하여 영국-프랑스 협상(1904)을 맺었으며, 나중에 러시아(Russia)가 가담해 영국-프랑스-러시아의 삼국협상(Triple Entente, 1907)을 맺었다. 1914년 제 1차 세계대전[36]이 일어나자 영국은 연합국(the Allies)의 일원으로 참전했으며 전쟁이 끝나고 체결된 베르사유조약(Treaty of Versailles, 1919년)으로 국제연맹(League of Nations)이 창설되는 과정에서 주도적인 역할을 했다.

제 1차 세계대전 후 영국은 연합국 진영의 다른 어느 나라보다 큰 변화를 겪었다. 전쟁으로 영국 정부는 보험업, 철도운영, 광산업, 그리고 거대한 군수산업 등 경제적 활동을 대대적으로 수행할 기회를 가지게 되었으며, 남녀 노동자들을 위한 후생, 오락, 의료 시설들을 마련하는 등 복지사업을 실행했다. 이러한 성과로 "대포를 만들어낼 수 있는 나라는 주택과 학교도 지을 수 있으며, 가장 이상적인 고용주는 정부"라는 주장이 설득력을 얻었다. 그와 동시에 전쟁으로 인한 극심한 경제적 손실로 부채국으로 전락했고 제 2차 세계대전 직전까지 불경기와 높은 실업률에 시달렸다. 게다가 동력이 석유로 전환되면서 석탄 산업이 쇠퇴했고 이로 인해

국 1902년 5월 영국이 승리하면서 공화국과 자유국은 영국의 식민지가 되었다. 이 전쟁에서 영국은 민간인을 학살하는 등 잔인한 행동을 많이 저질렀다.

36 제 1차 세계대전은 표면적으로는 1914년 사라예보(Sarajevo)에서 일어난 오스트리아-헝가리 제국의 황태자인 프란츠 페르디난트(Archduke Franz Ferdinand)가 암살당하면서 시작되었다. 그 이면에는 복잡한 정치, 경제적 갈등이 내재되어 있다. 영국은 처음에는 전쟁에 참전하지 않았으나 벨기에의 중립국 지위보장에 대한 독일 제국과의 협상이 결렬되자 선전포고와 함께 전쟁을 벌이게 되었다. 제 1차 세계대전은 참호전, 기관총, 화학무기, 야간 폭격, 탱크 등 이전의 전쟁에서는 볼 수 없었던 참혹한 전쟁이었으며 수많은 희생자가 발생하였다.

실직과 임금삭감을 당한 광부들은 총파업을 일으켰다.

그 와중에 유럽의 정세가 다시 불안해지자 영국은 전쟁의 재발을 막기 위해 유화정책을 취한다. 1938년 체임벌린 수상(Arthur Neville Chamberlain, 임기 1937~1940)은 독일 뮌헨(München)에서 히틀러 총통(Chancellor Adolf Hitler, 1889~1945, 임기 1933~1945)과 만나 독일이 체코슬로바키아(Czechoslovakia)의 주데텐란트(Sudetenland)[37]를 점령한 것을 승인해 주었다. 그러나 1939년 히틀러가 체코슬로바키아의 나머지 땅까지 점령하자, 체임벌린은 유화정책을 포기한다. 1939년 3월 독일이 체코슬로바키아를 점령하고 9월에는 폴란드를 침공하자 영국은 프랑스와 함께 독일에 대해 선전포고를 했으며 이로써 제 2차 세계대전[38]이 시작되었다. 영국은 1940년 5월 10일 윈스턴 처칠(Winston Churchill)을 수상으로 임명했고 같은 날 독일은 벨기에(Belgium), 룩셈부르크(Luxembourg), 네덜란드(Netherlands)를 공격했다. 6월에는 프랑스까지 독일에 점령당했다. 히틀러는 영국에 공습을 감행했으며 이후 6개월 동안 수백 대의 독일 비행기가 밤마다 영국을 공습했고, 독일 잠수함은 영국으로 식량과 보급품을 운송하는 선박을 공격했다. 그러나 영국인은 윈스턴 처칠의 강력한 지도 아래 굳게 뭉쳐 히틀러의 침공 계획을 저지시켰다. 처칠은 수상으로 임명된 직후 의회에서 각료 임명에 대한 보고와 전시의 정책을 밝히며 전쟁을 승리로 이끌겠다는 강력한 의지를 천명했다. 수상 임명을 받고 영국민의 단결을 호소했던 처칠의 유명한 의회 연설의 일부를 살펴보자.

---

37 이 지역은 주데텐 산맥 주변 지역으로 제 1차 세계대전 말에 인구의 대부분이 독일인임에도 불구하고 체코슬로바키아로 편입된 뒤로 독일과 체코슬로바키아 사이의 끊임없는 불화의 진원지가 되었다.

38 2차 세계대전은 1939년 나치 독일이 폴란드를 침공하면서 시작되었고, 1940년 독일, 이탈리아, 일본이 삼국동맹조약(Tripartite Pact 혹은 Three Power Pact)를 맺으면서 2차 대전의 주축국(Axis Power)이 확립되었다. 이 전쟁은 1945년 일본제국의 항복으로 공식적으로 끝났다.

* <윈스턴 처칠 경의 영국 의회 연설>

1940년 5월 13일

나는 이 정부에 참여한 장관들에게 이야기 했던 대로 의회 여러분들에게 다시 말합니다. "나는 피, 수고, 눈물, 그리고 땀밖에는 달리 드릴 것이 없습니다."

우리는 가장 심각한 시련을 앞두고 있습니다. 우리는 길고 긴 투쟁과 고통의 세월들을 앞두고 있습니다. 여러분들은 묻습니다, 당신의 정책은 무엇인가? 나는 말합니다. 육상에서, 바다에서, 하늘에서 하느님께서 주신 우리의 모든 힘과 능력을 총동원하여 전쟁을 수행하는 것입니다. 어둡고 개탄스러운 인간의 범죄목록에서도 유례가 없는 저 괴물과 같은 전제자를 상대로 전쟁을 수행하는 것입니다. 이것이 우리의 정책입니다. 여러분들은 질문합니다. 우리의 목표는 무엇인가? 나는 한마디로 답할 수 있습니다. 승리입니다. 어떤 대가를 지불하더라도 승리할 것이며, 어떤 폭력을 무릅쓰고라도 승리할 것이며, 거기로 이르는 길이 아무리 길고 험해도 승리합니다. 승리 없이는 생존도 없기 때문입니다.

승리를 기필코 실현시킵시다. 승리 없이는 대영제국이 살아남지 못할 것이며, 대영제국이 추구해온 모든 가치도 살아남지 못할 것이며, 인류가 그 목표를 향하여 전진하도록 만드는 시대의 욕구와 충동도 살아남지 못할 것입니다. 그러나 나는 낙관적인 희망을 가지고 내 직무를 맡았습니다. 우리의 소명은 결코 실패하지 않을 것이라고 확신합니다. 이 시점에서 나는 여러분 모두의 도움을 요구할 자격이 있다고 믿기에 호소합니다. "자, 단합된 힘으로 우리 모두 함께 전진합시다."

* "Parliamentary Speech by Sir Winston Churchill",

May 13th, 1940.

I would say to the House, as I said to those who have joined the government: "I have nothing to offer but blood, toil, tears and sweat."

We have before us an ordeal of the most grievous kind. We have before us many, many long months of struggle and of suffering. You ask, what is our policy? I will say: It is to wage war, by sea, land and air, with all our might and with all the strength that God can give us; to wage war against a monstrous tyranny, never surpassed in the dark and lamentable catalogue of human crime. That is our policy. You ask, what is our aim? I can answer in one word: victory; victory at all costs, victory in spite of all terror, victory, however long and hard the road may be; for without victory, there is no survival.

Let that be realized; no survival for the British Empire, no survival for all that the British Empire has stood for, no survival for the urge and impulse of the ages, that mankind will move forward towards its goal. But I take up my task with buoyancy and hope. I feel sure that our cause will not be suffered to fail among men. At this time I feel entitled to claim the aid of all, and I say, "Come then, let us go forward together with our united strength."

1945년 마침내 연합국이 승리했지만 전쟁의 피해는 엄청났다. 영국에서는 약 36만 명이 죽었고, 런던을 비롯한 많은 도시가 파괴되었으며, 경제는 파탄지경에 이르렀다. 특히 이 전쟁으로 인해 영국이 가지고 있던 식민지들이 거의 독립하게 됨으로써 영국의 재정적 자원이 대부분 상실되어 버린다.

1차 대전 후인 1931년 오스트레일리아, 캐나다, 뉴질랜드, 남아프리카 연방 등이 독립해서 최초로 영국연방(Commonwealth of Nations)의 일원이 되었는데, 2차 세계대전 이후에는 인도(India), 파키스탄(Pakistan),

실론(Ceylon)[39] 등이 독립국이 되면서 영국연방의 일원이 되었다. 버마(Burma)[40]와 아일랜드는 독립공화국임을 선포하며 영연방에서 탈퇴했다. 1950년대 초부터는 더 많은 영국의 식민지가 독립국가가 되었다. 남아프리카 연방은 아파르트헤이트(Apartheid)[41]라는 인종격리정책을 채택한 때문에 1961년부터 1994년까지 영연방에 가입하지 못하다가 이 정책을 폐지한 후 영연방에 소속되었다.

(2) 정치적 상황

영국의 정치는 점점 진보적이고 개혁적인 방향으로 나아간다. 1906년과 1910년에 보수당(Conservative Party)을 물리치고 자유당(Liberal Party)[42]이 집권했다. 그러나 개혁에 반대하는 보수당이 상원을 장악하여 거부권을 행사하는 경우가 많아 제대로 정책을 펼치는 것이 쉽지 않았다. 이런 병폐를 고치기 위해 자유당 정부는, 2년 동안 하원을 세 번 통과한 법률은 상원이 거부할 수 없도록 법을 제정해서 상원의 거부권을 제한하려고 했다. 상원이 여기에 반대했으나, 1910년 12월 선거에서 자유당이 다시 승리하자 상원도 이 법안을 통과시켰고, 자유당은 사회 개혁을 계

---

39 현재의 명칭은 스리랑카(Sri Lanka).

40 지금의 미얀마(Myanmar).

41 남아프리카 백인정권이 1948년에 법률로 공식화한 인종분리정책. 모든 사람을 인종등급으로 나누어 백인, 흑인, 유색인, 인도인 등으로 분류하였으며, 인종별로 거주지 분리, 통혼 금지, 출입구역 분리 등을 하는 등, "차별이 아니라 분리에 의한 발전"이라는 미명하에 사상 유례가 없는 노골적인 백인지상주의 국가를 지향하였다. 이 차별정책은 1990년에서 1993년까지 남아공 백인정부와 아프리카국민회의(African National Congress, ANC)의 대표인 넬슨 만델라(Nelson Mandela, 1918~) 간의 협상 끝에 급속히 해체되었으며, 민주적 선거로 남아프리카 공화국 대통령으로 당선된 넬슨 만델라가 1994년 4월 27일 완전 폐지를 선언하였다.

42 휘그당(Whig)을 계승한 당으로 19세기와 20세기 초에 활약했으며, 1988년 영국 사회민주당(SDP, Social Democratic Party)과 합당하여 현재는 자유민주당(Liberal Democrats)이다.

속 추진했다.

1900년에는 사회주의 집단과 노동조합을 대표하는 노동당(Labour Party)이 결성되었다. 소수당이던 노동당은 1929년 선거에서 처음으로 다수당이 되어 램지 맥도널드(Ramsay MacDonald, 임기 1924, 1929~1935)가 수상이 되었다. 몇 달 후 세계경제공황이 시작되자 맥도널드는 위기에 대처하기 위해 1931년 연립내각(National Government)을 구성하였고, 세금을 인상하고, 자유무역을 포기했으며, 예산을 삭감했다.

보수당에게 다시 정권을 내주었던 노동당은 1945년 선거에서 클레멘트 애틀리(Clement Attlee)가 사회주의 개혁을 내세우면서 압승을 거두어 다시 정권을 잡았다. 이후 6년 동안 노동당 내각은 사회보장제도를 확대하고, 석탄, 철강, 철도 등 핵심 산업을 국영화했다. 또 복지 국가라는 기치를 내세워 대대적인 사회 복지 정책을 펼쳤고, 세계 최초이면서 가장 광범위한 의료 제도를 확립했다. 이런 복지 정책은 흔히 "요람에서 무덤까지"(from cradle to grave)라는 슬로건으로 대변된다. 그러나 이런 복지와 노동단체의 수많은 산업쟁의가 영국의 발전을 막고 있다는 비판이 점차로 부상했다.

1951년 처칠이 이끄는 보수당 내각이 다시 집권했으나 노동당이 시행했던 정책의 대부분을 수용해 진행시켰으므로 복지기조는 그대로 유지되었다. 그러나 복지정책의 부작용으로 경제가 둔화되는 면도 있어서, 1964년 선거에서 해럴드 윌슨(Harold Wilson)이 이끄는 노동당이 다시 집권하였지만 계속해서 세금을 인상하고 임금과 물가의 최고 한도를 정하는 긴축정책을 펴야 했다.

1979년 보수당이 다시 집권하면서 마거릿 대처(Margaret Thatcher, 임기 1979~1990)가 첫 여성수상이 되었고 경제를 활성화시키는 조처를 취하기 시작했다. 대처의 보수정권은 대처리즘(Thacherism)에 입각해서 사회 복지를 대폭 삭감하고, 많은 국영기업을 민영화하고, 노동조합과의 싸움에서 승리했다. 이러한 정책은 신자유주의의 시작으로 평가된다. 대처의 지지자들은 경제 부흥을 이룬 그녀의 업적을 부각시키지만 비판자들은 대처의 정책으로 인해 사회 불균형이 더 커졌다고 주장한다.

대처의 국민적 인기는 1982년 남대서양에 있는 포클랜드 제도(Falkland Islands)에서 아르헨티나의 군대를 몰아냄으로써 절정에 올랐다. 그러나 대처는 주민세 부과로 국민의 반발을 불러일으켰고 유럽 통합에 대한 비타협적인 자세로 당 지도부의 반발을 초래하여 1990년 11월에 수상직에서 사퇴했다. 존 메이저(John Major, 임기 1990~1997)가 대처의 수상직을 승계했다.

18년간의 보수당 통치는 1997년 토니 블레어(Anthony Blair, 임기 1997~2007)가 이끄는 노동당이 승리하면서 끝났다. 블레어 다음에 역시 노동당인 고든 브라운(James Gordon Brown, 임기 2007~2010)이 수상을 맡았다. 현재는 보수당의 제임스 캐머론(James Cameron, 임기 2010~ 현재)이 수상을 맡고 있다.

(3) 영국과 유럽연합

유럽이라는 거대한 하나의 대륙은 현재 독립된 여러 나라로 나누어져 있다. 그러나 이 나라들은 과거의 역사에서 한 나라였던 적도 있으며, 대륙의 구성원들은 거의 게르만 족이며, 종교적으로는 기독교를 믿는 하나의 통일된 세계라는 점에서 동질감을 가지고 있다. 또 오랜 옛날부터 왕족 간의 결혼을 통해 친족관계가 성립되어 있기도 하다.

섬나라인 영국은 유럽대륙에 속하지는 않으나, 게르만족의 일파인 앵글로색슨족의 후손이며, 노르만왕조는 프랑스에서 건너왔으며, 독일의 대공이 잉글랜드의 하노버 왕가를 이루었으므로 유럽의 일부라는 의식을 가지고 있다. 동시에 섬나라인 영국은 다른 유럽국가들보다는 하나라는 통합의지가 상대적으로 부족한 것도 사실이다.

유럽 전체를 하나로 통합하려는 의지는 항상 상존했고 이런 사고가 유럽의 수많은 전쟁의 발생 이유이기도 했다. 나폴레옹과 히틀러가 전쟁을 통해 이루고자 한 것도 명목상으로는 유럽의 정치적, 영토적 통합이었다. 그러나 1, 2차 세계 대전을 거치면서 유럽의 통합은 사실상 불가능한 것으로 결론이 내려지고 있었다.

그런데 영국 뿐 아니라 프랑스, 독일 등의 유럽의 강국들이 양차 대전 후에 쇠퇴해가는 가운데, 미국과 소련이 민주주의와 공산주의라는 이데올로기를 내세워 냉전체제를 고착시키면서 세계의 패권을 다투는 양대 구조가 확립되자, 유럽의 각 국가들은 그 두 세력에 대적할만한 큰 조직이 필요하다는 위기감을 느끼게 된다. 그 결과로 나온 것이 유럽연합(European Union)이다.

유럽 연합의 기원은 1946년 9월 19일 영국 수상 윈스턴 처칠이 스위스(Switzerland)의 취리히(Zurich)에서 한 유명한 연설까지 거슬러 올라간다. 이 연설에서 윈스턴 처칠은 유럽에 국제 연합(United Nations)과 유사한 기구가 필요함을 언급하였다. 그 논의는 1949년 군사적 연계인 북대서양 조약기구(NATO, North Atlantic Treaty Organization)[43]로 실행되었고 이후 차츰 경제적 이익을 도모하는 방향으로 발전한다.

1950년 5월 9일, 프랑스의 경제학자이자 외교관인 장 모네(Jean Monnet, 1888~1979)가 구상한 석탄 및 철광석 채굴을 위한 프랑스-독일(서독) 간의 공동 사무소 설치에 관한 계획을 당시 프랑스의 외무부장관 로베르 쉬망(Robet Schuman, 1886~1963)이 공식적으로 건의함으로써 최초로 유럽 공동체(European Communities, EC)에 대한 논의가 시작되었다. 이 사건을 슈망선언(Déclaration Schuman)이라고 하며 이 역사적 사

43 유럽의 여러 국가와 미국 및 캐나다가 설립한 집단안전보장기구. 나토는 1989년까지 소련 및 중앙유럽 공산주의 국가들의 방위 체제인 바르샤바 조약 기구(Warsaw Pact, 1955)와 군사, 정치적 균형을 이루는 데 공헌한 것으로 평가된다.

건을 기념하기 위해 5월 9일은 유럽일(Europe Day 혹은 Schuman Day)로 지정되었다. 유럽석탄철강공동체(European Coal and Steel Community) 이후 유럽원자력공동체(European Atomic Energy Community, Euratom) 등이 결성되며 통합이 가속화된다.

섬나라인 영국은 유럽통합에 대해 유럽대륙 내의 다른 나라들과 시각이 다소 달랐지만 세계의 경찰(the world's policeman)의 역할을 미국에 빼앗긴 영국으로서는 더 이상 고립정책을 추구할 수 없었으므로 결국 1973년에 유럽경제공동체(European Economic Community)에 참가했다. 1992년 2월 네덜란드 마스트리흐트에서 유럽공동체 가입국이 서명한 마스트리흐트 조약(Maastricht Treaty)으로 EEC는 유럽연합(European Union)으로 명칭이 바뀐다.

유럽연합의 공식통화는 유로화(Euro, 통화기호: €, 코드: EUR)이다. 유로는 유럽연합(EU)의 공식 통화로 1999년 1월 1일 결제를 위한 가상 화폐로 처음 시작되었고 2002년 1월 1일부터 법정 통화가 되어 정식으로 동전과 지폐가 발행되기 시작하였다. 유로는 유럽 연합 가입국[44]과 유럽 연합에 가입하지 않은 수개 국에서 사용되며, 이들 국가를 통틀어 유로존(Euro Zone)이라고 한다.

유럽 연합 가입국들이 모두 유로를 자신들의 통화로 채택한 것은 아니다. 영국과 덴마크(Denmark)는 유럽 연합 세력권 안에 있되 자신들의 통화 단위를 계속 유지하기로 결정했다. 스웨덴(Sweden)의 경우 2003년 법 개정 당시 유로화의 사용을 거부함에 따라 유로존의 경제 통합 문제와 정치적 문제 등의 이유로 유럽 연합에 가입하지 못하고 있다. 바티칸 시국(Vatican City State), 모나코 공국(Principality of Monaco), 산마리노 공화국(Republic of San Marino) 등의 유럽 극소국들은 실질적인 유럽 연합

44 2013년 7월 1일 크로아티아(Croatia)가 가입하여 28개국임.

회원국이 아님에도 주변국과 유럽 내에서의 용이성을 위해 유로화의 통용을 허용하고 있다.

영국은 유럽연합의 일원이지만 그 결성 과정에서 끝내 소극적이었으며 영국인들은 유럽연합에 대해 무관심한 편이다. 영국수상의 태도는 영국민의 정서를 반영한다. 2007년 12월 13일 아침, EU의 25개국 회원국의 수상들이 조약에 사인하려고 모인 자리에 영국 수상 고든 브라운만 참석하지 않았다. 그날 아침 영국 의회에서 열리는 한 위원회(committee)에 참석하기 위해서였다고 한다. 고든은 나중에 혼자 서명을 했다. 이 일화는 EU에 대한 영국인의 태도를 대표적으로 나타낸 것이다.

영국인이 유럽연합에 대해 시큰둥한 태도를 보이는 것이 영국인만의 탓은 아니라고도 한다. 서유럽대륙에서 차를 빌리면 특별한 허가나 과정을 거치지 않고 유럽의 어느 나라든지 자유롭게 오갈수 있고 심지어 해협을 건너 영국에 갈 수도 있지만, 영국에서 차를 빌려 유럽 대륙에 들어가려면 법적인 서류를 잔뜩 적고 보험료를 상당히 지불해야 하므로 영국도 유럽에서 차별을 받고 있다는 것이다.

5 영국의 식민주의

흔히 영국은 신사의 나라라고 하지만 국가로서의 영국은 신사와는 거리가 멀다. 사실 자국의 이익을 추구하는 국제 관계에서 신사도란 있을 수 없는 지도 모른다. 영국은 전통적으로 국가우선주의가 강한 나라이다. 16세기 유럽 전역에 몰아친 종교개혁 때도 국민들은 신앙과 이념보다는 자국의 이익에 따라 교황을 등지고 국왕의 편이 되었다. 엘리자베스 1세를 중심으로 똘똘 뭉친 잉글랜드의 정책이나, 영국의 영광스런 고립이라는 외교정책에서도 자국 이기주의가 우선함을 엿볼 수 있다. 특히 영토 확장을 추구하는 19세기의 식민역사에서 영국은 어느 나라보다 앞장서서 침략과 수탈을 감행했다.

영국의 식민주의는 잉글랜드가 주축이 되어 웨일즈와 스코틀랜드, 아일랜드를 자국으로 통합하여 영국이라는 국가를 완성하던 시기와, 통합국가로서의 영국이 아메리카, 인도, 아프리카, 아시아에서 본격적으로 식민지를 개척하며 근대적 식민을 추구하던 제국주의의 시기로 나누어볼 수 있다.

1) 통일영국을 향한 모색: 웨일즈, 스코틀랜드, 아일랜드의 합병

(1) 웨일즈

웨일즈에는 기원전 6세기 무렵부터 켈트족이 거주하고 있었다. 기원

43년에 웨일즈는 로마의 침공을 받았으며 그 때 웨일즈 북부와 앵글시(Anglesey) 섬에서 공동체를 형성하여 살고 있던 켈트족의 일원인 드루이드족(The Druids)이 거의 학살되었다. 5세기에서 6세기경에는 유럽의 기독교 선지자들이 웨일즈로 건너와 기독교를 전파했다. 성자로 추대된 이들의 이름은 오늘날 웨일즈의 지명에 많이 남겨져 있다. 성 테일로(St. Teilo)와 성 시비(St. Cybi)의 이름은 지명인 랜데일로(Llandeilo)와 랜지비(Llangybi)에 들어있다.[1]

잉글랜드에 터를 잡게 된 앵글로색슨족은 웨일즈인들을 계속 서쪽으로 몰아냈다. 8세기에는 오파(Offa)라는 앵글로색슨족 왕이 잉글랜드에서 웨일즈인들을 몰아내고 그 경계로 긴 제방(ditch 혹은 dyke)을 만들었다. 그 길이는 무려 269km에 이르며 대부분 오늘날의 잉글랜드와 웨일즈의 경계와 일치한다. 잉글랜드를 점령한 노르만족들도 웨일즈를 침공했다. 서쪽으로 쫓겨 간 웨일즈인들이 다시 공격해 오는 것을 방어하기 위해 지은 노르만족의 성들 중 하나가 캐어필리 성(Caerphilly Castle)이다. 이 성은 카디프(Cardiff) 북쪽으로 10km 정도 떨어져 있으며 유럽에서 가장 튼튼한 성 중의 하나로 여겨진다. 청교도 혁명을 이끈 올리버 크롬웰조차 이 성을 점령할 수 없었다고 한다.

웨일즈인들은 잉글랜드의 침공에 맞서 오랫동안 투쟁했다. 특히 르웰린 대왕(Llewellyn the Great)이 잉글랜드에 대항해 웨일즈를 지키려고 노력했지만 결국 그의 손자인 최후의 르웰린 왕(Llewellyn the Last) 때인 1282년 잉글랜드에 합병되고 말았다. 잉글랜드의 에드워드 1세는 1301년 자신의 장남을 웨일즈 대공(the Prince of Wales)으로 임명했다. 이 전통은 이후 쭉 이어져 1969년에 현재의 여왕인 엘리자베스 2세는 카나번(Caernarfon) 성에서 장남인 찰스를 웨일즈 대공으로 임명했다. 1978년 웨

1 "Llan"은 웨일즈어로 교회가 있는 지역이라는 의미.

일즈의 독립이 거론되었으나 웨일즈인들은 웨일즈 의회를 영국에서 분리하는 것에 절대 다수로 반대했다. 현재의 영국 정부에는 웨일즈 문제를 담당하는 특별 부서와 장관이 있다.

웨일즈인의 영웅으로는 오우아인 글린두르(Owain Glyndŵr, 영어로는 Owen Glendower, c. 1349~1416)가 있다. 그는 잉글랜드가 웨일즈를 통치하기 위해 세운 성들을 전부 다시 장악했고 웨일즈의 독립의회를 만들었다. 그러나 그의 노력은 5년 정도 지속되고 말았다. 2000년 웨일즈 국민의회(National Assembly)는 글린두르의 저항을 기념하는 600주년 기념식을 거행했고 2007년 코웬(Corwen) 시의 광장에 동상을 세워 그의 업적을 기리고 있다.

(2) 스코틀랜드

스코틀랜드는 청동기시대(Bronze Age)부터 주민이 거주하면서 독립된 문화를 이루었으며, 잉글랜드를 점령했던 로마군에 강력히 저항하기도 했다. 6세기 경에는 픽트족(the Picts)이 중심이 되어 왕국을 건설하였고, 이것이 스코틀랜드의 기초가 된다.

6세기 초 스코틀랜드의 주민은 여러 부족으로 구성되어 있었다. 가장 오래 된 원주민인 픽트족과 켈트족, 북아일랜드에서 건너온 스코트족(the Scots), 잉글랜드에서 앵글로색슨족에게 밀려난 브리튼족, 또 지금의 독일 땅에서 바로 넘어온 앵글족 등이다.

스코틀랜드는 국경을 마주한 잉글랜드의 끊임없는 침공을 받으면서도 웨일즈와 달리 험악한 지형과 강한 민중의 저항으로 인해 끝내 독립을 지킬 수 있었다. 영화 <브레이브 하트>(*Brave Heart*)에서 다룬 윌리엄 월리스(William Wallas)의 저항(1306년) 등 수많은 저항을 통해 스코틀랜드의 귀족 로버트 부르스(Robert Bruce, 재위 1306~1329)가 왕이 된 후 왕정국가로 확립되었다.

스코틀랜드의 독립된 역사는 비극적인 운명의 메리 스튜어트 여왕(Mary Stuart, 1542~1587, 재위 1542~1567) 이후로 변하게 된다. 스코틀랜드의 왕 제임스 5세와 프랑스의 귀족인 마리 드 기즈(Marie de Guise)의 딸인 메리 스튜어트는 태어난 지 6일 만에 아버지가 세상을 떠나자 9개월된 아기로 스코틀랜드의 여왕이 되었다. 그녀의 어머니 마리가 아란 백작 제임스 해밀턴(James Hamilton, Earl of Arran)과 공동으로 섭정을 했다. 메리의 할아버지뻘인 잉글랜드의 헨리 8세는 자신의 아들 에드워드와 메리의 약혼을 추진했지만 헨리 8세가 스코틀랜드에 대한 야욕을 노골적으로 드러내자 동맹과 약혼은 무산되었다. 이로 인해 스코틀랜드와 잉글랜드의 사이는 급격히 악화되었다. 1547년 9월 10일 스코틀랜드군이 잉글랜드군과 싸워 대패하자 마리는 잉글랜드의 숙적인 프랑스에 도움을 요청한다. 그리고 1548년 5세의 메리는 프랑스의 앙리 2세(Henri II)의 아들인 3세의 프랑수아 황태자(Dauphin François)[2]와 약혼한다. 그 해 메리는 스코틀랜드를 떠나 프랑스로 건너가 궁정에서 교육을 받았는데 아름답고 총명하기로 유명했다고 한다. 메리는 프랑스에 온 지 10년 만인 1558년 황태자 프랑수아와 결혼식을 올렸고, 다음 해 앙리 2세가 승하하여 남편이 프랑수아 2세로 즉위하자 프랑스의 왕비(Queen Consort of France)가 된다. 그러나 프랑수아 2세가 즉위한 지 1년 만인 1560년에 세상을 떠나자 메리는 1561년 스코틀랜드로 돌아와 여왕의 자리에 복귀했다. 당시 메리는 잉글랜드의 왕위 계승권도 가지고 있었다.[3]

스코틀랜드에 돌아온 메리는 정치적으로, 종교적으로 어려움을 겪는다. 가톨릭교도인 여왕과 달리 스코틀랜드인들 대부분이 신교도였기 때문이다. 여왕 개인의 삶도 안정적이지 못했다. 메리는 1565년에 단리 경

2 "Dauphin"은 프랑스 황태자의 칭호임.

3 메리는 헨리 7세의 장녀의 손녀였기 때문에 잉글랜드의 여왕 엘리자베스 1세의 조카뻘이다.

헨리 스튜어트(Henry Stuart, Lord Darnley)과 결혼했지만 그들의 사랑은 오래 가지 못했다. 이태리인 비서 데이비드 리지오(David Rizzio)와 메리의 불륜을 의심한 헨리와 그의 추종자들은 1566년 3월 9일 메리와 친구들이 홀리루드 하우스(Holyrood House)에서 저녁을 먹는 동안 쳐들어와 리지오를 끌어내서 죽였다. 그 해 메리는 아들 제임스 스튜어트(나중의 제임스 6세)를 출산한다. 1567년 보스웰 백작 제임스 헵번(James Hepburn, Earl of Bothwell)은 메리의 남편 헨리 스튜어트를 살해한 후 메리를 강간하고 강제로 자신과 결혼하게 한다. 이들의 결혼에 불만을 품은 귀족들이 반기를 들자 메리는 왕위를 한 살짜리 아들에게 물려주고 잉글랜드로 망명한다. 그러나 메리가 자신의 왕위를 노린다고 의심한 엘리자베스 1세는 1587년 반역죄로 메리를 처형한다.

1603년 잉글랜드의 엘리자베스 1세가 후계자가 없이 사망하자 가장 가까운 신교도 인척인 스코틀랜드의 제임스 6세가 잉글랜드의 왕으로 추대를 받아 제임스 1세로 등극한다. 이후 잉글랜드와 스코틀랜드가 한 왕을 섬기게 되면서 두 왕국이 자연히 하나의 왕국으로 합치게 되는 역사의 아이러니가 일어난다. 제임스 1세의 아들인 제임스 2세가 의회와 갈등을 겪다가 1688년 퇴위 당하면서 스튜어트 왕가는 종식된다. 이후 독일 하노버(Hanover) 공국의 군주 조지가 영국의 왕 조지 1세(재위 1714~1727)로 즉위하여 하노버 왕가가 시작되자, 스튜어트가의 지지자들인 재커바이트(Jacobite)들은 잉글랜드와 스코틀랜드의 분리를 주장하는 반란을 일으키지만 실패한다. 1706년 앤 여왕(재위 1702~1714) 시기에 이르러 잉글랜드는 스코틀랜드와 조약을 맺고 정치적인 통합을 이루며, 1707년 연합법(Acts of Union)을 공표하여 그레이트브리튼 연합왕국이 성립된다. 1745년 스코틀랜드인들이 사랑하던 아름다운 체얼리 왕자(Bonnie Prince Charlie)를 중심으로 다시 한 번 스튜어트가의 왕을 옹립하려는 반란이 일어나지만 실패한다.

젊고 잘 생긴 찰스 왕자는 스코틀랜드인들의 사랑을 한 몸에 받았다. 로마에서 20년을 보낸 후 돌아온 왕자가 전통적인 타탄 무늬의 킬트를 입었으며 스코틀랜드 게일어까지 잘하는 것을 보고 스코틀랜드인들은 무척 자랑스러워했다. 찰스 왕자는 에든버러까지 진군해서 1745년 9월 17일 자신의 아버지 제임스 스튜어트를 잉글랜드와 스코틀랜드의 왕으로 옹립했다. 그러나 막상 잉글랜드로 진군하자 지지자가 많지 않았고, 결국 1746년 4월 재커바이트들은 완전히 패배했다. 찰스 왕자는 스코틀랜드의 하이랜드와 유럽을 방랑했다. 그를 밀고하면 현상금을 30,000 파운드나 받을 수 있었지만 가난한 스코틀랜드의 하이랜드인들은 그를 배반하지 않았다. 이 반란이 있은 후 하이랜드인들은 무기를 소지할 수도 없었고 게일어를 쓰거나 전통적인 타탄 킬트를 입는 것도 금지되었다. 왕자에 대한 전통적인 노래로 <체얼리는 내 사랑>(Charlie is My Darling)이 있다.

* "Charlie is My Darling"

Chorus
Oh! Charlie is my darling,
My darling, my darling,
Oh! Charlie is my darling,
The Young Chevalier.

'Twas on a Monday morning,
Right early in the year,
When Charlie came to our town,
The young Chevalier, Oh!
Chorus
As he came marching up the street,
The popes played loud and clear,
And the folk came running out,
To meet the Chevalier. Oh!

Chorus
They've left their bonnie Highland hills,
Their wives and bairnies dear,
To draw the waord for Scotland's lord,
The young Chevalier. Oh!
Chorus

스코틀랜드는 잉글랜드와 연합한 후 "북브리튼"이라고도 불렸지만 여전히 잉글랜드와는 사회적, 문화적으로 많은 차이를 보인다. 잉글랜드는 성공회(Anglican Church)를 신봉하지만 스코틀랜드는 주로 장로교(Presbyterian Church)를 믿으며, 잉글랜드와 스코틀랜드의 법령도 많이 다르다. 이러한 차이에도 불구하고 스코틀랜드는 점차 영국의 새로운 일원으로 자리잡았다.

현재 스코틀랜드에서는 잉글랜드와 별개의 행정이 이루어진다. 구왕국시대의 수도 에든버러가 고유의 국립도서관, 국립미술관, 발권은행인 국립은행 등을 가지고서 수도로 역할하고 있다. 1707년 연합법 시행으로 스코틀랜드 의회는 사실상 폐지되었으나 1999년 다시 부활되었다. 스코틀랜드 의회는 일정범위 안에서 소득세율을 변경할 수 있고, 복지정책이나 수렵 규제에 관해 영국내의 다른 지역과 다른 법령을 제정할 수 있는 권한을 가지고 있다. 전국적으로 관리해야할 필요가 있는 사안에 대해서는 웨스트민스터 의회에서 주도적으로 권한을 행사한다.

보수당(보수주의)과 노동당(진보주의)의 대립 구도인 잉글랜드 정계와 달리, 스코틀랜드 정계는 스코틀랜드 국민당(Scotland National Party, 민족주의)과 노동당(진보주의)이 대립하고 있다. 스코틀랜드 국민당은 스코틀랜드의 완전한 독립(연합왕국으로부터의 탈퇴와 독립국으로의 분리)을 추구하는 민족주의 정당으로, 2011년 5월 스코틀랜드 의회 선거에서 단독과반수를 차지하였다. 현재 스코틀랜드 수상은 스코틀랜드 국민당 대표인 앨릭스 새먼드(Alex Salmond, 2007~)이다. 스코틀랜드 국민당은 2014년 분리독립을 위한 주민투표를 예정하고 있다.

(3) 아일랜드

아일랜드의 주 민족은 켈트족이며 대다수 주민이 로마가톨릭교인이어서, 웨일즈나 스코틀랜드보다 상대적으로 잉글랜드와의 갈등이 더 심했으며, 잉글랜드의 잔혹한 식민의 역사를 대표적으로 보여주는 장소이다.

독자적으로 문화를 꽃피우던 아일랜드는 1171년 노르만 왕조의 헨리 2세 때 처음 잉글랜드의 침공을 받게 되는데, 1172년 교황 아드리안 4세(Pope Adrian IV)가 아일랜드를 잉글랜드에 수여하면서 갈등이 심화되었다. 이후 잉글랜드는 계속 아일랜드를 통치했고 아일랜드는 잉글랜드의 지배에서 벗어나기 위해서 끊임없이 투쟁하지만, 그 과정에서 많은 희생을 치러야 했다.

아일랜드는 잉글랜드가 장미 전쟁(Wars of the Roses, 1455~1485)을 치를 때 요크가를 지원했지만 요크가가 패배했기 때문에 랭커스터가의 튜더 왕조에서 더 억압 당하고 고통 받았다. 종교개혁을 감행한 헨리 8세는 아일랜드인에게도 영국국교를 강요했고 강제로 가톨릭 수도원의 땅을 몰수했다. 엘리자베스 1세도 이런 억압정책을 계속하여 로마가톨릭교도가 대부분이던 아일랜드인들의 극심한 저항에 부딪쳤다. 북아일랜드, 즉 얼스터(Ulster) 지역의 군인들은 맹렬히 저항했지만 1603년 경에 완전히 패배 당했다. 그로 인해 얼스터 지방에 잉글랜드인과 스코틀랜드인들의 이주식민(plantation)이 시작되었다. 그것이 이후 남아일랜드와 북아일랜드의 갈등의 시초가 되었으며 현재 아일랜드가 통일되지 못하는 이유가 된다.

잉글랜드와 스코틀랜드에서 건너와 얼스터에 정착한 이주민들은 자신들 고유의 법과 문화, 또 신교도 신앙을 그대로 고수하면서 로마가톨릭교도인 아일랜드 원주민들과 종교적으로나 문화적으로 적잖은 충돌을 일으켰다. 이주민들은 근면하고 사업에도 수완이 좋아 경제적으로 사회적으로 번영하면서 얼스터의 가난한 원주민들에게 새로운 지배계층으로 부상했고 종종 신교 패권주의를 과시했다. 이주민들의 약진 덕분에 얼스터는 19세기의 산업화 과정에서 가장 발전된 지역이 되었지만 그만큼 갈등의 골이 깊어지는 원인이 되기도 했다.

잉글랜드가 청교도 혁명으로 인한 내전에 휩싸였을 때 아일랜드의 상태는 더욱 악화되었다. 아일랜드의 가톨릭군대는 찰스 1세를 지원했으나 크롬웰의 청교도 군대에 의해 참패를 당했던 것이다. 크롬웰의 군대는 왕당파군대와 가톨릭군대 뿐 아니라 민간인도 잔인하게 학살했다. 1641년의 아일랜드 봉기 이후 아일랜드의 로마가톨릭교도들은 아일랜드 의회에 대한 투표권과 피선거권을 박탈당하였다.[4] 이로 인해 신교도와 가톨릭교도, 정착민과 아일랜드 원주민 사이의 불화는 더욱 깊어졌다.

아일랜드는 다시 가톨릭교도인 제임스 2세를 지원했으나 1688년의 명예혁명으로 그가 패배하고 독일 하노버 왕가의 오렌지 공 윌리엄 3세가 왕위에 등극하면서 또 다시 독립의 꿈을 접어야 했다. 얼스터의 신교도들은 지금도 자신들을 "오렌지인"(Orangemen)이라고 부르면서 윌리엄 3세의 승리를 축하한다. 1780년대에 아일랜드인들은 아일랜드 단결협회(Society of United Irishmen) 등을 만들어 영국의 억압정책에 저항하였으며, 미국 독립혁명(1776)과 프랑스혁명(1798) 등에 고무 받아 1798년 다시 아일랜드 항쟁이 일어났으나 또다시 진압 당했다.

1800년 영국국교회 교인만으로 결성된 아일랜드 의회가 영국과의 합병을 동의하는 결의안을 작성했고 영국정부는 연합법(Acts of Union)을 선포한다. 이 연합법으로 1801년 1월 1일부터 아일랜드 왕국을 연합왕국의 일부로 합병한 영국의 정식명칭은 <그레이트브리튼과 아일랜드 연합

4 가톨릭교도의 정치참여 금지는 18세기까지 계속되었고 이 금지 조치는 곧 영국성공회의 신자가 아닌 "비국교도"(Nonconformist) 전체에게로 확대되었다.

왕국>이 된다. 이 조치를 환영한 아일랜드인은 극소수에 불과했지만, 아일랜드가 정치적, 법률적으로 영국의 일부지방이라는 것이 공식적으로 선포된 이 체제는 아일랜드 공화국이 독립할 때까지 지속되었다.

이 와중에 아일랜드 역사상 가장 참혹한 사건이 일어난다. 1845년에서 1849년까지 이어진 대기근(Great Famine)이다. 19세기의 아일랜드 경제는 전적으로 농업에 의존했다. 농부들은 황폐한 땅에 농사를 지으면서 주로 영국인인 지주들에게 높은 소작료를 물어야 했으므로 극도로 빈곤했다. 밀과 옥수수 등의 곡식을 모두 영국 지주들에게 바쳐야 했던 아일랜드 농부들은 감자를 주식으로 삼았다. 그런데 4년간 연속해서 감자마름병이 발생하는 바람에 아일랜드인들은 끔직한 기근에 시달렸다. 이 기근으로 인해 800만 명의 아일랜드 인구 중 200만 명이 죽었고 200만 명이 대서양을 건너 미국으로 이민을 떠나 아일랜드의 인구가 절반으로 감소했다. 했다. 이 와중에도 소작료를 요구하는 지주들로 인해 더욱 굶주리게 된 아일랜드인들은 분노에 휩싸였다. 아일랜드의 농업이 감자농업에 편중된 자체가 영국의 식민정책의 결과였으므로 아일랜드인들은 더 영국에 대해 분노했던 것이다.

빈곤한 남부아일랜드와 달리 북부아일랜드인 얼스터 지방과 그 중심 도시인 벨패스트는 19세기 동안에 북부잉글랜드와 비슷하게 산업화가 진행되었으므로 대체로 부유했다. 얼스터에는 원래 영국에서 건너온 이주민이 많은데다, 얼스터의 토지법은 남부아일랜드의 토지법보다 훨씬 관대했던 것이다. 이처럼 영국 정부의 관용을 받으며 경제적으로 부를 누리던 얼스터 주민들은 영국이 자신들에게 번영을 가져다준다고 여겼고 영국이 자신들의 공산품을 소비할 시장이라고 보았으므로 영국과의 연합을 환영했다. 아일랜드가 국내문제에 관한 모든 점에서 영국으로부터 독립하는 아일랜드 자치(Home Rule for Ireland)를 시도했을 때 얼스터 주민들은 강력히 저항하면서, 자신들은 영국과의 연합을 포기하느니 차라리 투쟁을 선택할 것이라고 선언했다.

1918년 아일랜드는 영국 의회와 분리된 별도의 의회를 구성하기 위한 총선거를 실시하였다. 이때 선출된 아일랜드 의회는 1919년 일방적으로 영국으로부터의 독립을 선언하였다. 이로 인해 영국과 아일랜드 간에 전쟁이 벌어진다. 이 전쟁의 결과로 아일랜드는 1921년 대영제국통치하의 자치를 인정받아 아일랜드 자유주(Irish Free State, 1922~1937)가 되는 것에 동의하는, 앵글로-아일랜드 조약(Anglo-Irish Treaty)을 체결하게 된다. 그러나 얼스터는 영국에 그대로 귀속되기를 원하였으므로 영국은 "Great Britain and Northern Ireland"로 확정된다. 아일랜드인들은 이 사건을 아일랜드의 분단(Partition of Ireland)이라고 지칭한다. 1949년에 아일랜드는 자유주의 공화국임을 선포하면서 에이레(Eire)라고 개칭했다가 다시 아일랜드 공화국(The Irish Republic)으로 이름을 바꾸고 수도를 더블린(Dublin)으로 정했으며 영연방에서 탈퇴했다.

북아일랜드에 대해 얼스터라는 명칭을 사용하는 것은 다소 정확하지 않다. 얼스터는 사실은 라인스터(Leinster), 먼스터(Munster), 코노트(Connaught)를 비롯한 아일랜드의 고대왕국 중의 하나를 지칭하는 명칭이다. 현재 영국에 속한 북부아일랜드 지역은 얼스터의 9개 주 중에 6개만 포함하며, 나머지 3개 주는 아일랜드 공화국에 속한다. 아일랜드 민족주의자들은 북아일랜드가 영국에 속한 현재의 상황이 국제적으로 고착될 것을 우려해 북아일랜드라는 명칭을 쓰는 것을 꺼리며, 대신 "6개주"(the six counties)라고 지칭한다.

벨패스트의 스토몬트(Stormont)에 있는 북아일랜드 의회는 처음부터 신교도들에 의해 주도되었으므로 소수자인 북아일랜드의 가톨릭교도들은 자신들이 주거나 직업에서 불평등한 대우를 받는다고 느끼고 있었다. 북아일랜드의 소수파가 되어버린 아일랜드 원주민들은 불만이 클 수 밖에 없었고 결국 폭동과 테러가 이어진다. 1969년의 가톨릭교도와 신교도 사이의 충돌을 비롯해 이후에도 신교도와 가톨릭교도들의 비밀단체가 주도하는 테러로 인해 혼란의 시기(the Troubles)[5]에 수천 명이 목숨을 잃었다. 가톨릭단체로는 IRA(Irish Republican Army)와 INLA(Irish National Liberation Army), 신교도단체로는 UDA(Ulster Defence Association)과 UVF(Ulster Volunteer Force)가 있다. 그 중 가장 잘 알려진 IRA는 1960년대에 원래의 IRA에서 분리해 나온 급진파(The Provisional)로, 이 급진파는 한때는 애국적인 아일랜드인과 동일시되기도 했으나 이제는 북아일랜드와 아일랜드 공화국에서 거의 지원을 받지 못한다.

북아일랜드에서 양 교도 사이의 적대감이 커지면서 그로 인한 사망자 수가 급증하자 1972년 영국은 북아일랜드 의회인 스토몬트 의회를 정지시키고 웨스트민스터 의회의 직접통치(Direct Rule)를 시도하면서 영국군을 북아일랜드에 상주시켰다. 가톨릭계 주민들은 영국군이 신교도의 폭력을 막아줄 것이라고 여기고 영국군을 환영했다 그러나 얼마 지나지 않아 영국군이 총을 들고 가톨릭교도가 사는 구역의 집집마다 수색하자 가톨릭계 주민들은 실망하고 분노했다. 갈등이 첨예해지던 중에 영국군이 런던데리의 가톨릭 데모대에 총격을 가해 13명이 죽었고 영국군에서도 다수의 사망자가 발생했다. 이 날을 피의 일요일(Bloody Sunday)이라고 한다.

1973년 영국정부와, 가톨릭 민족주의자(Catholic Nationalists, 아일랜드의 통일을 원함), 신교도 연합주의자(Protestant Unionists, 북아일랜드가 영국에 속하기를 원함) 중 일부 사이에 서닝데일 협약(Sunningdale Agreement)이 이루어졌다. 그러나 연합주의자들 다수는 이 협정이 얼스터의 소수자인 가톨릭교도에게 너무 많은 힘을 준다며 반대했다. 1974

5 북아일랜드의 혼란스런 시기를 일컫는 용어. 1960년대 후반을 말하며, 1998년 벨패스트의 "성금요일 조약"(Good Friday Agreement)으로 이 시기가 끝났다고 여겨진다.

년 5월 신교도 노동자들이 일으킨 총파업(General Strike)으로 인해 이 협정은 깨어지고 말았다. 1975년에 북아일랜드 주민들의 모임인 헌법 회의(the Constitutional Convention)가 만들어져 영국정부에 의견을 제시하고자 했지만 별 효과가 없었다.

1980년 아일랜드 공화국이 영국 정부와 대화를 시도했고 1985년 앵글로-아일랜드 협정(Anglo-Irish Agreement)을 체결하고 영국 수상인 마거릿 대처와 아일랜드 수상 개릿 핏제럴드(Garret Fitzgerald)가 이에 서명했다. 이 협정에서는 아일랜드 공화국이 북아일랜드 행정에 일정한 발언권을 행사할 것이며, 만일 얼스터 주민 다수가 동의하면 통일 아일랜드를 이룰 것임을 동의했다. 그러나 이 조약은 북아일랜드의 중요지도자들에게서는 환영받지 못했다. 그들은 대처 수상에게, "대처 수상, 얼스터는 영국이며 당신의 배신에도 불구하고 영국으로 남아있을 것입니다."(Ulster is British, Mrs. Thatcher, and despite your treachery, will remain so.)라며 분노했다. 또 IRA와 가까운 신페인당(Sinn Fein)[6]의 대표자도 이 협정에 반대했다. 그러나 테러에 지친 대부분의 북아일랜드인들은 대체로 이 조약에 찬성하는 분위기로 돌아섰다. 이후 소소한 갈등에도 불구하고 이 협정이 어느 정도 지켜지고 있다.

벨패스트의 가톨릭 거리인 폴스가(Falls Road)와 신교도 거리인 샨킬가(Shankill Road)를 나누는, 1984년에 지어진 평화의 벽(Peace Wall)은 구교도와 신교도 주민의 갈등을 상징한다. 북아일랜드의 정치적 혼란은 끝났지만 이 벽은 이제 부유한 신교도 거주지와 가난한 가톨릭교도 거주지 사이의 경제적인 분리를 상징한다.

---

6 "Ourselves Alone"의 의미. 아일랜드와 북아일랜드에서 활동 중인 정당으로 1905년 더블린 태생의 아서 그리피스(Arthur Griffith)에 의해 창설되었으며 현재의 당 대표는 게리 아담스(Gerry Adams)이다. 1970년 북아일랜드 통일운동에 대한 의견차이로 신페인 급진파가 분리되었다. 신페인 급진파는 IRA와 밀접한 연관이 있다.

2) 영국의 제국주의와 근대의 식민지

(1) 영국의 식민지 개척

근대국가로서의 기틀을 마련한 서구의 각 국가들은 앞 다투어 해외 식민지 개척에 나섰다. 스페인과 포르투갈에 뒤이어 식민지 개척에 나선 영국은 19세기에는 세계에서 가장 식민지가 많은 나라로 자리 잡아, "해가 지지 않는 나라"(An Empire Under the Sun)라는 별칭을 얻게 되었다. 그 과정에서 영국은 전형적인 식민주의자이며 제국주의자로서의 착취적인 면을 드러낸다.

영국은 지리적으로 섬나라이고 국토가 협소하여 일찍부터 해상을 통한 해외 진출을 꾸준히 시도하였다. 1607년 북아메리카 동부 해안에 제임스타운(Jamestown)을 건설한 것이 영국의 식민지 개척 사업의 시작이다. 종교적 이유로, 나중에는 경제적인 이유로, 많은 영국인들이 북아메리카로 이주해 정착하였으며, 아프리카에서 들여온 노예를 이용해 대규모 플랜테이션 농업을 경영하였다. 이후 이주식민은 호주, 뉴질랜드, 서인도제도 등으로 뻗어나갔다.

식민지의 확대와 유지를 위해 노력하는 과정에서 영국은 유럽의 다른 식민열강과 충돌하게 된다. 1756년 식민지 무역에 관한 갈등 때문에 프랑스와 7년 전쟁을 치르게 되는데, 이 전쟁은 유럽, 북아메리카, 인도, 서인도 제도 등 여러 나라와 식민지가 참여한 최초의 세계 규모의 전쟁이었다. 이 전쟁의 결과 체결된 파리 조약(Treaty of Paris, 1763)으로 영국은 북아메리카의 13개 식민지와 인도에서의 독점적 지위를 확보한다. 이후 영국은 제국주의 정책과 식민지 건설에 박차를 가한다.

1765년 영국 의회가 북아메리카 식민지에 대한 인지조례(Stamp Act)[7]

7 식민지 주민에게 영국 군대의 주둔 비용을 분담시키려고 제정한 최초의 과세법. 신문, 카드, 공문서, 각종 법률 문서 등에 부과한 영국전래의 세금을 식민지에도 부과

를 통과시키자 식민지 주민들은 크게 반발했다. 의회가 인지조례를 철회하기는 했으나 사탕조례(Sugar Act, 1764)[8], 차조례(Tea Act, 1773)[9] 등의 과도한 세금에 불만이던 식민지 주민은 영국으로부터의 독립을 주장했다. 1775년 미국독립혁명이 시작되었고 1776년 미국은 독립선언을 했으며 1783년 독립을 인정받게 되면서 영국은 미국 식민지를 잃게 된다. 그러나 영국은 1867년 영국북아메리카조약(British North America Acts)을 제정해 캐나다를 자치령으로 만든다. 또한 1770년 영국의 탐험가인 제임스 쿡(James Cook, 1728~1779)이 오스트레일리아를 발견하면서 오스트레일리아에 식민지를 건설한 영국은 1900년 오스트레일리아, 1907년 뉴질랜드를 자치령으로 만들었다.

영국은 아프리카와 아시아 지역에 대한 식민정책도 계속 진행했다. 영국의 수상 디즈레일리(Benjamin Disraeli, 1804~1881)는 이집트의 재정난을 이용해 1869년 개통한 수에즈 운하(Suez Canal)의 주식을 급히 매입하여 운하 소유권을 장악하여 인도로 가는 통로를 확보했다. 이집트의 아메드 오라비 파샤(Ahmed Orabi Pasha, 1841~1911)[10]가 이에 대항하여 군

한 법이다. 이 법으로 북아메리카 식민지 주민은 술 취급 면허, 법률 면허, 달력 제조 등을 할 때 인지를 사야했다. 신문사와 출판업자조차 자신들의 출판물에 인지를 사서 붙여야 했다. 인지법은 당시 영국에서도 실시하고 있었고 식민지의 세율은 그보다 더 낮았으나, 식민지 의회를 무시한 본국 정부의 강제 과세였기 때문에 거센 반발을 불러일으켰다.

8 미국 식민지의 사탕수입에 과세하기 위하여 제정한 법령. 1733년의 당밀조례(Mollasses Act)를 대신하는 것으로 세액은 절반이었으나 징세가 엄해졌기 때문에 그 때까지 영국에 의한 과세를 무시해 왔던 식민지인에게는 새로운 관세법의 제정으로 받아들여졌다.

9 파산 국면에 빠진 동인도회사(East India Company)에게 식민지의 차 독점 판매권을 주기 위해 제정한 법률. 동인도회사의 차에 특별면세조치를 주어 차를 싸게 판매할 수 있게 하였기 때문에 식민지 상인들이 분노하여 전역에서 반대운동이 일어났다. 그 해 말 보스턴 차 사건(Boston Tea Party)은 식민지와 본국의 관계를 더욱 악화시켜 미국 독립전쟁의 도화선이 되었다.

사를 일으키자 이를 핑계로 출병하여 1882년 이집트를 실질적인 보호국으로 삼았다.

영국은 이집트의 남쪽에 잇닿은 수단(Sudan)과 우간다(Uganda)도 보호령으로 흡수하고 지금의 케냐(Kenya)에 해당하는 지역을 동아프리카(East Africa)로 명명하여 보호령으로 삼았다. 이로써 나일 강(River Nile)이 흐르는 전 지역을 효과적으로 장악하면서 소위 아프리카 종단정책을 착실히 수행하였다. 남부 아프리카 지역에는 일찍부터 네덜란드인들의 후손인 보어인(the Boers)이 자리 잡고 있었는데, 그들이 세운 트란스발 공화국(Transvaal Republic)에서 금이 생산되고 오렌지 자유국(Orange Free State)에서 다이아몬드가 발견되자 이를 욕심낸 영국은 케이프 식민지(The Cape Colony)를 거점으로 침투하여 두 번의 보어전쟁(1899~1920)을 일으켰다. 이 전쟁에서 승리한 영국은 두 나라를 합병하여 남아프리카 연방(The Union of Africa)을 세웠다.

영국은 또한 아시아로 진출할 기회를 노리고 있었는데, 중국 청조(Ching Dynasty) 말의 혼란기는 영국에게 절호의 기회였다. 동인도회사(East India Company)가 중국과 무역을 하면서 거래 결제 수단인 금이 부족한 상황에 직면하자 영국은 이를 타개하기 위해 인도에서 생산된 아편을 중국에 공급한다. 중국이 이에 반발하자 영국은 중국과 전쟁을 일으키는데 이것이 아편전쟁(Opium Wars, 1839~1842)이다. 이 전쟁에서 승리한 영국은 난징조약(Treaty of Nanking, 1842)을 체결하고 홍콩 섬을 할양받았으며 광둥(Guangdong) 이외의 다섯 항구를 개항하도록 강제하는 성과를 얻어냈다. 이후 영국은 제 2차 아편전쟁(1856~1860), 일명 애로 호 전쟁(Arrow War)[11]에서 아일랜드, 프랑스와 함께 청나라를 공격하

10 이집트의 "독립의 아버지"라고 불림.

11 청나라 조정이 1차 아편전쟁의 조약을 개정하는 것에 응하지 않자, 영국은 무력을 사용해서 강행하고자 했다. 마침 1856년 10월 광저우(Guangzhou) 앞 주강(Pearl

여 다시 불평등 조약인 텐진조약(Treaty of Tianjin, 1858)과 베이징 조약(Convention of Peking, 1860)을 체결했다. 이로써 영국은 양쯔강 유역 일대를 세력권에 두고 중국에서의 본격적인 제국주의 식민정책을 시작했다.

영국이 중국에서 세력을 확대하는 방식은, 처음에는 조차지[12]를 획득하여 행정, 경찰, 사법을 관할하고, 이권 활동을 펼치는 방식을 채택하였다. 이후 중국 민중의 많은 저항을 물리치고 프랑스, 러시아, 일본, 독일과 지역을 분할하는 점령 방식을 취하였으며, 홍콩 섬을 100년이란 긴 기간 동안 영국의 세력권에 둘 수 있는 발판을 마련하였다.

(2) 인도의 식민화

영국의 식민을 받기 직전의 인도는 이슬람교를 믿는 무굴제국(Mughal Empire)이 통치하고 있었다. 인도에 대한 유럽인들의 관심은 1498년 바스코 다 가마(Vasco da Gama, c. 1460~1524)의 인도 여행을 기점으로 현실화되었다. 처음에는 포르투갈이 인도와 유럽 사이의 무역을 독점했으

River)에 정박하고 있던 해적선 <애로 호>의 영국 국기가 바다에 버려지는 사건이 발생한다. 당시 영국의 수상 헨리 존 템플(Henry John Temple)은 이 사건이 전쟁을 도발할 충분한 구실이 된다고 여기고, 의회에 군비와 원정군 증강을 위한 경비를 요구했다. 의회에서는 이처럼 사소한 사건으로 전쟁까지 일으키는 것은 부끄러운 일이라며 반대하는 의견이 많았다. 따라서 상원에서는 통과되었으나 하원에서 부결되었다. 이에 템플 수상은 하원을 해산시키고 총선거를 감행해 신임을 물었고 새로 구성된 하원에서 전쟁에 동의하였다. 프랑스도 불법적인 포교활동을 하던 프랑스 선교사를 처형한 사건을 구실로 전쟁을 도발한다.

주강(혹은 주장 강)은 중국 남부의 강으로 양쯔 강(장 강, Yangtze River)과 황하(Huang He, Yellow River)에 이어 중국에서 세 번 째로 긴 강이다. 하류에서 주강 삼각주를 형성하며 홍콩과 마카오 사이를 지나 남중국해로 흘러든다.

12 한 나라가 다른 나라로부터 빌려 통치하는 영토. 영토권은 빌려 준 나라에 속하지만, 통치권은 빌린 나라에 속한다. 19세기 후반에 영국, 미국, 일본 등 8개국이 중국을 침략하는 근거지로 삼았다.

나 17세기에 들어서는 영국, 프랑스, 네덜란드도 뛰어들어 유럽열강의 본격적인 인도침략이 시작되었다.

1600년에 설립된 영국의 동인도회사는 1639년 첸나이(Chennai) 지역을 탐사하여 그 곳을 마드라스(Madras)라고 칭하고 1640년에 세인트 조지(St. George) 요새를 건설했다. 영국은 마드라스에 이어 1661년 봄베이(Bombay, 현재의 뭄바이(Mumbai)), 1690년 캘커타(Calcutta, 현재의 콜카타(Kolkata))를 획득하였다. 그러나 역시 인도 진출을 도모하는 프랑스와 충돌하다가 1757년, 벵골(Bengal)의 플라시전투(Battle of Plassey)에서 로버트 클라이브(Robert Clive, 1725~1774)가 이끄는 영국 동인도회사가 프랑스 동인도회사의 군대를 격파하고 식민지 경쟁에서 영국의 패권을 확립했다. 그 후 7년 전쟁의 결과를 결정한 1763년의 파리 조약에 의해 프랑스 세력을 인도에서 몰아낸 영국은 동인도회사를 매개로 해서 본격적으로 인도를 식민지화하다가, 1803년에는 인도 전역을 차지하였고, 1818년에는 인도를 통치하기 시작했다.

동인도회사를 앞세운 영국의 착취를 견디다 못한 인도인들은 세포이 항쟁(Sepoy Rebellion, 1857)[13]을 일으켰다. 그 원인은 복합적으로 얽혀 있다. 1846년 제임스 달하우지(James Dalhousie, 1812~1860) 인도 지사(Governor-General)는 인도의 모든 지역에 대한 영국의 직접 지배 정책을 공표하면서, 토착제후들의 권리와 영토에 대한 상속권을 박탈하고 영국 정부에 합병시켰다. 1856년에는 왕이 폭정을 한다는 구실로 토후국인 아와드 왕국(Awadh 혹은 Oudh)을 강제 합병하였다. 이에 다른 토후국들도 불안을 느꼈으며, 아와드를 비롯한 북인도 왕국 출신이던 세포이들은 신변에 불안을 느끼게 되었다. 이런 불안이 괴소문[14]으로 인해 증폭되어 세

---

13 혹은 “Indian Rebellion of 1857.” 영국인의 관점에서는 “세포이 반란”(Sepoy Mutiny).

14 세포이는 동인도회사의 인도인 용병을 말한다. 1857년 새 탄약통에 이슬람교도들

포이들이 반란을 일으켰으며, 곧 일반 민중의 호응을 얻어 델리(Delhi), 칸푸르(Kanpur), 럭나우(Lucknow) 등으로 퍼져나갔다. 세포이 항쟁은, 영국의 무자비한 경제적 착취와 과도한 토지세, 인도인의 정서를 무시한 법체계와 행정제도 등으로 인도의 전통적인 촌락공동체가 해체된 상황에서, 동인도회사 직원들의 극심한 부정부패, 가난한 인도인에 대한 불법 구타, 고문, 투옥 등의 문제로 인도인의 불만이 극에 달했기 때문에 터진 것이다.

이 항쟁 이후 영국정부는 고대 인도의 전통과 제도를 존중할 것이며 기독교로의 개종을 강요하지 않겠다고 선언했으며, 인도인의 종교와 권익을 존중하는 유화책을 쓴다. 그리고 억압과 착취의 원인을 동인도회사의 부패 때문인 것으로 규정하면서, 영국정부가 인도를 직접 통치해야 한다는 명목으로 1858년 인도정부법(Government of India Act)을 선포하고, 인도를 영국령 인도제국(British Empire in India, 혹은 British Raj, 1858~1957)으로 공표하며 빅토리아 여왕을 인도의 황제로 즉위시켰다. 국내 내각에는 인도부(India Office)를 개설하였으며 인도의 책임자를 이전의 "지사"(Governor-General)에서 "인도총독"(Viceroy of India)으로 승격시켰다. 영국은 인도를 발판으로 삼아 이후 아프가니스탄(Afghanistan) 왕국과 버마(Burma, 현재의 미얀마)를 인도 제국에 합병한다.

그러나 이런 변화가 있다고 해서 영국의 착취가 멈춘 것은 아니었다. 인도 내부의 분열을 도모하는 더 교묘한 술책을 쓰는 것으로 전환한 것에 불과했다. 1858년 이후 영국은 인도인들의 민족적, 지역적, 계급적, 종교적, 인종적 갈등을 야기하면서 인도인 상호간의 대립과 분열을 조장하는 정책을 구사했다. 이슬람교인의 토지와 재산을 몰수하는 반면, 힌두교인에게는 노골적인 친근감을 보여서 두 종교인들 간의 갈등을 조장했

이 싫어하는 돼지기름과 힌두교도들이 신성시하는 소기름을 발라서 세포이들에게 사용하게 했다는 소문이 퍼지면서 폭동이 발생한다.

다. 1870년 이후에는 상위계층과 중간계층, 이슬람교인과 민족주의 운동가들을 분열시키는 획책을 꾀했다. 인도 지식인층에 대해서는 적대감을 나타내고, 왕족, 제후, 지주계급에 대해서는 친근감을 보여주어 양 계층의 갈등도 조장했다.

영국의 계속된 식민 통치는 인도 민중의 반발과 국민적 저항운동을 불러일으킨다. 1885년 최초의 인도국민회의(Indian National Congress)가 개최되었고 모한다스 카람찬드 간디(Mohandas Karamchand Gandhi, 1869~1948)를 중심으로 반영투쟁이 점점 힘을 얻었다. 1914년 제 1차 세계 대전이 터지자 영국은 인도의 독립을 약속하며 협조를 요구했고, 인도인들은 영국군에 입대해 유럽전선에 파견되어 싸웠다. 그러나 막상 전쟁이 끝나자 영국은 인도를 독립시키겠다던 약속을 지키지 않았다. 1919년 펀잡(Punjab) 지방 암리차르(Amritsar)[15]에서 식민통치에 반대하는 시위가 벌어지자 무력으로 진압하여 일반민중을 학살하는 사건이 벌어졌다. 또 인도 내에 반영활동이 발생할 경우 체포영장의 발부 같은 적법한 절차 없이 곧바로 체포할 수 있다는 롤랫법(Rowlatt Act, 1919)을 제정하여 인도 국민의 저항을 탄압하였다. 이에 간디는 "비폭력 불복종 운동"(non-violent civil disobedience)을 주도하며 반영운동을 전개하면서, 롤랫법 폐지와 완전자치를 요구하였다. 영국은 이에 굴복하여 1922년 롤랫법을 폐지하였다. 1935년에는 인도에 자치권이 주어졌으나 군사권과 외교권은 여전히 인도 총독에게 남아있었기 때문에 인도의 완전독립을 목표로 하는 반영운동은 계속되었다. 제 2차 세계 대전이 터지자 영국은 또다시 독립을 조건으로 인도의 지원을 요구했으나 간디는 이를 거절하였다. 제 2차 세계 대전이 끝나면서 1947년 힌두교도를 중심으로 한 인도 공화국(the Republic of India)이 성립되었고, 이슬람교도는 파키스탄으로 독립

---

15 1604년 시크교 사원인 황금사원(Golden Temple, 혹은 하르만디르 샤히브(Harmandir Sahib))이 들어서면서 시크교의 성지로 여겨진 곳.

했다. 버마도 영국으로부터 독립하면서 영국령 인도 제국은 해체되었다.

인도에 대한 영국의 관심은 영토의 확장이나 통치가 아니라 순전히 상업적인 이익의 획득에 있었다.[16] 산업혁명을 달성한 영국에게 인도는 원자재의 공급지이며 영국제조업자들의 상품의 최고의 소비지로서 재화 축적의 원천이었다. 영국은 최대의 이익을 뽑아내기 위한 최저의 통치라는 목적을 달성하기 위해 이익집단인 동인도회사를 그 선봉에 내세웠던 것이다. 상업적 이익을 구현하는 것이 근본목적인 동인도회사가 인도의 실질적인 통치를 맡으면서 최소한의 도덕성도 결여된 경제적 수탈이 감행되었다. 인도 지사를 지냈던 존 설리반(John Sullivan, 1788~1855)의, "인도에서 영국으로 부가 유출되는 방식은 마치 스펀지로 갠지스 강의 모든 것을 빨아들여 템스 강에 짜 넣는 것과 비슷하다."는 말에서 인도 수탈의 정도를 짐작할 수 있다. 동인도회사의 직원들이 도덕적 의식이 전혀 없이, 아무런 규제도 받지 않고, 오직 개인의 이익을 챙기는 수탈에만 몰두한 것이 바로 영국의 인도 식민이었다. 본격적인 제국주의의 시대가 열리기도 전에 이미 인도는 영국의 원료공급지와 상품시장으로 전락하여 고전적 식민지의 전형을 보여주었다.

인도 지사를 지냈던 로버트 클라이브(Robert Clive, 1725-1774)는 원래의 인도가 그 주인들을 세계에서 가장 부유한 존재로 만들 만큼 무진장한 부를 간직한 나라라는 점을 인정했다. 특히 벵골 지방은 그 지방 사람들 뿐 아니라 전세계 사람들이 사용할 수 있을 만큼 산물이 풍부한 지상의 낙원이라고 감탄했다. 그런 인도가 영국의 식민지가 된 지 얼마 지나지 않아 최빈국으로 전락했다. 영국이 프랑스를 몰아내고 인도를 독점하게 된 플라시 전투(1757) 이후로 인도수탈이 대대적이고 무차별적으로 감행될 수 있었기에 영국에서 산업혁명이 일어날 수 있었다는 주장도 있다.

---

16 조길태, 『인도의 통치정책』. (서울: 민음사, 2004), 참조.

동인도회사가 인도의 지배권을 확립한지 수년 후 벵골의 상황은 더 이상 악화될 수 없는 지점까지 이르렀다. 동인도 회사의 직원들은 자신들의 고용주를 위해서가 아니라 자기 자신을 위해서 무역을 했으며, 원주민을 억압하여 비싸게 팔고 싸게 샀으며, 원주민 종자를 밑에 두어 자신들을 대신해서 원주민들에게 폭력을 휘두르게 했다. 클라이브도 이와 같은 무정부 상태와 혼란, 수뢰, 부패, 금품 강요의 현장은 아직까지 벵골 이외의 어느 곳에서도 보거나 들은 바 없으며, 그토록 부정하고 또 탐욕스러운 방법으로 그토록 많은 재물을 취득한 일은 일찍이 없었다고 실토한 바 있다.

영국의 인도 지배를 긍정적으로 보는 측은 영국이 수억의 인도 국민에게 성공적인 선정을 베풀었고, 자유와 공명정대함을 추구했으며, 영국의 통치는 미개한 인도를 근대화시키는데 일익을 했다고 주장한다. 그러나 그것은 제국주의적인 합리화에 불과하다. 사실 동인도회사의 비인도적이고 탐욕스러운 상업적인 행위는 지상에서 가장 부유한 제국을 빈곤 속으로 몰아넣었을 뿐이다. 영국의 제국주의는 인도의 수탈을 기초로 수립되어 아시아, 아프리카로 뻗어나갔다.

양차 대전을 겪으면서 영국의 식민지 정책은 바뀌지 않을 수 없었다. 제 1차 대전 후 영국은 승전국의 지위를 이용해 식민지를 더욱 확장했다. 독일 제국의 식민지였던 요르단(Jordan)과 잔지바르(Zanzibar)[17]를 자국의 식민지로 편입했으며, 오스만 제국(Ottoman Empire, 현재의 터키)의 지배를 받던 이라크(Iraq)를 식민지로 편입했고, 사우디아라비아(Saudi Arabia)를 오스만 제국에서 분리시켜 보호국으로 삼았다.[18]

그러나 제 2차 세계대전이 끝난 후 판도가 달라졌다. 세계 정치의 상황상 영국은 식민지를 해방시킬 수밖에 없었다. 영국은 1947년 인도의 독립

---

17 동아프리카 앞바다의 섬. 현재는 탄자니아(Tanzania)의 자치령.

18 이후 사우디아라비아는 1927년, 이라크는 1932년에 독립하였다.

을 허용했고, 뒤이어 버마, 스리랑카(Sri Lanka, 과거의 실론(Ceylon)) 또한 독립시켰다. 영국은 군사적으로나 경제적으로 사실상 통제력을 잃은 식민지에서 자진 철수함으로써 이후 식민지 국가들과 어느 정도 우호적인 관계를 유지할 수 있었는데, 이것이 노동당 정부가 이룩한 가장 큰 성과 중 하나라고 볼 수 있다. 1956년 이집트 대통령 나세르가 수에즈 운하를 국유화하자 앤서니 이든(Anthony Eden, 임기 1955~1957)이 이끄는 보수당 정부는 운하의 재점령을 감행하는 제국주의 정책을 시도했다. 그러나 이와 같은 모험은 곧 미국의 반대에 부딪쳤고 영연방에 속한 나라들과 영국 내부에서도 비판의 소리가 높아 결국 후퇴하고 말았다.

1947년 인도, 파키스탄을 비롯한 여러 신생 독립국들은 영연방(Commonwealth of Nations)에 가입하였다. 1950년 영연방 총회에서 "영국 국왕은 영연방의 수장이며 자유로운 결합의 상징"임을 선포하여 사실상 영국 국왕에 대한 충성 서약은 그 효력이 상실되었다. 2012년 현재 총 54개의 독립국가가 영연방의 회원국이다.

6 영국의 종교

1) 기독교의 발생과 발전

서구세계의 사상적 모태는 헬레니즘(Hellenism)과 헤브라이즘(Hebraism)이다. 헬레니즘은 그리스와 로마 신화에서 비롯된 사상으로 르네상스(Renaissance)[1]기에 인문주의(Humanism)로 새로이 꽃피게 된다. 헤브라이즘은 유대인[2]의 종교인 유대교(Judaism)에서 비롯되어 이후 서구세계의 정신적 기초가 되는 정신이다. 기독교(Christianity)는 유대교에서 유래한다.

고대인 중 유대인만이 독특하게 유일신 사상을 가지고 있었다. 유대인들은 그 유일한 절대신이 오직 자신의 민족만을 선택했다고 믿는 배타적 선민사상으로 인해 주변 민족에게서 질시를 받으면서 고난의 역사를 겪었다. 유대인들이 땅을 잃게 된 내력은 『성경』의 「출애굽기」(The Book of Exodus)에 나온다. 원래 가나안(Canaan) 지방에 살던, 아브라함(Abraham)의 손자이며 야곱(Jacob)의 아들인 요셉(Joseph)은 형제들의 박

1 14세기에서 16세기에 유럽에서 일어난 문예부흥운동.

2 유대(Judea) 혹은 유다(Judah)는 전통적으로 가나안 지방의 남단을 부르는 고대의 지명이다. 넓게는 가나안 지방 전체를 가리키기도 하나 대체로 과거 유다 왕국이 존재했던 남부 가나안 지방을 가리킨다. 현재는 이스라엘과 팔레스타인 그리고 요르단의 일부 지방으로 나뉜다.

해를 받다가 이집트로 팔려가며 그곳에서 고위직에 오른다. 가나안에 극심한 가뭄이 들자 요셉의 가족을 비롯한 유대인들은 이집트로 식량을 구하러 갔다가 요셉을 만나 이집트에 정착하게 된다. 세월이 많이 흐르면서 유대인들은 이집트에서 노예와 같은 삶을 살다가 모세(Moses)의 지도로 이집트를 탈출한다. 유대인들은 다시 가나안에 정착하고 다윗 왕(King David, 재위 B.C. 1077~1037)과 그의 아들 솔로몬 왕(King Solomon, 재위 B.C. 1037~998)의 통치 아래 전성기를 누리기도 하지만 로마에 의해 정복되어 다시 식민과 고난의 역사를 겪게 된다.

로마의 압제 하에서 고통을 받던 유대인들은 열심당(the Zealot)처럼 로마제국의 통치에 폭력항쟁으로 맞서면서 유대의 독립을 위한 정치적 활동을 하기도 하고, 이 압제에서 자신들을 구해줄 구세주, 즉 메시아(Messiah)[3]를 열렬히 기다리기도 한다. 메시아가 누구이며 어떤 존재인가에 대한 갈등이 예수[4]를 바라보는 시각을 달라지게 한다. 열심당원과 같은 현실적인 민족주의 정치운동가들에게 메시아는, 로마로부터 유대를 해방시켜 유대독립왕국을 세울 위대한 왕, 즉 모세, 다윗, 솔로몬과 같은 현실적 지도자를 가리키는 말이었다. 처음 보기에 예수는 이런 기준에 걸맞는 카리스마를 갖추고 있었다. 예수는 자신이 수많은 선지자들과 다르다는 차별성을 부각시켰고, 등장하면서부터 대중의 마음을 사로잡는 놀라운 능력과 카리스마를 보여주었다. 그러나 시간이 지나고 예수의 행적

---

3 원래 "기름부은 자"라는 뜻인데, 이에 해당되는 사람은 대제사장, 왕, 예언자 등이었다.

4 "예수"(Jesus)는 히브리어 "여호수아"(Jehoshua) 혹은 "예수아"(Jeshua)를 고대 그리스어 "이에수스"로 옮기고 다시 그것을 라틴어로 옮긴 것이다. "Jehoshua"는 접두어 여(Je, 히브리어로 야훼(Jahveh) 하느님의 의미)와 호세아(Hoshea, 히브리어로 구원의 의미)를 붙인 것이다. 역사적 실존인물로 예수를 지칭할 때는 나사렛의 예수(Jesus of Nazareth)로 부른다. "Christ"는 고대 그리스어인 "크리스토스"("기름을 부은"의 의미)의 라틴어 "크리스투스"(Christus)에서 나온 것이며, 한국어로 "그리스도"(기독)라고 함.

이 구체화될수록, 예수의 관심은 이 땅에 현실적인 정치적 힘을 가진 세속왕국을 세우는 것과 거리가 멀다는 것이 드러난다. 이런 예수의 모습에, 처음부터 예수를 자신들의 권위를 위협하는 존재로 여기던 바리새인(Pharisees)[5]이나 사두개파(Sadducees)[6] 뿐 아니라, 예수를 따르던 지지자들 중에서도 실망하고 분노를 느끼는 사람들이 생긴다. 예수를 적에게 팔아넘긴 유다(Judah)도 바로 그 중의 한 명이다. 그러나 예수는 고대의 영웅시(Heroic Poetry)[7]의 영웅처럼 죽음을 받아들임으로써 오히려 불멸을 성취하게 된 셈이다.

예수가 죽은 후 예수와 그의 가르침을 따르던 유대인들은 예수를 메시아로 공식 인정하고 스스로를 기독교인(Christian)으로 지칭한다. 처음에는 구약에 명시된 유대인들의 행동과 역할, 정화례, 안식일, 할례 등을 지켰으나, 점점 예수의 말씀전례(Liturgy of the Word)와 성찬전례(Liturgy of Eucharist)를 우선적으로 거행하면서 정통 유대교와 달라진다. 가장 큰 차이는 유대교가 예수를 메시아로 인정하지 않는 반면 새로운 기독교는 예수가 메시아라고 인정한다는 점이다.

기독교의 극적인 전환점은 사울(Saul)에서 시작된다. 열성적으로 기독교인들을 박해하던 사울이 어느 날 다마스커스(Damascus)로 가는 길에 성령의 힘으로 개심하고 사도 바울(Paul the Apostle)[8]로 거듭나면서 기독교는 이방인들을 포함하게 된다. 이후 이방계 기독공동체가 점점 더 큰

5 바리사이파, 바리새파 또는 바리새인. 예수가 활동하던 시대에 존재했던 유대교의 경건주의 분파.

6 사두개파 또는 사두가이파는 유대교 제사장을 중심으로 한 지식인 세력.

7 신의 업적, 영웅의 전기를 주제로 하는 고대의 서사시.

8 사울은 개심한 후 바울로 개명한 것으로 알려져 있으나 사실이 아니다. 당시의 유대인들은 대개 히브리 이름과 로마 이름 두 개를 가지고 있었다. 사울도 히브리 이름인 사울과 라틴 이름인 바울을 함께 사용하다가 개심한 후 바울로 주로 불렸다는 것이 정설이다.

세력을 갖게 된다. 로마에 의해 예루살렘이 멸망하면서 유다계 기독공동체는 쇠퇴하는 반면 기독교는 이방인까지 포함하는 종교로 전 세계로 퍼져나가 영향력을 미치게 된다.

유대를 지배하고 있던 로마는 기독교도들의 세력이 점점 커지자 그들이 정치세력으로 부상할까봐 두려워하며 극심한 탄압을 가한다. 그러나 곧 기독교의 비정치성을 간파하고 319년 황제 콘스탄티누스 1세(Emperor Constantine I)는 밀라노 칙령(Edict of Milan)으로 신앙의 자유를 인정하고, 379년 황제 테오도시우드 1세(Emperor Theodosius I)는 기독교를 로마제국의 국교로 선포한다. 5세기에 로마, 알렉산드리아(Alexandria), 안티오키아(Antioch), 콘스탄티노플(Constantinople), 예루살렘(Jerusalem)에 교회가 생기면서 서유럽을 기반으로 한 서방기독교(Western Christianity), 소아시아, 발칸반도, 동유럽, 중동 등지의 동방기독교(Eastern Christianity)로 나누어 발전한다.

5세기 중에 유럽 대륙의 북쪽에서 살던 게르만 민족이 남쪽으로 대이동을 하면서 로마제국이 멸망하게 되자 다시 기독교가 붕괴될 위기에 처한다. 그러나 게르만 민족이 기독교로 개종함으로써 전 유럽이 기독교 문화로 재탄생하게 된다. 이후 기독교는 서구사회를 지탱하는 가장 큰 힘으로 작용한다.

중세는 기독교가 막강한 힘으로 사람들의 삶을 지배하던 시대이며 기독교의 전성시대라고 할 수도 있지만, 동시에 교황의 교권과 왕의 왕권이 서로 갈등하며 투쟁하던 시기이기도 했다. 중세전기(750~1054)에는 기독교가 확장되고 교황령(Papal States)[9]이 탄생하기는 했으나, 강력한 신성

9 교황령은 교황의 세속적인 지배권을 인정받은 영토이다. 교황령은 754년 프랑크족(the Franks)의 왕인 피핀(Pepin the Short, 재위 752~768)의 기증(Donation of Pepin) 때부터 이탈리아 반도 내의 주요 도시국가 중 하나였으나, 1870년 이탈리아 왕국이 통일되면서 사실상 소멸되었다. 1929년 라테란 조약(Lateran Treaty)에 따라 로마 시 안에 바티칸 시국(State of the Vatican City)을 건국함으로써 교황좌(Holy See)가 회

로마제국(Holy Roman Empire)[10]의 황제가 교회의 내정에 간섭하는 등 여전히 교권이 왕권의 아래에 위치해 있었다. 이 무렵 성상파괴(Iconoclasm) 논쟁[11]으로 동방교회와 서방교회가 신학적으로 충돌하면서 1054년 동서교회의 분열(East-West Schism)이 일어나 로마가톨릭교회(Roman Catholic Church)와 동방정교회(Eastern Orthodox Church)로 분리되었다.

중세후기(1054~1300)는 교권이 왕권을 누르게 된 시기이다. 교황 그레고리오 7세(Pope Gregory VII)의 교회쇄신 노력으로 교회가 세속권에서 벗어나 자주권을 회복했으며 이슬람교에 대한 십자군 운동이 벌어진다. 교황의 권력이 막강해지고 로마가톨릭교가 사람들의 생활을 주도하게 되면서 교회의 안팎에서는 권력 투쟁과 각종 부패가 뒤따랐다. 교회의 개혁에 대한 논의는 종교개혁(Protestant Reformation, 1500~1650)의 열풍으로 유럽전역을 강타한다. 그 계기가 된 것은 독일의 수사신부이며 성서학 교수이던 마틴 루터(Martin Luther, 1485~1546)의 종교개혁 선언이다. 루터는 1517년 10월 31일 "대사"(Indulgence)[12] 남용을 비판하는 신

복되었다.

10 962년~1806년까지 이어진 중부유럽 나라들의 정치 연방체로 고대 로마제국의 계승자임을 스스로 자처하여 붙인 이름이다.

11 730년 시리아 출신인 동로마 제국(Eastern Roman 혹은 Byzantine Empire, 306~1453)의 황제 레오 3세(Emperor Leo III)는 『구약성경』(*The Old Testament*)의 모세의 십계명에 열거되어 있는 "우상을 섬기지 말라"는 말을 근거로 성상의 숭배를 금하는 칙령을 발표했다. 이 칙령은 소아시아지역과 그 외 지역의 일부 성직자와 지식인들의 지지를 받았으나, 고대 그리스 문화의 전통이 남아 있는 수도 콘스탄티노폴리스(Constantinople)와 유럽 지역의 국민들의 반발을 일으켰다. 동로마 제국의 간섭에서 벗어나고자 했던 교황청에게는 이 성상파괴논쟁이 따로 교회를 구성할 적절한 명분을 제공하였다. 이를 계기로 성화상을 인정하는 로마가톨릭교회와 성화상을 금지하는 동방 정교회로 분리되었다. 그때까지는 세계 공의회를 통해 기독교의 기초가 되는 교리와 전례를 공통적으로 제정하고 실행하던 하나의 교회(One, Holy, Catholic Church)였다. 성상파괴자는 "iconoclast", 우상숭배자는 "iconolater"이다.

12 가톨릭교에서 고백성사(the Sacrament of Confession 혹은 the Sacrament of

학명제인 “95 명제”(Ninety-Five Theses)를 작성하여 종교개혁의 신호탄을 쏘아 올린다. 루터는 인간의 구원은 고해성사, 종교계율 엄수, 자선사업, 선행 등으로 얻어지는 것이 아니라, 오직 그리스도에 대한 믿음으로만 이루어진다고 주장했고, 구원의 조건은 성서, 은총, 믿음으로 성립된다고 주장했다. 개혁을 부르짖던 루터는 파문을 당하자 기존의 로마가톨릭교를 개혁하여 신교도(Protest+ant)의 이론적 근거를 확립한다. 교회의 쇄신을 외면할 수 없었던 로마가톨릭교 역시 트리엔트 공의회(Council of Trent, 1545~1563)를 개최하여 신학과 교리를 재정리하여 교회의 혁신을 시도하면서, 새롭고 보편적인 교회로 거듭나려고 노력했다. 신교는 개인이 성경을 자유롭게 해석할 수 있는 자유를 인정하므로 그 결과 성경의 해석에 대한 차이로 여러 종파로 나누어졌다. 대표적인 종파로는 장로교(Presbyterian), 감리교(Methodist), 침례교(Baptist) 등이 있다.

2) 영국의 종교개혁

기독교가 잉글랜드에 처음 소개된 것은 로마의 2번째 침공 때였다. 그 후 595년 교황 그레고리 1세(Pope Gregory I)가 파견한 성 아우구스티누스(St. Augustine)가 켄트의 왕 에델버트(Aethelbert of Kent)를 개종시키면서 잉글랜드는 본격적인 기독교 국가가 되었고 유럽의 다른 나라와 마

Penance and Reconciliation)는 죄에 대한 참회, 신부에게 고백, 죄를 보상할 실천적인 행위인 보속으로 구성된다. 이 보속을 교회에서 면제해주는 것이 대사(Indulgence)이다. 초기 교회가 박해를 받던 시절에 제대로 실천행위를 할 시간이 없는 경우가 많았기 때문에 대사제도가 생기게 되었다. 그런데 중세에 이 대사제도가 남용되면서 일부 성직자는 면죄부 증서를 팔아서 돈을 벌기도 했으므로 비판과 개혁의 소리가 높았다. 1506년 교회는 성 베드로 성전(St. Peter's Basilica)의 개축 비용을 충당하기 위해 신자들에게 재정지원을 요청했고 그 대가로 교황이 전대사(Plenary Indulgence)를 반포하면서 더욱 비판의 대상이 되었다.

찬가지로 기독교가 사람들의 삶의 근간이자 중심도덕이 되었다.

기독교의 성장과 더불어 교황의 권위가 점점 강해지고 각국의 내정에 관여하게 되면서 교권과 왕권의 투쟁이 치열하게 벌어졌다. 잉글랜드에서는 헨리 2세 시절에 왕권과 교권의 투쟁이 있었다. 헨리 2세는 자신의 권력을 강화하기 위해 심복인 토마스 베케트를 캔터베리의 대주교로 보냈는데, 이 야심만만한 인물은 주교로 가자마자 교황과 하느님의 말씀에만 복종하겠다고 선언한다. 이를 불만스럽게 여긴 왕의 암시에 따라 자객들이 그를 성당 안에서 암살하지만 신앙심을 더 중시하던 잉글랜드인들은 베케트를 순교자로 생각했으며 이후 캔터베리는 많은 사람들이 순례를 가는 성지가 되었다. 왕권의 강화를 꾀하던 헨리 2세의 시도는 베케트의 순교로 인해 실패하고 만 것이다.

유럽에서 본격적인 종교개혁과 종교전쟁이 일어나던 15세기 말에 잉글랜드는 교황과 결속을 유지한 상태였다. 그것은 당시의 왕 헨리 8세의 개인적인 성향과도 관계있다. 진지하고 종교적인 성향이 강한 헨리 8세는 당시 독일에서 일어난 종교개혁에 부정적이었다. 그는 종교개혁에 반대하는 논문을 발표하여 교황 레오 10세(Pope Leo X)에게서 "신앙의 수호자"(the Defender of Faith)라는 칭호를 받았다. 헨리 8세는 강력한 왕권을 확립하기 위해 적자인 아들을 바라고 있었기에 임신한 앤 볼린과의 합법적인 결혼이 필요했으므로 교황에게 캐서린 왕비와 이혼을 청구한다. 당시의 교황 클레멘스 7세(Pope Clement VII)는 귀족이나 왕족의 결혼 해소권에 대해서는 상당히 너그러운 편이었다. 그러나 그는 스페인 황제 카를 5세(Karl V)의 고모인 캐서린[13]의 이혼을 허락하여 가톨릭교의 강력한 지지자인 스페인의 감정을 거스르는 일을 하려고 하지 않았다. 헨리 8세가 앤이 아이를 낳기 전인 1533년 1월에 비밀결혼을 하자 가톨릭교회

13 캐서린은 딸 메리를 카를 황제와 결혼시킬 계획을 하고 있었으므로 더욱 이혼에 동의할 수 없었다.

는 헨리를 파문한다. 헨리는 1534년 자신이 "영국교회의 최고수장"(The Supreme Head of the English Church)이라는 "수장령"(Act of Supremacy)을 발표하며 종교개혁을 이룩한다. 토마스 모어(Thomas More) 대법관은 수장령에 끝까지 반대하다가 처형당한다. 그러나 잉글랜드 국민은 토마스 베케트와 교회를 지지했던 헨리 2세 때와는 달리 교황이 아닌 자국의 왕을 지지하며 헨리 8세의 종교개혁은 성공적으로 자리 잡게 된다.

헨리 8세의 뒤를 이은 에드워드 6세[14]와 메리 2세 때 잉글랜드의 종교적 상황은 다소 어지러웠다. 에드워드는 헨리 8세의 종교개혁을 계속 진행했으나 얼마 후 사망하자[15] 그 뒤를 이은 메리 여왕[16]이 다시 가톨릭교를 영국의 국교로 부활시킨다. 메리는 라틴어로 미사를 올리게 했으며 아내가 있는 신부들을 교회에서 쫓아내었다.[17] 문제는 이미 몰수된 수도원의 자산을 다시 복구해서 가톨릭 수도원에 되돌려 줄 수가 없었다는 점이다. 경제력을 갖지 못한 가톨릭교회의 힘은 약할 수밖에 없었다. 메리는 "피의 메리"라고 불릴 정도로 가혹한 탄압정책을 폈지만 5년이라는 짧은 재위기간으로 인해 그녀의 가톨릭부활정책은 성공하지 못했다.

메리 여왕의 뒤를 이은 엘리자베스 1세는 1559년 다시 수장령(Act of

---

14 앤 불린은 엘리자베스를 낳은 후 간통죄로 몰려 왕비의 자리에서 쫓겨나 처형된다. 그 후 왕비가 된 제인 시모어(Jane Seymore)의 아들이 에드워드 6세이다. 제인 시모어가 산욕열로 사망하자 왕은 독일과의 친선을 위해 클레브의 앤(Anne of Cleves)과 결혼했다가 곧 이혼하고 그 시녀이던 캐서린 하워드(Catherine Howard)와 결혼하지만 그녀가 다른 남자와 외도를 벌이자 참형시킨다. 이후 캐서린 파(Catherine Parr)와 결혼한다.

15 에드워드가 죽자 노섬벌랜드 공작(John Dudley, Duke of Northumberland)이 자신의 며느리이자 헨리 7세의 증손녀인 레이디 제인 그레이(Lady Jane Grey)를 왕으로 세웠지만 캐서린의 딸 메리의 군대에 의해 쫓겨난다.

16 메리는 38세의 나이에 당시 27세인 펠리페 왕자(Prince Felipe(Philip), 스페인의 카를 5세의 아들이며 나중에 펠리페 2세로 즉위)와 반대를 물리치고 결혼했지만 후사를 낳지 못했고 5년간의 짧은 재위 기간 후에 병으로 죽었다.

17 가톨릭의 신부는 독신이어야 하지만 영국국교회에서는 신부는 결혼을 할 수 있다.

Supremacy)을 반포하였으며, "최고 수장"(Supreme Head)을 "최고 통치자"(Supreme Governor)라는 칭호로 바꾸었고, 통일령(Act of Uniformity, 1559)으로 공동기도서(Book of Common Prayer)를 재강조하여 성공회를 영국국교로 확립시켰다.

그러나 잉글랜드는 이후 약 100여 년 간 종교적 갈등으로 인해 많은 혼란을 겪었다. 잉글랜드 왕실과 정부는 성공회를 영국의 국교로 삼았지만, 전통적으로 로마가톨릭교도가 다수 공존했고, 도시 자영농이나 중상인을 중심으로 신교도가 확산되면서, 세 종파가 반목하며 갈등했기 때문이다. 잉글랜드 정부는 이런 갈등을 억누르고 정치적 안정을 꾀하는 과정에서 비국교도(Nonconformist)의 권리를 제한하는 억압 정책을 계속했다. 그 대표적인 것이 심사율(Test Act, 1673)[18]이다. 심사율은 잉글랜드에서 비국교도가 공직을 가질 수 없도록 규정한 법률이다. 1661년의 지방자치단체법으로 이미 지방의 공직에서 제외되었던 비국교도는 이 법으로 다시 중앙관직에서 배제되었다. 따라서 중앙과 지방을 통틀어 공직의 국교도 지배가 확립되었다. 비국교도들은 행정직이나 공직을 가질 수 없었고 심지어 대학도 갈 수 없을 정도로 공적인 삶에서 제외되었으므로 무역과 상업 쪽으로 관심을 돌렸다. 그 결과 비국교도들은 상업의 발달과[19] 산업혁명에서 선구적인 역할을 하는 성과를 이루었다.

19세기에 들어서 자유주의 풍조가 높아지면서 종교적 박해에 대한 비판이 커지자 심사율은 1828년에 폐지되었다. 1829년에는 가톨릭교도 해방령(Catholic Emancipation Act, 1829)[20]으로 가톨릭교도에 대한 여러 불

---

18 이 법으로 가톨릭교도가 국회의원이나 공무원이 되는 자격을 박탈하였고, 여러 부속법으로 의사나 법률가가 되는 일, 토지를 구입하는 일, 장기간의 차지계약을 맺는 일도 금지하였다.

19 케드베리초컬릿(Cadbury's)을 비롯한 많은 영국의 초컬릿 회사를 비국교도들이 시작했으며 시리얼로 유명한 퀘이커(Quaker) 브랜드도 퀘이커 교도들의 사업체이다.

20 가톨릭교도에 대한 여러 가지 권리상, 자격상의 제한적 규정을 철폐한 법령. 이

평등한 조약이 폐지되었다. 가톨릭교도를 비롯한 비국교도도 정부요직과 하원의원(Member of Parliament, MP)이 될 수 있는 권리를 얻게 된다.

비국교도 중에서도 가톨릭교도들이 더 심한 박해를 받았다. 미사도 비밀리에 올리다가 나중에는 종소리를 한 번만 울리면서 조심스럽게 드릴 수 있었고, 1924년에야 원하는 만큼 교회의 종소리를 울릴 수 있었다. 가톨릭에 대한 적대적인 감정은 20세기에도 남아 있다. 1914년 영국정부가 400년 간의 단절 후에 가톨릭교의 본산인 바티칸(Vatican)의 교황청(Holy See)과 외교관계를 다시 맺게 되었을 때 영국 외무부는 메모를 발표했다. 영국 대표단이 "교황에 대해 사리에 맞지 않을 정도의 경외감을 가져서는 안 된다"(should not be filled with unreasoning awe of the Pope)는 것이었다. 오늘날도 가톨릭 사제는 의회에 출석하지 못하며 군주가 가톨릭이어서는 안 된다는 법도 여전히 존재한다.

18세기까지 영국 사회의 불안요인이던 성공회, 가톨릭교, 신교 간의 갈등과 불화가 점차 해소되어 갈 무렵 19세기에 이르러 다시 한 번 종교적 갈등이 일어난다. 과학의 발전으로 인해 기독교적인 세계관이 흔들리게 된 것이다. 1859년 찰스 다윈(Charles Darwin)이 발표한 생물학 논문인 『종의 기원』(*On the Origin of Species*)은, 인간은 하느님의 은총을 받는 절대적인 존재가 아니라 우연한 진화의 산물이라는 논리를 제기해 기독교적 세계관을 송두리째 흔들어 놓았다. 인간의 우주적 위치에 대한 회의는 신의 존재에 대한 회의로 연결되기 때문이다. 이런 혼란기에 대응하는 방식은 여러 가지였다. 아예 기독교의 하느님을 거부하고 무신론(Atheism)으로 빠지는 경우가 많았다. 한편 기독교를 대신할 다른 종교를 찾는 경향도 두드러졌다. 토마스 칼라일(Thomas Carlyle, 1795~1881)은 『의상철학』(*Sartor Resartus,* 1833~4)에서 기독교는 낡은 옷이므로 새로운 옷으로 갈

해방령으로 가톨릭교도는 국회의원의 피선거권을 획득하였고, 공직에도 취임할 수 있게 되었다. 기타의 제한도 1926년까지 점차 해제되었다.

아입어야 한다는 주장을 하면서 기독교의 예수를 대신할 초인의 존재를 추구했다. 또 한 경향은 뉴먼 추기경(Cardinal Newman)을 비롯한 국교회 성직자들의 반응이다. 이들은 새로운 성경읽기와 철저한 교리연구를 통해서 초기 기독교의 정신을 되살리는 과정에서 로마가톨릭교가 정통기독교라고 확신하게 된다. 당시 수많은 국교회 신부들이 가톨릭으로 개종하는데 이것을 옥스퍼드 운동(Oxford Movement)이라고 한다.

20세기 초에 이르러, "신은 죽었다"고 공개적으로 선포한 니체를 비롯하여, 인간의 현존을 무엇보다 우선시 하는 실존주의(Existentialism) 철학의 영향으로 기독교의 힘은 좀더 약해진 면도 있지만, 기독교 사상은 여전히 서구사회와 서구문화의 중심축이 되고 있다.

3) 교회의 조직과 구조

영국에서는 존경과 경외심을 대체로 침묵과 고요함으로 표현하므로 보통 영국교회의 예배는 매우 조용하다. 그래서 해외에서 교회의 예배에 참석해본 영국인들은 회중이 너무 활발하고 시끄러워서 깜짝 놀란다. 반면 외국인들은 영국의 전통적인 예배분위기가 다소 억압적이고 배타적이라고 생각할 수 있다.

영국의 국정교회[21]인 성공회는 로마로부터의 독립, 성직자의 결혼 허가, 고백의 불강제 등의 점에서는 신교적인 요소를 가지고 있지만, 성찬식의 중시, 관구제도, 성직자의 직계제 등 많은 점에서 가톨릭교와 공통점을 가지고 있다. 오늘날의 성공회는 세계의 모든 그리스도 교도의 통

21 이는 잉글랜드에 한한 것이고 스코틀랜드의 국정교회(the Church of Scotland)는 성공회가 아닌 장로교이다. 또 웨일스와 북아일랜드에는 국정교회 제도가 없다. 웨일즈에서는 성공회가 인기가 없어 1914년에 공식적으로 철수했고 비국교도(Nonconformist)가 주류를 이루고 있다.

일을 과제로 삼아 국내 여러 종파와의 협력을 꾀한다. 먼저 로마교회와의 접근을 시도하여 그 첫걸음으로 1967년 3월 캔터베리 대주교가 로마 교황을 방문하였다.

성공회의 조직은 대체로 가톨릭교의 교회 조직과 비슷하다. 가장 높은 사람이 대주교(archbishop)로 지역(province)을 관장한다.[22] 성공회에는 2명의 대주교가 있는데 캔터베리 대주교와 요크 대주교이다. 성공회의 수장인 캔터베리 대주교의 공식관사는 런던에 있는 램버스 궁(Lambeth Palace)이다. 캔터베리 대주교의 권한은 명목적인 것이며, 가톨릭교회처럼 중앙집권제를 활성화하지는 못했다.

성공회의 대표주교 26명이 상원에 의석을 가지고 있으므로 정치와 종교의 합체 형식은 여전히 유지되지만 교회의 운영은 주교와 성직자 회의에 일임되어 있다. 교회관계의 법안제출권도 신도대표를 포함한 교회회의가 가지고 있다.

성공회는 중상주의 시대의 무역회사의 활동, 식민지에서의 포교활동, 광범위한 선교사 활동 등으로 구 대영제국을 포함한 전세계에 보급되었다. 전세계의 성공회를 성공회공동체(Anglican Communion 혹은 Episcopal Church)라고 한다. 매 10년마다 세계 각국의 성공회 주교들이 런던에 모여 램버스 회의(Lambeth Conference)를 열며 이때 캔터베리 대주교가 의장을 맡는다.

1992년 11월 11일 당시 캔터베리 대주교인 조지 케리(George Carey)는 중대결정을 발표했다. 성공회 총회(the General Synod of the Anglican Church)에서 정족수인 3분의 2에서 2표를 더 얻어서 여성 사제의 임명

22 가톨릭교의 가장 높은 위치는 대주교직(archbishopric)이며 웨스트민스터 대성당(Westminster Cathedral)이 주교좌성당이다. 이곳과 성공회의 성당인 Westminster Abbey를 혼동하지 말아야 한다. 웨스트민스터 대성당의 대주교가 영국의 유일한 추기경(Cardinal)이다. 그 다음의 구역이 주교관구(diocese)로 주교(bishop)가 주재한다.

을 허용하기로 한 것이다. 18개월 후에 최초의 여성사제들이 임명되었다. 1990년대 말부터 텔레비전에 방영된 코미디물 <디블리의 신부>(*The Vicar of Dibley*)는 옥스포드셔 마을에 새로 부임한 여성 성직자의 삶을 다룬 시의적절한 작품으로 인기를 끌었다.

7 영국의 정치와 경제

1) 행정부

영국은 입헌군주제(The Constitutional Monarchy)를 채택하고 있으며 현재 엘리자베스 2세가 국가원수(Head of State)이다. 의회를 통과한 모든 법안은 법률로 제정되기 전에 군주의 승인을 받아야 한다. 국왕이 법안을 거부할 수도 있지만 18세기 초부터 거부권을 행사한 국왕은 없었다. 국왕은 의회의 소집과 해산, 수상 및 각료의 임명, 법률의 재가와 공포, 선전과 강화, 작위 및 영전의 수여 등의 권한을 가지고 있지만 실제로는 내각의 조언대로 행해지는 명목상의 권한에 불과하다. 의회가 새로 구성될 때 행해지는 국왕의 연설은 수상이 작성한 원고를 낭독하는 것이므로 사실상 수상의 시정방침 연설이다.

1년에 2번, 여왕 탄생일과 1월 1일에 서훈자 명단(Honours List)이 발표된다. 수상자들은 버킹엄 궁(Buckingham Palace)에서 여왕이 수여하는, 가터 훈작사(KG, Knight of the Order of the Garter), 바스 훈작사(KCB, Knight Commander of the Order of the Bath), 혹은 대영제국 훈작사(MBE, Member of the British Empire) 등의 작위를 받는다. 현재는 수상이 이 명단을 정한다.

실질적으로 나라를 다스리는 사람들은 수상(Prime Minister)을 수반으로 하는 내각의 각료들이다. 수상은 하원에서 가장 많은 의석을 차지한 정당의 당수가 맡으며 국왕이 형식적으로 임명한다. 수상은 국왕에게서 행정부의 구성을 위임받아 각 부서의 책임자인 각료를 선출한다. 수상은 총 100여 명의 각료(minister)를 선출하고 이 가운데 상위급 각료 20여 명으로 내각(Cabinet Ministers)을 구성한다. 사실 18세기에 내각(cabinet)은 중요한 장관들과 공무원들의 비공식적인 (informal) 모임으로 시작되었으므로 어떤 공식적인 지위(status)도 없었다. 정부를 운영하는 것은 공식적으로는 추밀원(Privy Council)[1]이었으며 이들이 국왕에게 바로 보고를 하는 체제였다. 그러나 현재는 추밀원은 단순히 의례적인 조직이며 내각이 행정부의 전권을 가지고 있다.

내각의 각 부서의 장은 장관(Secretary of State)이다. 외국과의 관계를 주선하는 부서인 외무연방부(The Foreign and Commonwealth Office)의 장관은 외무부 장관(Foreign Secretary), 국내의 공중의 안전을 책임지는 내무부(Home Office)[2]의 장관은 내무부 장관(Home Secretary), 재무부(Treasury)의 재무부장관(Chancellor of the Exchequer), 국방부 장관(Minister of Defence) 등 여러 장관이 있다. 특별장관직인 스코틀랜드 국무장관(the Secretary of State for Scotland)은 스코틀랜드의 교육과 지방정부의 중요업무를 맡고 있다. 세금을 받는 정부조직은 내국세청(the Inland Revenue)이다. 고용인들의 소득세는 급료(paycheque)에서 미리 공제(deduct)되는데 이 체제를 "PAYE"(pay as you earn)라고 한다. 물건을 살 때의 가격에 보태지는 세금은 "부가가치세"(VAT, value added tax)이다.

수상의 공식관저인 다우닝가 10번지(No. 10 Downing Street)는 아주 유명한 주소이다. 이 주소는 수상이 특별한 거물이 아니라는 전통적인 허구

1 내각에 속한 사람들을 포함해 100 명 이상의 사람이 모인 집단이었다. 현재의 추밀원의 구성원은 모든 현직 장관과 중요한 과거장관을 다 포함한다.

2 interior, exterior라는 용어를 쓰지 않는다.

적 발상을 시사한다. 수상의 관저는 특별한 이름도 없고, 밖에서 보면 전혀 특별해 보이지 않는 보통 집이며, 심지어 단독주택(detached house)도 아니지만, 안에 들어가면 겉보기보다는 훨씬 크다. 내각의 각료들이 여기서 일한다. 수상은 꼭대기 층에서 거주하는데 그것을, "일자리에서 먹고 잔다"(live above the shop)고 표현한다. 정부의 대부분의 부서는 트라팔가 광장에서 의회까지 이어져 있는 화이트홀(Whitehall) 거리에 몰려있다. 그래서 화이트홀은 행정부를 상징한다. "고위관계자의 의견에 따르면"을 "according to the opinion in Whitehall"이라고 표현한다.

공직(Civil Service)에 대한 영국인의 태도는 대체로 이중적이다. 영국인들은 재능 있는 아마추어(the talented amateur)를 숭배하는 경향이 있다. 19세기 중반에 근대적인 공직 구조가 만들어졌을 때 아마추어적인 자세야 말로 중요하게 언급된 원칙이었다. 당대 역사가 맥컬리 경(Lord Thomas Macauley, 1800~1859)의 말은 그런 의견을 대표적으로 보여준다.

We believe that men who have been engaged, up to twenty-one or twenty-two, in studies which have no immediate connection with the business of any profession, and of which the effect is merely to open, to invigorate, and to enrich the mind, will generally be found in the business of every profession superior to men who have, at eighteen or nineteen, devoted themselves to the special studies of their calling.

즉 전문가(specialist)가 되는 것보다 비전문가가 되는 것이 더 나으며, 철저한 지식을 가지는 것보다는 좋은 머리를 가지는 것이 더 좋다는 것이 영국인의 기본적인 생각이다. 그 후 개혁이 이루어지면서 전문지식을 강조하게 되었지만, 행정이 응용과학(applied science)이라기보다는 예술이라는 기본 개념은 여전히 남아 있다.

영국정부는 비밀주의를 선호한다. 1992년 영국의 비밀정보국인 엠아이식스(MI6)의 존재가 정부에 의해 공식적으로 밝혀졌다. 그 소식이 놀라운 사건이 된 것은, 그 단체가 존재한다는 사실 때문이 아니었다. 그런 조직이 있으며 그 이름이 엠아이식스라는 것은 누구나 알고 있던 사실이었다. 놀라운 것은 그 조직의 존재를 정부가 공식적으로 인정했다는 사실이었다. 사실 영국 정부는 모두가 알고 있는 활동조차도 공식화하는 것을 꺼리는 경향이 있다. 영국정부가 공공비밀유지법(Official Secrets Act)을 어긴 혐의로 기소를 하는 경우는 허다하다. 2007년 한 정부 관료와 정치 연구가는 미국대통령이 영국 수상과 만난 자리에서 했던 말을 언론에 전했다고해서 기소된 웃지 못 할 일도 있었다.

현대의 영국사에서 1950년대의 영국은 "순진한 황금기"(a golden age of innocence)로 명명된다. 순진하다는 것은 어떤 점에서는 무지한(ignorant) 것과 일맥상통한다. 1950년대의 영국국민은 영국정부가 하는 일에 대해 무지한 상태였다. 나중에 밝혀진 바로는 1950년대의 영국정부는 군사실험에서 사람들을 실험재료(guinea pigs)로 사용하기도 했다. 1952년의 린마우스(Lynmouth) 마을에서는 큰 홍수 때문에 주민들이 큰 피해를 입었는데 사실 그것은 날씨에 영향을 주는 정부의 실험으로 인한 것이었음도 뒤늦게 밝혀졌다.

영국의 지방정부를 살펴보면, 잉글랜드 지역은 9개의 지역(Region)으로 나뉘며, 각 지역은 다시 주(County)로 나누어진다. 스코틀랜드에는 32개 주(Council area)가 있으며, 웨일즈에는 22개 단일 자치주(Unitary authority)가 있고, 북아일랜드에는 26개 구(District)가 있다.

카운티(county)는 잉글랜드와 웨일즈에서 가장 오래된 행정구역이다. 많은 카운티는 이름에 셔(-shire)을 붙이는 것이 보통이다. 햄프셔(Hampshire), 레스터셔(Leicestershire) 등은 원래 카운티의 이름이었다. 교구(parish)는 원래 지방 교회를 중심으로 형성된 마을을 가리키는 명칭이었는데 19세기에 이르러 지방행정단위로 쓰이게 되었다. 오늘날 교구는 잉글랜드에서 가장 작은 지방행정 단위이다. 이 명칭은 잉글랜드의 국교회를 운영할 때 여전히 사용되고 있다. 버로우(Borough)는 상업과 산업이 발달하면서 점점 더 커져서 카운티의 통제를 벗어나 자치력을 가지게 된 도시를 의미한다.

2) 의회

영국의 헌법은 문서의 형식을 갖추어 기록된 성문법(Statutory law)이 아니라, 법규범의 형식이 제정되지 않은 관습법[3]이나 판례법으로 구성된 불문법(Oral law)이다. 기록된 영국 헌법의 일부는 의회를 통과한 법안, 왕권을 제한하고 국민의 권리를 보장한 1215년의 대헌장, 17세기의 권리청원과 권리장전 등 역사상 중요한 문서에서 인용한 것이다. 예를 들면, 1688년의 명예혁명 때 국왕, 귀족, 서민의 3자가 나라의 질서를 구성하는 것으로 규정했는데 그것이 영국의 중요헌법 중 하나이다.

법률을 제정하는 기관은 의회(Parliament)이다. 영국 의회는 "의회의 어머니"라고 불릴 정도로 세계의 많은 입법기관이 영국 의회의 특성을 모방했다. 의회는 귀족원인 상원(the House of Lords)과 서민원인 하원(the House of Commons)의 두 원(chamber)으로 구성된다. 상원은 명예직이며 사실상의 권한은 하원에 있다. 국왕은 하원의 제1당의 당수를 수상으로 지명하는 것이 관례이다.

처음에 의회는 군주가 나라를 통치하기 위한 방법으로 구성되었다. 상원(Lords)은 교회(the Church)와 귀족(Aristocracy)을 대표했고, 하원(the Commons)은 부유한 토지 소유주들이 자신의 도시나 마을의 이익을 추구하기 위한 조직으로 이용했다. 상원의원은 국민이 뽑는 선출직이 아

3 관습법은 국민의 관습, 신앙, 고대 왕실의 관행에 기반을 둔 법령과 판결로 이루어졌다.

니라 임명직이다. 약 1,170명에 달하는 상원의원은 26명의 국교회 주교(Anglican bishops)와 950명의 세습귀족(hereditary peers), 11명의 판사(judges), 185명의 일대귀족(life peers)으로 구성되며, 이들 중 250여 명만 활발히 활동한다. 하원의원(MP, Member of Parliament)과 달리 상원의원은 봉급을 받지 않는다. 상원은 하원과 협상을 하지만 하원이 통과시킨 법안을 거부할 수 없다.

원래 모든 상원의원(Lords)은 세습귀족(aristocrat)이었다. 그러나 1958년에 제정된 법으로 서훈제도(honours system)를 통해 일대귀족 작위를 수여하는 것이 가능해지면서 이들 일대귀족도 상원에 출석하게 되었다. 그러나 일대귀족의 자식은 작위를 계승받지 못하므로 상원에서 제외된다. 20세기 후반에 일대귀족 제도는 늙은 정치인들이 자신의 견해를 밝힐 수 있는 적절한 제도로 여겨져서 전직 수상들과 전직 장관 등의 정치가들이 일대귀족의 작위를 수락했다. 당으로서도 공적이 있는 정치가들에게 적절한 보상을 하면서 하원에서 이들의 영향력을 제거하는 한 방식으로 유용했다. 이 일은 "뒷방으로 쫓겨나는 것"(being kicked upstairs)이라고 표현되었다.

귀족 외에 상원에 들어오는 다른 일원은 성직자들이다. 국교회에는 26명의 고위 주교가 있다. 전통적으로 캔터베리 대주교와 요크 대주교는 은퇴할 때 일대귀족의 작위를 수여받는다. 또한 2009년까지는 법조상원의원(Law Lords)이 있었다. 이들은 시골에서 최종 항소법원(final court of appeal)의 역할을 했다. 지금은 이 역할을 대법원(Supreme Court)이 담당한다.

상원의 힘은 원래 제한적이었으나 한 사건으로 인해 더욱 그 입지가 좁아지게 되었다. 1910년 자유당 (Liberal Party) 정부의 재무장관(Chancellor of the Exchequer)인 데이비드 로이드 조지(David Llyoyd George, 임기 1916~1922)는 상속세율과 소득세율의 인상, 가치가 증가된 토지의 불로소득에 대한 과세를 예산안에 포함시켰는데 상원이 이 법안을 거부했다. 상원의 거부는 하원이 재정문제를 통제하는 오랜 전통에 반하는 것이었다. 정부는 왕에게 총선거를 요구했고 총선에서 이긴 자유당 내각은 거부된 세금법안과 상원의 권한을 제안하는 법안을 다시 하원에서 통과시켰다. 상원이 다시 이 두 법안을 거부하자 내각은 또 다시 총선거를 실시했고 다시 정권을 잡았다. 이 갈등과 위기의 순간에 자유당 내각과 왕은, 만일 상원이 같은 법안을 다시 거부한다면 그 법안에 찬성할 자유당 출신의 귀족 수백 명을 새로 지명하여 자유당이 상원에서 다수가 되게 할 것이라고 위협했다. 결국 1911년 상원은 자신의 권한을 제안하는 법을 포함한 법안에 동의했다. 그 이후, 하원에서 연속해서 3년간 통과된 법안은 상원의 동의 없이도 법률로 선포할 수 있게 되었다. 1949년에 그 기간은 2년으로 줄었다.

하원은 소선거구제(the single-member constituency)에서 직접선거(direct election)로 선출된 650명의 의원으로 구성되며 이 선거는 5년 마다 실시된다. 현직 의원(Sitting Member of Parliament)이 자신의 의무를 다할 수 없는 상황이 생기면 특별선거(special election)를 해서 다시 그에 해당되는 의원을 뽑는데 그것이 보궐선거(by-election)이다.

하원의 다수당(majority party)의 당수(leader)가 내각(cabinet)을 조직한다. 이때 제1야당(First minority party/opposition)은 이후에 정권교체가 있을 때를 대비해서 미리 내각을 구성해둔다. 이 예비내각을 "그림자 내각"(Shadow Cabinet)이라고 한다. 제 1 야당의 대표는 "국왕의 야당"으로서 관례적으로 정부에서 소정의 봉급을 받는다.

매년 하원이 공식개원(formal opening)을 할 때 의원들의 특별한 위치와 협동을 상기시키는 전통적인 의식을 치른다. 먼저 여왕의 관리(servant)인 흑장관(Black Rod)[4]이 하원의 문을 두들기면서, 여왕이 입장해서 의원들에게 그녀의 정부의 업무에 대한 질의를 하도록 허용하라고 요구한다. 하원이 그 요구를 거부하는 것이 이 의식의 핵심이다. 이 의식은 17세기에 찰스 1세가 의회의 문을 부수고 들어와 의원 몇 명을 체포하려고 한 사건에서 유래한다. 그 사건 이후 국왕은 하원에 들어오는 것이 허용되지 않는다. 대신 하원의원들이 상원에 출석해서 국왕의 연설을 듣는 것에 동의했다.

하원의원들이 입장할 때 다수당과 반대당의 의원들이 나란히 짝을 지어 들어오는 것도 전통이다. 이 짝제도(pairing system)는 정당들이 서로 협조한다는 관례를 드러내는 방식이다. 만일 하원에서 투표가 있는데 두 당이 서로 반대표를 던질 예정이라면 짝을 이룬 두 당의 의원들은 의회에 나타나지 않는다. 그래서 두 당의 수적 차이가 저절로 나타난다. 의회에 오지 않은 해당 의원들은 표결이 이루어지는 동안 다른 일에 몰두할 수 있다. 서로의 관례적인 약속을 배신하고 투표를 하러 나타나는 비겁한 짓(cheating)은 결코 일어나지 않았으므로 이 제도는 아직도 잘 지켜지고 있다.

영국 하원에서 새 의장을 뽑을 때 특별한 광경이 벌어진다. 뒤쪽의 벤치에 앉아있던 나이 지긋한 의원이 동료 의원들에 의해 억지로 질질 끌려 나가서 하원의 한 가운데 있는 큰 의자에 강제로 앉혀지는 광경이다. 이것은 하원에서 새로운 의장(Speaker)을 정하는 장면이다. 의장은 하원에서 토론을 주재하고 조정하는 등 의사진행이 적절히 지켜지게 조절하며, 이에 따르지 않는 의원에게 공식 사과를 요구하거나 며칠간 하원에서 추방할 수 있다. 그러므로 의장은 영국에서 수상 다음으로 중요한 평민(commoner)이다. 이런 명예로운 의장 자리에 추대되는 것을 꺼리는 듯한 행동을 담은 의식이 되풀이되는 역사적 이유가 있다. 수백 년 전에 의장의 역할은 하원의 결정을 왕에게 전달하는 것이었고 그래서 "Speaker" 라는 명칭을 얻었는데, 대체로 하원의 결정은 왕에게 불리하고 불쾌한 것이 많았다. 그래서 누구도 의회의 결정을 전달하는 의장의 일을 흔쾌히 떠맡

4 가터훈작사인 궁내관으로 상원의 질서를 유지함.

으려고 하지 않아서 강제로 시켜야 했던 역사적 상황을 묘사한 것이다.

의회에는 질의시간(Question Time)이 있다. 이 때 가장 많은 의원들이 참석하며 가장 시끄럽다. 토론할 주제가 없는 약 한 시간 동안 의원들은 정부의 장관들에게 질문을 하도록 허용된다. 그러나 질문과 답은 갑작스런 것이 아니라 미리 상정되어야(tabled) 한다. 즉 문서로 써서 의장의 의자 아래에 있는 탁자에 2일 전에 놓여 있어야 장관들이 당황하지 않고 준비를 할 수 있다. 여기서 묘미는 보충 질문(supplementary question)에 있다. 장관이 상정된 질문(the tabled question)을 다 대답하고 나면 의원은 그 답변과 관련된 또 다른 질문을 하면서 장관을 당황하게 만든다. 이런 질의시간은 전 세계적으로 모방되었다. 그 외에 의회와 관련된 몇 가지 용어를 살펴보자.

---

* **한사드(Hansard, 영국 국회 의사록)**: 최초의 발행인인 루크 한사드(Luke Hansard, 1752~1829)의 이름을 딴 것이다. 이것은 하원에서 말해진 모든 말을 한 마디 한 마디 그대로 적어 매일 발표하는 축어적 보고(verbatim reports)를 말하며, 그것은 48시간 내에 출판된다.

* **거물의원과 평의원(Front bencers and back benchers)**: 하원의원들을 지칭하는 말이다. 영국의 하원의원들은 자신만의 정해진 의자가 없고 몇 명의 의원들이 함께 나란히 앉는다. 하지만 특별한 의원들을 위해 지정된 좌석이 두 군데가 있다. 그것은 긴 의자들 중 맨 앞에 서로 마주보게 놓인 두 줄이다. 한 쪽 의자에는 여당의 주요 의원들, 즉 내각의 각료들이 앉으며 그 맞은 편 의자에는 야당의 주요 의원들, 즉 그림자 내각의 각료들이 앉는다. 이 사람들이 거물의원들(frontbenchers)이다. 내각각료가 아닌 여당 의원들, 그림자 내각에 속하지 않은 야당 의원들이 뒷자리에 앉으며 이들이 평의원들(backbenchers)이다.

* **캔버싱(Canvassing)**: 유세한다는 뜻으로 선거 운동 중에 지방 당원들이 주로 힘을 쏟는 일이다. 운동원(canvasser)들은 집집마다 다니면서 누구에게 투표할지 물어본다. 유권자의 마음을 바꾸려고 하지는 않지만 아직 마음을 정하지 못한(undecided) 상태라면 나중에 자기 당의 후보가 방문하도록 약속을 잡는다. 이렇게 캔버싱을 하는 이유는 지지자(supporters)들에게 선거일에 교통수단을 제공하기 위해서다. 이것이 당에서 유권자들에게 할 수 있는 유일한 실제적 보조이다. 캔버싱을 한 당원들은 투표소(polling station) 밖에 서 있다가 지지자들이 투표를 했는지 파악하고 만일 하지 않았다면 투표를 독려하러 방문할 수 있다.

영국의 선거권이 평등하게 확립되기까지는 오랜 시간이 걸렸다. 1832년 선거법 개혁안(The Great Reform Bill)이 통과되면서, 유권자들이 부패와 불법에 쉽게 말려드는 아주 작은 선거구들(small boroughs), 소위 부패선거구가 폐지되었고, 이 의석들은 버밍엄, 맨체스터 같이 산업의 발달로 새롭게 대도시로 부상했으면서도 대표자를 낼 수 없었던 도시들(boroughs)에게 주어졌다. 투표권(franchise)은 보유한 자산에 따라 주어졌으므로 중간계급 대부분이 투표권을 획득하게 되었고 그로 인해 성인 인구의 5% 이상이 투표권을 가지게 되었다.

1832년의 선거법 개정은 완전한 개정이 아니었으며 아직 투표권을 얻지 못한 사람들이 많았으므로 선거법 개정이 계속 요구되었다. 보통선거 실시, 의원에 대한 봉급 지급, 의원의 재산 자격기준 폐지, 인구비례에 의한 선거구 결정, 그리고 해마다 선거를 실시할 것을 요구하는 탄원서가 작성되었다. 이 일에 직접 뛰어든 사람을 차티스트(chartist)라고 한다. 차티스트들은 1848년 선거법개정을 요구하는 대규모 시위를 벌였다. 이 시위는 실패했지만 이후 매년 선거를 실시하자는 제안을 제외한 모든 요구가 받아들여지게 되었다. 1867년에는 도시(town)에 사는 대부분의 남성 노동자들이 투표권을 가지게 되었다. 손을 들어 의사표시를 하던 제도는 1872년 비밀투표(secret ballot) 방식으로 수정되었다. 1884년의 제 3차 선거법 개정에서는 시골(country)에 사는 남성농업노동자에게도 투표권이 돌아갔다. 여성의 경우는 한참 늦었는데, 1918년이 되어서야 30세 이상의 여성이 투표권을 가지게 되었다. 21세 이상의 여성과 남성이 동등한 기준으로 투표를 할 수 있게 된 것은 1928년에 이르러서였다. 1969년을 기해 투표를 할 수 있는 연령은 18세까지 낮아졌다.

영국에서 가장 큰 정당은 보수당(the Conservative Party)과 노동당(the Labour Party), 자유민주당(the Liberal Democrats Party)이다. 보수당은 17세기 후반에 창설된 토리당(the Tory Party)에서 발달했으며, 항상 주요

정당 가운데 하나였다. 1830년부터 1841년 사이에 단 한 차례를 제외하고는 휘그당이 계속 집권하자 이 상황에 위기의식을 느낀 토리당의 로버트 필(Robert Peel, 임기 1834~1835, 1841~1846)은 1835년, 토리당이 전통을 존중하면서도 개혁에 동참해야 한다고 선언하고 당의 이름을 보수당으로 바꾸었다. 이후 디즈레일리는 "토리 민주주의"를 제창해 부유한 사람이 가난한 사람을 돕는 사회 개혁을 주장했다. 당수제를 채택한 노동당과 달리 보수당은 원래 당수제가 아니었으나, 1964년의 선거에서 보수당의 더글러스-흄(Alec Douglas-Home, 임기 1963~1964) 내각이 패배하고 해럴드 윌슨(Harold Wilson, 임기 1964~1970, 1974~1976) 노동당 정부가 들어서자 보수당도 당대회에서 당수제를 채택하였다. 1979년의 총선거에서 보수당이 승리하자 마거릿 대처(Margaret Thatcher, 임기 1979~1990) 당수가 수상에 취임하였다.

오랫동안 보수당의 주요 경쟁당이었던 자유당(the Liberal Party)은 17세기에 설립된 휘그당(Whig Party)에서 발달했다. 휘그당은 변화를 지향하기 위해 윌리엄 글래드스턴(William Ewart Gladstone)의 지도 아래 자유당으로 명칭을 바꾸었고 중산층과 비국교도를 대변했다.

노동당은 노동조합과 페이비언협회(Fabian Society)를 중심으로 해서 1900년에 설립되었으며, 1906년에 최초로 의회에 진출했다. 1929년에 처음 다수당이 되어 수상을 낸 후 영국에서 가장 장기간 집권하며 영향력이 큰 당이 되었다.

1981년 노동당의 온건파에 속하는 일부 의원들이 노동당을 탈당해 사회민주당(the Social Democratic Party, the SDP)을 창당했다. 그 후 사회민주당과 자유당이 연합체를 구성했다가 1988년 공식적으로 합당해 사회자유민주당(the Social, Democratic and Liberal Party=the Social and Liberal Democrats)을 결성했다. 지금은 자유민주당(Liberal Democrats Party)으로 개명했으며 영국에서 세 번째로 큰 정당이다.

그 밖의 소수 정당으로는 웨일즈, 스코틀랜드, 북아일랜드의 민족주의 정당이 있다. 이들 민족주의 정당은 영국으로부터의 독립을 강령으로 내세우고 있다. 스코틀랜드와 웨일즈에는, 영국에서 완전한 독립을 요구하는 사람, 독립하지 않고 자신들만의 입법기구를 요구하는 사람, 그리고 현 상태 대로 영국에 남아 있기를 바라는 사람들로 나누어져 있다. 1979년 영국 정부는 두 지역에서 자신들만의 입법기구의 설립을 원하는지 묻는 투표를 실시했는데, 유권자들은 이를 부결시켰다.

웨스트로디언 문제(the West Lothian question)

이 용어는 1977년 영국하원에서 스코틀랜드와 웨일즈의 분리(devolution)에 대한 논의를 할 때 스코틀랜드 웨스트로디언 지역 노동당의원인 탬 대리엘(Tam Dalyell)이 잉글랜드인들이 타지역 문제를 결정할 권리가 있느냐는 문제를 제기하면서 만들어졌다. 2011년에는 잉글랜드 외의 지역에서 온 웨스터민스터의 의원들이 잉글랜드의 문제에 대해 논의할 자격이 있는지에 대한 논란이 벌어지면서 이 용어가 사용되었다. 또 다른 상황에서도 마찬가지 문제가 발생한다. 웨스트민스터의 의원들은 잉글랜드와 웨일즈의 문제에 대해서만 투표할 수 있을 뿐 스코틀랜드의 문제에 대해서는 투표할 수 없다. 스코틀랜드의 건강, 교육, 법과 질서, 복지에 대해서는 스코틀랜드 의회가 결정하기 때문이다. 문제는 웨스트민스터의 의원 중에 스코틀랜드 출신의 의원도 포함되어 있는데, 이들이 자신이 대표하는 지역이나 주민과 아무 상관도 없는 문제에 투표하면서 막상 자신이 대표하는 주민을 위해 아무 것도 할 수 없는 불합리한 상황이 생기는 것이다.

영국에서 정치인은 별로 좋은 평판을 받지 못한다. 누군가를 "정치가"(a politician)라고 부르는 것은 그 사람이 "신뢰성"(trustworthiness)이 없다는 뜻이다. 정치가를 미워하는 것은 아니지만 의심스럽게 바라보는 것이다. 영국의 미디어는 주로 정부 장관과 국회의원들이 공짜로 얻어먹는 사람(freeloader), 즉 돈을 내지 않고 일도 하지 않으면서 공짜로 음식이나 복지를 얻고자 하는 사람으로 치부한다. 또 관리나 의원들이 공적인 업무(official duties)를 하면서 사용한 엄청난(scandalous) 돈 액수와, 공직자들이 출장 중에 머문 호텔이나 편익(perk)을 나열하며 비판한다. 실제로 영국의 정치가들은 타국의 정치가들에 비해 검소한 편이므로 이런 비판은 공직자들을 불신하는 영국의 전형적인 편견(a peculiarly British preoccupation)을 시사한다. 다른 나라 사람들은 자국의 각료들이 쓰는 비용이 국가의 위신을 반영한다고 본다. 그러나 영국인들은 정치가들이 스스로를 거물로 여기게 될까봐 경계하는 편이다. 1999년 어느 영국 정치가의 말에서 이런 현실을 엿볼 수 있다.

> When you go abroad, the hospitality exceeds ours. The food and wine on offer has to be sampled to be believed. On the other hand, the wine served at our receptions would be rejected from the Oddbins[5] bargain basement.[6] It is filth.

3) 영국의 경제와 사회보장제도

영국은 세계에서 가장 먼저 자본주의를 시작하고 완성한 나라로서 그 명성과 부를 전 세계에 과시했는데, 그 기초가 된 것이 산업혁명이다. 원래 농업 국가였던 영국은 18세기 초부터 집적된 산업기술 덕분에 18세기 말에 이르러 경제적, 기술적으로 큰 변화를 겪는데 이것이 산업혁명(Industrial Revolution)이다. 이 혁명으로 인해 영국은 농업국가에서 공업국가로 변모하였다. 석탄 산지를 중심으로 공업이 발전했고, 수송의 개량이 있었고, 농기구가 개량되어 생산량이 증대되었고, 제철산업이 발달했고, 기계와 증기동력이 사용되면서 공장에서 대량생산의 기틀이 세워졌다. 이처럼 19세기에 들어와 산업이 급속도로 확대되면서 영국은 다양한 기술발명으로 세계의 산업을 주도했다. 1830년에 최초로 기관차가 리버풀과 맨체스터 사이를 달렸고, 증기기선이 등장했고, 1861년에

---

5 술가게(drinks shop) 체인점.

6 (백화점의) 지하층 특매장.

는 말이 끄는 전차가 최초로 런던에 등장했으며, 1863년에는 지하철을 건설했고, 1883년에 최초로 전기전차가 등장했고, 1890년에 세계 최초로 전동 지하철이 생겼고, 1905년에는 런던에 처음으로 버스와 택시가 등장했다.

산업혁명과 자본주의의 부작용도 상당했다. 가내공업이 쇠퇴하고 농촌경제가 붕괴했다. 여성, 아동까지 포함한 대부분의 노동자들은 낮은 임금을 받고 열악한 환경 속에서 장시간 노동을 했다. 새로운 공업도시에는 주택, 위생, 급수 등 모든 것이 부족해서 빈민의 주택문제와 노동조건을 악화시켰다. 또 일자리가 없어 떠도는 부랑자가 급속히 증가했다. 카를 마르크스(Karl Heinrich Marx, 1818~1883)는 런던의 빈민가에 거주하면서 자본주의의 최악의 폐해를 목격했으므로 『공산당 선언』(*The Communist Manifesto,* 1848)과 『자본론』(*Das Kapital,* 1867–1894)을 완성할 수 있었을 것이다.

"세계의 공장"으로 지위를 과시하던 영국의 눈부신 발전은 1880년 전후부터 둔화되기 시작했다. 미국과 독일 등의 약진적인 발전 앞에 세계 경제에서 차지하던 영국의 위치도 불안해졌다. 제 1차 세계대전 후에 영국은 전쟁으로 인한 막대한 손실에다 전후의 불황과 세계 공황의 영향으로 더욱 경제가 기울어졌다. 곧이어 발발한 제 2차 세계대전에서 영국은 또 다시 많은 전비를 사용한 데다, 식민지와 속령이 잇달아 독립하는 바람에 해외자산과 해외시장을 한꺼번에 상실하게 되어 더욱 심각한 타격을 입었다. 전후의 영국경제는 성장이 극히 완만했고, 국제수지의 악화로 시달렸다. 정부는 민간제조업의 투자와 설비를 근대화하여 생산향상을 촉구하여 경제성장을 꾀하면서, 동시에 임금과 물가를 억제하는 정책을 채택하여 인플레이션 억제에 사력을 다하였으나 충분한 효과를 거두지 못하였다.

1945년 정권을 잡은 노동당 내각은 이 난국에 대처하기 위하여 잉글랜드 은행을 비롯하여 중요 기관을 국유화 또는 공유화했다. 계획적 투자에 의한 완전고용을 달성하려고 노력했으며 사회보장제도의 확충을 통하여 복지국가를 건설하는 등 사회주의적 성격의 정책을 추구했다. 1951년 정권이 보수당으로 넘어가면서 철강업의 국유화가 취소되는 등 부분적인 후퇴도 있었으나 보수당도 복지행정의 기본적 기조는 그대로 유지했다. 철강업이 다시 국유화되고(1967), 국가기업청이 설립되고(1975), 1968년에 설립된 영국 최대의 자동차기업인 BLMC(British Leyland Motor Corporation Ltd.)를 1975년에 일부 국유화한 것에서 볼 수 있듯이, 영국적 사회주의 정책은 계속되었다. 그러나 1960년대 후반부터 상승하기 시작한 실업률은 1975년에는 4%, 1976년에는 5%를 넘었다가 대처 정권 이후로 급격히 늘어났다. 1990년대 들어 집값 폭등으로 런던거리를 방황하는 노숙자들이 속출했으며, 1992년 10월 정부의 탄광 폐쇄 조치와 경제정책에 반대하는 약 20만 명의 광부들과 야당 인사가 런던에서 대규모 시위를 벌였다.

영국경제가 이처럼 정체상태에서 쉽게 헤어나지 못하는 이유는 보수적 경영자가 합리화와 근대화의 개혁을 외면한 때문이기도 하지만, 영국경제로 감당하기 힘든 과다한 국방비와 해외원조비 지출 등의 원인도 있다. 또 철저한 사회보장을 뒷받침하는 영국식 복지체제와 강성 노동조합의 저항이 영국경제의 발목을 잡고 있다는 지적도 함께 나오고 있다.

영국은 고도로 사회보장(social security)이 발달된 나라로 유명하다. 법률적으로는 16세기 이래의 구빈법(Poor Law), 사회적으로는 기독교에 기초한 인도주의(Humanitarianism)와 박애주의(Philanthropism)에 입각한 자발적 자선의 전통이 그 근간이 되고 있다. 제 2차 세계대전 후 노동당 정부는 1942년의 베버리지 보고서(Beveridge Report)[7]를 기초

7 원제는 "Report of the Inter-Departmental Committe on Social Insurance and Allied Services." 경제학자인 William Beveridge(1879~1963)가 주도한 보고서로, 사회의 5

로 해서 본격적인 사회보장제도를 채택한다. 1948년에 완성된 사회보장체계(Welfare state)는 국민보험법(National Insurance Act, 1946), 국민부조법(National Assistance Act, 1948), 국민보험(산업상해)법(National Insurance(Industrial Injuries) Act, 1946)을 중심으로 이루어져 있다. 이로써 출산, 질병, 노동재해, 실업, 노령, 사망 등, 이른바 "요람에서 무덤까지"(from the cradle to the grave)의 사회보장체계를 갖추었다. 특히 획기적인 것은 일반의 진료, 전문의 치료, 입원요양, 질병예방, 병후의 보호 등 모든 의료서비스를 전 국민이 평등하게 무료로 받을 수 있도록 한 의료보장제도(National Health Service)이다. 이에 따라 대부분의 병원은 공영화되었으며, 일반 개업의도 일부를 제외하고는 모두 보험의가 되었다. 그러나 1951년 보수당 정부는 사회보장비의 국고부담을 줄이는 수정을 가했고 그 후 정권의 교체와 물가상승에 따라 사회보험제도의 내용과 금액에 변경이 가해졌다. 또 공적 의료보장제도가 질적인 면에서는 열악하고 비효율적이라는 비판이 증가하고 있다.

영국의 노동조합은 강력한 조직력과 힘을 가지고 있다. 산업혁명으로 가장 먼저 산업이 발달한 만큼 노동자의 착취와 고통의 부작용이 일찍부터 나타났고, 그에 대처하기 위한 노동자들의 저항도 다른 국가에 비해 빨리 시작되어 노동조합을 결성하는 단계로 발전했던 것이다.

1811년에서 1817년 사이에는 기계의 사용으로 일자리를 잃게 된 노동자들이 러다이트(Luddite)라는 집단을 결성해서 기계를 파괴하는 단체행동을 벌였다. 러다이트 운동(Luddism)은 사실은 노동자들의 돌발적인 감정적 행동이 아니라 자본가들에 맞서 투쟁한 노동운동의 일환이었다. 영국의 섬유 노동자들은 자본가들에게서 하청을 받는 비정규직이었으

대 악(five "Giant Evils")을 "불결, 무지, 결핍, 나태, 질병"(squalor, ignorance, want, idleness, disease)으로 규정하고 이를 퇴치할 것을 주장하여 영국의 사회복지체계에 큰 영향을 미침.

며, 노동에 비해 형편없는 이윤을 얻으며 착취당하고 있었다. 그런데 영국 정부는 산업자본가와 결탁하여 노동자의 단결금지법을 제정해서 노동자의 투쟁을 원천적으로 봉쇄했다. 그래서 노동자들은 노팅엄셔, 요크셔, 랭커셔 등에서 자본가에게 빌려서 사용하던 기계를 파괴하여 착취에 맞선 투쟁을 했던 것이다. 이에 영국 정부는 주동자를 처형하는 탄압을 감행했고 분노한 노동자들은 투쟁자금을 모금했다. 조지 고든 바이런 (George Gordon Byron, 1788~1824)[8]을 비롯한 지식인들도 폭동은 가난 때문에 생긴다며 노동자들의 입장을 거들었다.

노동자들은 나폴레옹 전쟁이 끝난 후 극도의 경제적 압박에 시달리던 나머지 1819년 맨체스터의 성 피터 광장(St. Peter's Field)에서 개혁을 요구하는 집회를 열었으나 무자비하게 진압 당하였는데, 이를 피털루 대학살(Peterloo Massacre)이라고 한다. 그외에도 자신들의 권리를 찾으려는 노동자들의 저항 시도가 계속 있었으나 영국정부는 노동자조합법 (Combinations of Workmen Act, 1825)으로 정식 조합의 결성을 금지하여 노동자들을 억압했다.

그러나 결국 자본가들과 정부도 노동자들의 주장을 일부 받아들이지 않을 수 없다는 것을 인식하게 된다. 따라서 노동환경에 대한 개선이 조금씩 이루어지게 되었다. 1833년부터 1853년까지 공장법(Factory Act)의 개선이 계속 추진되면서 여성과 아동의 노동시간 축소와 노동조건의 개선이 이루어졌으며, 이것을 감독할 공장 감독관이 배치되었다. 광산법 (Mines Act, 1842)은 여성과 소녀, 10세 이하 소년의 갱내 노동을 금지했다.

노동자들도 폭력투쟁으로는 한계가 있음을 깨닫고 의회민주주의로 전환하면서 선거법개정운동을 벌이는데, 이것이 차티스트 운동(Chartist

---

8 낭만주의 시인. 1823년 그리스 독립전쟁에 참여하여 사기를 북돋아주다가 말라리아에 걸려 사망했다.

Movement, Chartism)이다. 또한 노동자들의 힘을 조직적으로 결성해야 한다는 인식을 하게 된다. 본격적인 노동조합의 결성은 1850년대부터 이루어졌다. 일부 숙련공들이 금속 기술자 협회(Amalgamated Society of Engineers, 1851)를 만들어 성공을 거두면서 다른 숙련공들도 유사한 노동조합을 만들기 시작했다. 노동조합 왕립위원회(Royal Commission on Trade Unions, 1867)는 노동조합이 노동자와 고용주를 다 이롭게 한다는데 동의했다. 이후 몇몇 조합이 연합해 노동조합 총회(Trades Union Congress, 1868)를 결성했고, 1871년에는 노동조합이 합법화되었다. 고용주와 고용인법(Employers and Workmen Act, 1875)은 파업기간 중에 다른 노동자들이 일하는 것을 만류하는 피켓팅(picketing)을 합법으로 인정했다.

20세기 후반에 노동조합의 힘이 비약적으로 커지면서 잦은 쟁의로 인해 산업과 경제의 원활한 발전이 지체되는 경향이 생긴다. 1970년대 노동당의 제임스 캘러헌(James Calahan) 수상이 인플레를 잡기 위해 임금인상을 억제하자 이에 불만을 품은 노동자들이 많은 쟁의를 일으켰는데, 특히 1978년에서 1979년을 불만의 겨울(Winter of Discontent)이라고 한다. 이로 인해 총선에서 보수당이 승리하여 마거릿 대처가 수상이 되자 그녀는 본격적으로 노동조합과의 투쟁에 몰입했다. 대처는 노조의 쟁의에 강경하게 대처했다. 예를 들면 일종의 조합안전협약(union security agreement)인 클로즈드 숍(the closed shop)제도[9]를 폐지했다. 1984년 아더 스카질(Arthur Scargill)이 이끄는 전국광부연합회(The National Union of Minerworkers)는 광산폐쇄에 대항해 파업을 일으켰다. 스카질은 가장 나쁜 조합주의의 상징으로 여겨지기도 했고 대처리즘(Thatcherism)에 대항하는 노동자의 용감한 투쟁을 상징한다고 여겨지기도 했다. 스카질이 이끈 쟁의는 실패했으며, 이것이 조합의 힘의 쇠퇴를 보여주는 상징적인 사

9 이 제도는 고용주가 노동조합원만을 회사에 고용할 것에 동의하는 것으로 노동조합에 가장 유리한 협약이다.

건이 되었다.

고용주와 고용인 사이에 문제가 생기면 그 문제는 중재(arbitration)의 과정을 거치는데, 이때 독립된 조사관이 그 분쟁을 중재한다. 중재가 실패하면 노동자들이 쟁의행위(industrial action)에 들어간다. 쟁의의 방법으로는, 고용인들이 직장에서 유연하게 협조하는 대신 정해진 작업 규칙을 정확하게 지키기 때문에 일의 효율성에 차질을 빚게 만드는 준법투쟁(a work-to-rule), 일을 늦추는 태업(go slow, 미국에서는 slowdown), 아예 일을 거부하는 파업(strike)이 있다. 파업에는 합법적인 절차를 받아서 이루어지는 공식적인 파업(official strike)과 비공식(unofficial) 파업인 와일드캣스트라이크(wildcat strikes)가 있다. 파업에 참가하지 않는 동료노동자가 일터에 가는 것을 막는 감시원을 "picket"이라고 한다.

4) 영국의 금융

영국의 국립은행인 잉글랜드 은행(Bank of England)은 원래 사적 은행으로 설립되었다가 중앙은행의 기능을 가지게 되었으며 1946년 국유화되었다. 중앙은행으로서 통화량(the supply of money) 조절, 지폐(Bank notes)의 발행, 정부예금의 보관, 공채(the funds)의 발행, 시중은행에 대한 예금과 대부(savings and loan) 업무, 공정이율(official interest rate)의 조정 등의 금융정책을 담당한다. 잉글랜드 은행의 별명은 은행이 있는 거리의 이름을 따서 "스레드니들가의 노부인"(the Old Lady of Threadneedle Street)이다. 이 별명은 오랜 역사와 친근감, 또 영국은행의 보수적인 습관을 시사한다.

일반예금은행은 예금 및 단기대부 업무를 주로 맡아본다. 현재 영국의 거의 모든 도시에 지점을 둔 은행들은 로이드(Lloyds), TSB, HSBC, 바클레이 은행(Barclays Bank), 스코틀랜드 왕립은행(The Royal Bank of

Scotland) 등이다.

영국의 통화는 파운드(pound)[10]이며 그 기호는 "₤" 이다. 비공식적으로 1 파운드를 "a quid"라고 하므로 "₤20"은 "twenty quid"이다. "I am quids in."은 "지금 돈이 잘 벌리고 있다"는 뜻이다. 1971년까지 영국은 LSD, 즉 파운드(L) 실링(S) 펜스(D)[11]체제를 사용했다. 그래서 "Three and twelve and six"는 "three pounds, twelve shillings, and sixpence"[12]로 읽는다. 1파운드는 20실링이고 1실링은 12펜스이므로 1파운드는 240펜스이다. 그러나 1971년 영국정부가 화폐단위를 조정하면서 실링을 없앴으며 1파운드를 100펜스로 조정했다. 그래서 1971년 이전의 문학 작품을 읽을 때 화폐의 단위가 달라지므로 다소 혼란스럽다.

<다양한 통화 명칭>

a farthing	4분의 1페니 청동화(a quarter of a penny, 1961년에 폐지)
a ha'penny(halfpenny)	반페니 동전(half a penny)
a threepenny bit(piece)	3펜스 동전(three pence)
a tanner	6펜스 은화(an informal name for a sixpenny coin)
a bob	1실링(an informal name for a shilling)
a half crown	반크라운 백동화(two-and-a-half shillings, or two-and-sixpence, 2실링 6펜스에 해당. 1970년에 폐지)
a crown	5실링 은화

10 공식명칭은 "Pound Sterling." ISO(International Standards Organization, 국제표준화기구) 코드는 GBP이다. "sterling"은 "영국법정 순도의 금을 함유한, 영국화의"라는 의미로 "stg." 또는 "s."로 약기하여 파운드 뒤에 붙인다. 예로 ₤1,000stg.는 1,000 파운드를 말한다.

11 L은 "libra"의 약어로 고대 로마의 중량단위이다. S는 "shilling"이다. D는 "denarius"(데나리온, 신약에 나오는 고대 로마 은화)의 약어로 페니(penny)를 나타낸다.

12 펜스(pence)는 "p"로 쓰고 "피"(pea)로 발음한다. 펜스(pence)와 페니(penny)는 같이 쓰는데, 페니는 화폐의 개수를 나타낼 때 쓰고 펜스는 금액가치를 나타낼 때 쓴다. "twopence"에서 "elevenpence"까지와, "twentypence"는 한 단어로 쓰고, 기타는 두 단어로 쓰거나 하이픈(-)을 넣어 쓴다. 예로 13펜스는 "thirteen-pence"이다.

1971년 통화제도가 개선되기 전의 돈 계산은 영국인들 스스로에게도 매우 어려웠다. 그래서 돈의 환산표를 만들어두고 아이들에게 어릴 때부터 외우게 했다. 이런 재미있는 일화가 찰스 디킨즈의 『위대한 유산』(*Great Expectations*, 1860~1861)에 나온다. 친척 어른인 펌블추크(Pumblechook)는 주인공 핍(Pip)에게서 자신이 듣고 싶은 이야기를 끌어내기 전에 준비운동으로 환산표를 외우게 한다. 펌블추크에게 불만이 많은 핍은 일부러 엉터리 계산을 해서 그에게 소심한 반항을 하는 장면이다.

*『위대한 유산』 찰스 디킨즈 지음

그러더니 펌블추크 씨는 마치 내 머리카락을 자를 듯이 나를 자기 쪽으로 돌려세우고서 말했다.

"먼저 (우리 생각을 가다듬기 위해서), 43펜스는 얼마지."[13]

나는 "400파운드"라고 대답했을 경우에 생길 결과를 가름해보고서, 그래서는 내게 불리하겠다는 생각이 들어 될 수 있는 한 정답에 근사치가 되는 대답을 했다. 그것은 약 8펜스 정도 정답과 차이가 나는 수치였다. 그러자 펌블추크 씨는 나에게, "12펜스는 1실링"부터 시작해서 "40펜스는 3실링 4펜스"에 이르기까지의 펜스 계산표를 외우게 하더니, 드디어 나를 완전히 자기 수중에 넣었다는 듯이 의기양양하게, "자! 43펜스는 얼마지?"라고 물었다. 그 질문에 나는 한참을 생각하면서 시간을 끈 후, "모르겠어요."라고 대답했다. 사실 나는 화가 나서 제 정신이 아니었기에 내가 정말로 그 답을 알고 있었는지도 의심스러울 정도다.

13 이 무렵 영국의 통화단위는 파운드, 실링, 펜스로 구성되었으므로, 1실링은 12펜스이며, 1파운드는 20실링이었다. 펌블추크의 질문에 대한 답은 "3실링 7펜스"이다.

펌블추크 씨는 내게서 정답을 비틀어 짜내려는 듯이 자신의 머리를 나사못처럼 비틀어 대면서 말했다. "가령, 43펜스는 7실링 6펜스 3파던[14] 이냐?"

"네!" 내가 대답했다. 그 말에 누나가 즉각 내 귀를 쥐어박았다. 그래도 나는 내 대답이 그가 정답을 암시하려고 만들어낸 농담의 흥을 깨고 그의 말문을 막아버린 것을 보고 기분이 꽤 좋아졌다. (9장)

* *Great Expectations* by Charles Dickens

Mr Pumblechook then turned me towards him, as if he were going to cut my hair, and said: "First (to get our thoughts in order): Forty-three pence?"

I calculated the consequences of replying "Four Hundred Pound," and finding them against me, went as near the answer as I could -- which was somewhere about eightpence off. Mr Pumblechook then put me through my pence-table from "twelve pence make one shilling," up to "forty pence make three and fourpence," and then triumphantly demanded, as if he had done for me, "Now! How much is forty-three pence?" To which I replied, after a long interval of reflection, "I don't know." And I was so aggravated that I almost doubt if I did know.

Mr Pumblechook worked his head like a screw to screw it out of me, and said, "Is forty-three pence seven and sixpence three fardens, for instance?"

"Yes!" said I. And although my sister instantly boxed my ears, it was highly gratifying to me to see that the answer spoilt his joke, and brought him to a dead stop. (Ch. 9)

이렇게 통화 단위가 복잡하고 어려운데도 영국인들은 자신들의 원래

14 원래 발음은 파딩(farthing). 펌블추크는 사투리로 "fardens"라고 함. 파딩은 4분의 1펜스.

의 통화체계에 집착한다. 그렇지 않아도 전통을 중시하는 영국인이지만 특히 돈에 있어서는 더욱 보수적이다. 1983년 1 파운드 지폐를 대신하는 1파운드 동전이 나왔지만 너무나 인기가 없었다. 영국의 1파운드 지폐가 사라지는 것이 안타깝고 동전은 가치가 없다는 사람이 많았기 때문이다. 영국인들은 좋아하지 않는 변화를 "새 돈"(new money)이라고 표현할 정도로 새로운 것보다 오래된 것을 선호한다. 말이 너무 복잡하거나 분명하지 않아 알아듣지 못했을 때 다시 말해달라는 뜻으로, "옛날식으로는 어떻게 되지?"(What's that in old money?)라는 표현을 쓸 정도이다.

유로화(Euro)에 대한 영국인들의 반응도 신통치 않다. 유로화는 영국에서 스코틀랜드 지폐(Scottish banknote)나 마찬가지 처지이다. 스코틀랜드에서는 잉글랜드와 다른 디자인의 지폐가 발행되는데 이 지폐는 잉글랜드, 웨일즈, 북아일랜드에서 문제없이 통용되기는 하지만 개별은행이나 가게가 원하지 않으면 그것을 받아야 할 의무는 없다. "누구도 스코틀랜드 지폐의 잔돈을 요구할 권리가 없다"(nobody has the right to demand change in Scottish notes.)는 말도 있다. 마찬가지로 유로화도 통용되기는 하지만 받지 않는 가게도 있는 것이다.

8 영국의 법률과 사법체계

1) 영국법의 특징

영국의 법은 성문법(Statutory law)이 아니며 단일한 법체계(unified legal code)도 없다. 대신 오랜 시간에 걸쳐 만들어진 관습법이 주를 이루는 불문법(Oral law)으로 이루어져 있다. 그로 인해 영국 사회에서는 이상한 법현상이 일어난다. 법과 규칙을 잘 지키기로 유명한 영국인들이 집단적으로(en masse) 법을 어길 수밖에 없는 현상이 종종 발생하는 것이다. 예를 들면 주말에 영국인들이 축구를 하거나 축구경기를 보는 것은 사실은 법을 우롱(flout) 하는 것이다. 중세 때 궁술 연습을 충분히 하지 않는 군사들에게 벌을 내리기 위해 축구를 불법으로 규정했는데 이 법이 철회된 적이 없기 때문이다. 물론 영국인 중 누구도 이 법에 대해 신경을 쓰지 않는다. 또 다른 예는, 레스터(Leicester)에 사는 유대인들은 얼마 전까지도 영국의 법을 어기는 셈이었다. 13세기 레스터의 시 강령(charter)에는 "어떤 남녀 유대인도 이 세상이 끝날 때까지 레스터에 거주하거나 남아 있어서는 안 된다"(No Jew or Jewess, to the end of the world, shall inhabit or remain in Leicester.)고 명시되어 있기 때문이다. 다행히도 이 강령은 2000년에 시의회에서 폐지되었다.

일반 민중의 삶과 밀접하게 관계있는 법이 빈민구제법(Poor Relief Act, 혹은 구빈법(Poor Law), 1601)과 정주법(Settlement Act, 1662)이다.

구빈법은 튜더왕조가 시작되면서 시행된 법이었으나 엘리자베스 여왕 시대인 1601년에 최종적으로 정리되었으며, 이 법이 이후 200여년이 넘도록 잉글랜드와 웨일즈에서 빈민을 구제하는 체제의 기초가 되었다. 구빈법은 일종의 사회복지정책이다. 빈민의 근로의욕을 일으키기 위해 구걸과 개인적인 자선행위를 금지하는 대신, 구빈세를 제정하여 노동능력이 있는 사람에게 공공사업을 마련하여 일자리를 마련해주고, 노동능력이 없는 사람은 구빈세로 마련한 사회복지비용으로 돌보았으며, 교화소를 두어 노동의욕이 없는 자들을 강제노역으로 처벌하였다. 특히 각 교구(parish)가 자기 교구에 속한 빈민에 대한 구제책임을 지면서, 고아, 과부, 병자 등 스스로를 돌볼 수 없는 사람은 구빈원(Workhouse)에 수용하고 나머지에게는 생계보조비(outdoor relief)를 주는 것이 골자이다.

1662년에 구빈법을 보완하는 법으로 만들어진 정주법은 부랑금지법이다. 빈민구제가 교구 단위로 행해지던 당시, 빈민의 증가로 교구의 부담이 늘어나는 것을 막기 위해 타지에서 흘러들어온 빈민을 이전 거주지로 강제 송환하는 권한을 빈민 감독관에게 부여한 법이다. 이 법은 사실상 빈민을 억압하는 요소로 작용했다. 교구는 부랑아를 강제로 수용하거나 다른 곳으로 쫓아낼 수 있었기 때문에 일자리를 찾아 방랑하는 일용노동자들도 자칫하면 비강제적인 퇴거를 당해야 했던 것이다. 이런 강제 퇴거의 잔인성이 부각되면서 정주법은 1795년에 수정되어, 교구가 그 빈민의 구제비를 부담하지 않아도 되면 굳이 송환은 하지 않는 것으로 바뀌었다.

19세기에 이르러 구빈법에 대한 개정 움직임이 일어난다. 16세기의 농경사회에 맞게 고안된 제도가 거의 수정되지 않은 채 산업사회에 적용되어 많은 문제가 발생하였고, 실시과정에서 부패와 타락의 양상이 누적되어왔던 것이다. 구빈법의 불합리한 면을 당대의 실정에 맞게 개혁하는 데 앞장 선 사람들이 공리주의자(Utilitarian)[1]들이었다. 그리하여 1834년 구빈법수정안(Poor Law Amendment Act)이 제정되는데 이것이 신구빈법

(New Poor Law)이다.[2] 1601년 이래의 구빈법이 지방행정 중심이며 교구를 단위로 하는 데 반해, 신구빈법에서는 국가가 통제에 나서서 빈민에 대한 처우를 전국적으로 통일하고 구빈행정을 중앙에서 관장하게 하였다. 3명의 정부위원이 있고 그 밑에 각 지방에서 선거에 의해 선출된 구빈위원회가 설치되었다. 이 신구빈법에서는 빈민이 자신의 집에 머물면서 구제를 받는 원외구제를 폐지하고, 구빈원 내의 구빈 기준을 낮추며, 정주법을 완화하는 대신 노동능력이 있는 자에게 노동을 강제하는 것을 목표로 하였다.

구빈법 수정안이 발표되면서 영국사회의 여론이 들끓기 시작했다. 수정안의 중심 주창자인 공리주의자들은 일하는 사람만 먹을 수 있다는 기치 아래, 동정적인 자선은 비효율적이며 게으름과 부도덕만 조장시키므로 원외 생계보조비를 제한하고 구빈원에 수용하여 효과적인 노동을 시켜야한다고 주장했다. 그들은, 젊은 노동자 아가씨는 저임금을 받으며 고생하는데, 배다른 자식을 12명이나 둔 방탕한 과부가 주 18펜스의 자녀 양육비로 편안하게 잘 산다는 얘기를 예로 들었다. 이 예는 사실상 현실을 모르는 탁상공론에 불과했다. 생계보조비를 받더라도 빈곤에서 헤어나지 못하는 것이 빈민의 현실이었기 때문이다. 대부분의 노동계층은 아무리 부지런히 노력하여도 빈곤의 악순환에서 벗어날 수 없는 것이 당시의 현실이었다. 공리주의자들의 논리는 자유주의 경제체제의 산업자본

1 "최대다수의 최대행복"(the greatest happiness of the greatest number)을 모토로 하여 합리적인 정책개선을 주도한 사회사상가들이며, 대표적인 사상가는 제레미 벤담(Jeremy Bentham, 1748~1832), 제임스 밀(James Mill, 1773~1836)과 그 아들인 존 스튜어트 밀(John Stuart Mill, 1806~1873) 등이다.

2 1929년 지방정부법으로 구빈위원회를 폐지하면서 형식상 구빈법이 폐지되었고 국민부조법(National Assistance Act, 1948)이 공표됨에 따라 구빈법은 완전히 폐지되었다. 국민부조법에서는 국민의 생존권에 대한 최소한의 사회적 책임을 국가가 진다고 규정한다. 이 법은 다시 보충적 급여법(Supplementary Benefit Act, 1966)으로 명칭이 바뀌었고 다시 소득보조법(Income Support Act, 1988)으로 대체되었다.

가들이 저임금을 합리화시킬 수 있는 구실이 되었을 뿐이다.

비인간적인 논리에 따른 신구빈법은 생계보조비 지급을 제한하고 빈민들을 거의 강제로 구빈원에 몰아넣는 정책을 골자로 하여 통과되었다. 물론, 1839년의 기록을 보면, 구빈원에 수용된 인구가 98,000명이고 생활보조를 받는 사람은 560,000명에 이르렀으므로 생계보조비 지급제도가 완전히 없어진 것은 아니었다. 그러나 신구빈법의 근본의도가 자비를 베푸는 관용의 제도를 없애는 비인간적인 철학에 근거한다는 점에서 많은 사람들의 분노를 일으켰던 것이다. 지원을 받지 못한 빈민들은 저임금의 노동현장에 떠밀려 가야 했으며, 그 와중에 어린아이와 여성들까지 노동현장에서 극심한 착취에 시달렸다. 구빈원에 와서 놀고먹는 행태를 막는다는 목적으로 구빈원의 환경이나 식사는 지극히 열악했다. 또 남녀와 아이를 따로 수용해 가족을 억지로 떼어놓는 비인간적인 처사가 행해졌으므로 당시의 구빈원에 대해 구빈법 바스티유 감옥(Poor Law Bastille)이라는 별명이 붙을 정도였다.

『타임즈』(*The Times*)는 1836년 후반부터 2년간 계속 이 구빈법수정안의 문제점을 비판한다. 『타임즈』는 구빈원을, "오갈 데 없는 과부들의 심장을 쥐어짜며, 굶주린 노인에게 빵부스러기도 거절하며, 고아를 구빈원 감옥에 집어넣고, 돌보아줄 사람도 없고 보호받지도 못하는 소녀들을 창녀가 되게 몰아넣는 무시무시한 기구"라고 묘사했다. 찰스 디킨즈는 구빈원에 대한 비판의 열기가 높던 이 무렵 『올리버 트위스트』(*Oliver Twist*, 1838)에서 구빈원을 본격적인 배경으로 등장시켜서 큰 인기를 끌었다. 구빈원에 들어간 올리버가 참을 수 없이 배가 고파, "조금만 더 주세요."(I need some more.)라고 했다가 된통 혼이 나는 장면을 살펴보자.

*『올리버 트위스트』[3] 찰스 디킨즈 지음

이 이사 양반들은 매우 현명하고 심오하고 철학적인 분들로, 그들의 관심을 구빈원에 돌리자마자 즉시 발견한 사실이 무엇인고 하니, 그것은 보통사람들은 죽어도 알 수 없는 사실인데, 가난한 사람들은 구빈원에 있기를 좋아한다는 것이다! 가난한 계급들에게 이곳은 공공오락을 즐기는 단골 장소이며, 공짜로 술 마시는 주막이요, 국가에서 내는 아침, 점심, 간식, 저녁을 일 년 내내 얻어먹는 곳이니, 놀고먹고 빈둥거려도 되는 벽돌과 회반죽으로 지은 낙원이라. "그래?" 이사회는 잔뜩 아는 척하며 말했다. "우리야말로 바로 이것을 시정할 위인들이다. 즉시 이 모든 것을 다 저지하자." 그래서 이들은 규칙을 정했으니, 가난한 사람들은 구빈원에 들어와 점차적으로 굶어죽든지, 구빈원에 안 들어오고 바깥에서 즉각 굶어죽든지, 둘 중의 하나를 택하도록(왜냐하면 그들은 누굴 강제로 다룰 의도는 없기 때문에, 없고 말고) 한 것이다. 이런 목적으로 그들은 무제한으로 물을 끌어대도록 수도회사와 계약하고 곡물상에게는 가끔씩 오트밀[4]을 공급하도록 해서, 하루 세끼 묽은 죽과 일주일에 두 번 양파 조금, 일요일엔 둥근 빵 반 덩어리를 지급하게 했다. 그들은 그밖에도 부인네들에 관한 여러 가지 현명하고 어진 규약들을 제정했는데, 여기서 일일이 밝힐 필요는 없는 것들이다. 그들은 또한 가난한 부부를 이혼시키는 일을 친절하게도 떠맡아서 "법학박사회관"[5]의 엄청난 소송비를 면할 수 있게 했고, 종전처럼 남편이 가족을 부양하도록 강요하는 대신에 처자식을 남편에게서 떼어놓아 다시 독신자로 만들어주었던 것이다! 구빈원 생활을 안 해도 된다는 조건이

3 윤혜준 번역, 『올리버 트위스트』(서울: 창비, 2007)에서 옮김.

4 우유, 설탕 등을 섞은 귀리죽.

5 많은 비용이 드는 복잡한 이혼소송은 반드시 이 법률사무소를 거쳐야 했음.

면 이 두 가지 항목을 보고 사회의 모든 계급을 망라해 얼마나 많은 사람들이 구제를 신청하러 몰려들지 헤아릴 수 없을 정도였을 것이다. 그러나 이사들은 선견지명이 있는 분들이라 이 문제를 미리 예방했다. 구제를 구빈원 생활이나 거기서 먹는 묽은 죽과 불가분의 것으로 만들었으니, 사람들은 이것에 놀라서 도망가 버렸던 것이다.

올리버가 이곳으로 옮겨진 후 첫 여섯 달 동안에는 이 체제가 완전하게 돌아가고 있었다. 처음엔 장의사의 대금청구가 늘어나는 것과, 한두 주일 묽은 죽을 먹은 수감자들의 쇠약하고 수척해진 몸에 헐렁해지고 흘러내리는 옷을 줄여주는 것 등으로 인해 다소 비용이 더 들긴 했다. 그러나 극빈자들이 말라서 홀쭉해지는 것과 아울러 구빈원 수감자들의 숫자도 함께 줄어들어 홀쭉해졌으니 이사님들은 희열을 만끽하고 있었던 것이다.

사내애들이 식사를 하는 곳은 커다란 석조 방이었는데, 끼니때면 방 한끝의 솥가마 곁에 구빈원장이 배식용 앞치마를 두르고 섰고 아줌마 한두 사람이 거들면서, 국자로 묽은 죽을 퍼서 아이 하나가 딱 한사발만 받아먹도록 했다. 특별한 절기에 2와 4분의 1온스만큼의 빵을 더 줄 때를 빼고는 말이다. 그릇을 닦을 필요는 절대로 없었다. 아이들이 숟가락으로 반들반들 윤이 날 때까지 닦아 먹었으니. 그리고 이 일이 끝나면(숟가락은 그릇만큼이나 컸으므로 이 일은 절대 오래 걸리는 법이 없었다) 아이들이 어찌나 간절하게 솥가마를 쳐다보는지 마치 가마의 벽돌이라도 삼킬 듯했다. 그러면서 혹시 어쩌다 비껴 도망간 죽 한 방울이라도 묻어 있을까 하고 지극히도 부지런히 손가락을 빨아댔다. 사내아이들은 대개 식욕이 왕성한 법. 그러니 올리버와 그의 동료들은 석 달 동안 서서히 굶어 죽어 가는 고문을 당하는 셈이었고, 결국엔 허기로 인해 극히 게걸스러워지고 사나워졌던 것이다. 나이에 비해 좀 큰 편인 한 아이는 이런 고통에 익숙지 않은터라(자기 아버지가 조그만 음식점을 한 적이 있는 까닭에), 하루에 죽 한 사발씩을 더 먹지 못하면 아무래도 어느 날 밤에 제 옆에서 자는 아이를 잡아먹게 될지도 모른다고 동료들에게 은밀히 암시했는데, 마침 그 옆 아이는 아주 어리고 비실비실했던 것이다. 키큰 아이는 눈이 사납고 허기져 보였으니 다른 아이들은 암묵적으로 그의 말을 믿었다. 아이들은 회의를 열고 제비를 뽑아서 그날 저녁을 먹은 후에 누가 구빈원장 앞으로 가서 더 달라고 할 것인지를 정했는데, 올리버 트위스트가 뽑혔다.

저녁시간이 되자 아이들은 각자 자리에 앉았다. 구빈원장은 요리사 제복을 입고 솥가마 앞에 자리를 잡았고 그 뒤에 극빈자 보조원 아줌마들이 정렬해서 묽은 죽을 배급했다. 그리고 차린 것 없는 공동식탁에서 긴 식사기도가 있었다. 죽이 금세 사라지자 아이들은 수군대면서 올리버에게 눈짓을 했고 바로 옆에 있던 동료들은 팔꿈치로 그를 찔러댔다. 비록 어린애였지만 올리버는 배고픔에 시달려 지독해졌고 비참함에 치여서 보이는 것이 없었다. 그는 식탁에서 일어나서 주발과 숟가락을 들고 구빈원장에게 다가간 후, 스스로도 자신의 만용에 좀 놀란 기색으로 말했다.

"있잖아요 원장선생님, 조금만 더 주세요."

구빈원장은 뚱뚱하고 건장한 사내였으나 아내 창백해졌다. 그는 몇 초동안 이 꼬마 반역자에 놀라서 넋을 잃고 바라보더니, 가마솥에 기대어 겨우 정신을 차렸다. 보조원들도 아연실색했고, 아이들은 공포에 떨었다.

"뭐야!" 구빈원장은 희미한 목소리로 마침내 입을 열었다.

"있잖아요 원장선생님." 올리버가 답했다. "조금만 더 주세요."

구빈원장은 올리버의 머리를 겨냥해 국자로 한 대 내리치고 올리버를 두 팔로 꽉 붙잡은 채 소리를 꽥 질러 말단 교구관을 불렀다.

이사들은 자기들끼리 비밀회의 중이었는데 갑자기 매우 흥분한 범블씨가 방으로 뛰어 들어와 높은 의자에 앉은 양반에게 말했다.

"림킨스 이사님, 죄송합니다만, 저, 올리버가 더 달라고 했답니다!" 모두 다 깜짝 놀랐다. 한사람 한사람의 얼굴에 공포가 서렸다.

"더 달라고 했다고!" 림킨스씨가 말했다. "진정하게, 범블. 그리고 내 말에 분명히 대답해. 지금 그애가 규정대로 준 저녁을 다 먹고 더 달라고 했다는 소리로 들리는데?"

"그랬다니까요, 나리." 범블씨가 답했다.

"그놈은 장차 교수형 당할 거야." 흰 조끼 차림의 신사가 말했다. "단언컨대 그놈은 장차 교수형 당할 거라고." (2장)

∗ *Oliver Twist* by Charles Dickens

The members of this board were very sage, deep, philosophical men; and when they came to turn their attention to the workhouse, they found out at once, what ordinary folks would never have discovered -- the poor people liked it! It was a regular place of public entertainment for the poorer classes; a tavern where there was nothing to pay; a public breakfast, dinner, tea, and supper all the year round; a brick and mortar elysium, where it was all play and no work. "Oho!" said the board, looking very knowing; "we are the fellows to set this to rights; we'll stop it all, in no time." So, they established the rule, that all poor people should have the alternative (for they would compel nobody, not they), of being starved by a gradual process in the house, or by a quick one out of it. With this view, they contracted with the water-works to lay on an unlimited supply of water; and with a corn-factor to supply periodically small quantities of oatmeal; and issued three meals of thin gruel a day, with an onion twice a week, and half a roll on Sundays. They made a great many other wise and humane regulations, having reference to the ladies, which it is not necessary to repeat; kindly undertook to divorce poor married people, in consequence of the great expense of a suit in Doctors' Commons; and, instead of compelling a man to support his family, as they had theretofore done, took his family away from him, and made him a bachelor! There is no saying how many applicants for relief, under these two last heads, might have started up in all classes of society, if it had not been coupled with the workhouse; but the board were long-headed men, and had provided for this difficulty. The relief was inseparable from the workhouse and the gruel; and that frightened people.

For the first six months after Oliver Twist was removed, the system was in full operation. It was rather expensive at first, in consequence of the increase in the undertaker's bill, and the necessity of taking in the clothes of all the paupers, which fluttered loosely on their wasted, shrunken forms, after a week or two's gruel. But the number of workhouse inmates got thin as well as the paupers; and the board were in ecstasies.

The room in which the boys were fed, was a large stone hall, with a copper at one end: out of which the master, dressed in an apron for the purpose, and assisted by one or two women, ladled the gruel at meal-times. Of this festive composition each boy had one porringer, and no more -- except on occasions of great public rejoicing, when he had two ounces and a quarter of bread besides. The bowls never wanted washing. The boys polished them with their spoons till they shone again; and when they had performed this operation (which never took very long, the spoons being nearly as large as the bowls), they would sit staring at the copper, with such eager eyes, as if they could have devoured the very bricks of which it was composed; employing themselves, meanwhile, in sucking their fingers most assiduously, with the view of catching up any stray splashes of gruel that might have been cast thereon. Boys have generally excellent appetites. Oliver Twist and his companions suffered the tortures of slow starvation for three months: at last they got so voracious and wild with hunger, that one boy, who was tall for his age, and hadn't been used to that sort of thing (for his father had kept a small cook-shop), hinted darkly to his companions, that unless he had another basin of gruel per diem,[6] he was afraid he might some night happen to eat the boy who slept next him, who happened to be a weakly youth of tender age. He had a wild, hungry eye; and they implicitly believed him. A council was held; lots were cast who should walk up to the master after supper that evening, and ask for more; and it fell to Oliver Twist.

The evening arrived; the boys took their places. The master, in his cook's uniform, stationed himself at the copper; his pauper assistants ranged themselves behind him; the gruel was served out; and a long grace was said over the short commons. The gruel disappeared; the boys whispered each other, and winked at Oliver; while his next neighbours nudged him. Child as he was, he was desperate with hunger, and reckless with misery. He rose from the table; and advancing to the master, basin and spoon in hand, said: somewhat alarmed at his own temerity:

"Please, sir, I want some more."

The master was a fat, healthy man; but he turned very pale. He gazed in stupefied astonishment on the small rebel for some seconds, and then clung for support to the copper. The assistants were paralysed with wonder; the boys with fear.

"What!" said the master at length, in a faint voice.

"Please, sir", replied Oliver, "I want some more."

The master aimed a blow at Oliver's head with the ladle; pinioned him in his arms; and shrieked aloud for the beadle.

The board were sitting in solemn conclave, when Mr. Bumble rushed into the room in great excitement, and addressing the gentleman in the high chair, said, "Mr. Limbkins, I beg your pardon, sir! Oliver Twist has asked for more!"

There was a general start. Horror was depicted on every countenance.

"For more !" said Mr. Limbkins. "Compose yourself, Bumble, and answer me distinctly. Do I understand that he asked for more, after he had eaten the supper allotted by the dietary?"

6 하루에.

"He did, sir", replied Bumble.

"That boy will be hung", said the gentleman in the white waistcoat. "I know that boy will be hung." (Ch. 2)

도제조례(Statute of Apprentices, 1563)도 일반민중의 삶에 밀접하게 관련된 법으로 일종의 산업규제법이다. 주요 내용은 고용인의 고용조건을 제한하는 것이다. 고용기간은 1년 이상으로 하고, 해고할 때나 기간이 만료된 때에는 치안판사의 승인을 요하며, 일정한 직업이 없는 자는 농업경영자에게 고용될 의무를 지며, 30에이커 이상의 토지를 가진 농업경영자는 10세에서 24세 사이의 남자를 고용해야 한다는 규정이다. 도시의 도제 제도는 몇 개의 업종별로 나누어지며, 기간은 7년이며, 노동시간은 여름에는 아침 5시에서 밤 7시나 8시까지, 그 외는 일출에서 일몰까지이며, 치안판사와 시장 등이 임금액을 정한다. 이 조례는 당시 크게 변모하고 있던 농촌에서 노동력을 확보하고 도시의 공업 노동력을 재편성하기 위한 것이며, 봉건사회 해체 후의 새로운 사태에 대처하려는 국가적인 노력의 표현이었다. 그러나 불리한 입장에 있는 도제들을 억압하는 체제로 작용하기도 했다.

찰스 디킨즈의 『위대한 유산』에서 이 도제제도를 잠시 엿볼 수 있다. 주인공 핍은 가난한 집안에서 태어나 부모가 일찍 돌아가시고 누나에게 얹혀사는 신세이다. 누나인 가저리 부인(Mrs. Gargery)은 동생 때문에 마음에 들지 않는 남편과 결혼해서 자신이 힘들게 산다는 생각에 핍을 구박한다. 다행히도 마음씨 좋은 매형 조 가저리(Jo Gargery)는 핍에게 일정한 나이가 되면 자신의 대장장이 기술을 이어받는 도제로 들어오라고 한다. 도제가 되려면 일정한 수업료(premium)를 내야 하지만 착한 조는 핍에게 돈을 받을 생각이 없다. 핍은 대장장이의 도제가 될 날을 즐거운 마음으로 기대하는 중이다. 그러던 어느 날 핍은 동네의 부자이며 정신이 살짝 나간 미스 해비셤(Miss Havisham)의 집에 일하러 갔다가 양녀인 에스텔러(Estella)를 보고 첫눈에 반한다. 에스텔러가 자신에 대해, "이 애는 평범하고 천한 막노동꾼 아이잖아요!"(he is a common laboring boy!)라며 경멸하자 핍은 대장장이의 도제가 되는 것을 수치스럽게 생각하게 된다. 미스 해비셤은 핍의 수고료를 조에게 주었는데, 그 돈을 누나가 도제수업료로 챙긴다. 도제제도를 엿볼 수 있는 이 장면을 살펴보자.

*『위대한 유산』 찰스 디킨즈 지음

"조셉이나 조카댁도 잘 알지만…" 펌블추크는 내 팔꿈치 위쪽 팔을 꽉 붙잡고 말했다. "나는 일을 시작하면 항상 끝장을 보는 사람이라네. 이 녀석을 당장 도제계약에 묶어야 한다네. 이런 게 내가 일을 하는 방식이지. 당장 묶어야 해."

"세상에나, 펌블추크 삼촌." 누나가 (돈주머니를 꽉 쥐고서) 말했다. "이 신세를 어떻게 갚아야 할지요."

"그런 말씀 마시오, 조카 댁." 악마 같은 그 곡물상이 대답했다. "좋은 일은 함께 축하해야지요. 그런데 알다시피 이 녀석 말이오, 우리가 이 녀석을 계약에 묶어야 해요. 단도직입적으로 말해서, 내가 그 일을 맡아서 해주겠다는 거요."

마침 가까운 읍사무소에서 법정이 개정 중이라서 치안판사 앞에서 나를 조의 도제로 삼는 계약을 맺으러 우리는 즉시 그 쪽으로 향했다. 우리가 향했다고 내가 말은 하는데, 사실은 펌블추크에게 떠밀려 끌려간 것이었다. 소매치기를 했던지 아니면 건초더미에 불을 질렀다가 현장에서 붙잡힌 그런 꼴로 말이다. 사실 읍사무소의 법정에 있던 대부분의 사람들은 내가 현장에서 붙잡혔다는 인상을 받았던 모양이었다. 펌블추크가 나를 앞에 내세운 채 사람들의 무리를 헤치고 나가자 어떤 사람들은, "무슨 짓을 저질렀대?"라고 물어보기도 했고, 또 어떤 사람들은 "아직 어린데, 영 고약해 보이는구만, 안 그런가?"라며 수근 대는 소리가 들렸던 것이다. 그 중에서 온후하고 자비로운 얼굴을 한 어떤 사람은 내게 소책자를 한 권 건네주었다. 소시지 가게에 주렁주렁 걸려 있는 소시지 마냥 족쇄를 잔뜩 매달고 있는 사악한 젊은이의 목판화로 장식이 된 그 책에는, 「내 감방에서 읽을 것」이라는 제목이 달려있었다.

읍사무소는 이상한 곳이라는 생각이 들었다. 교회의 신도석보다 더 높은 자리에 방청석이 있었고 사람들은 그 방청석에서 내다보느라고 몸을 잔뜩 내밀고 있었으며, 훌륭하신 판사님들은 (한 분은 머리에 분가루를 바르고 있었다) 판사석 뒤에 푹 기대어 앉아 팔짱을 끼고 있거나, 코담배를 피고 있거나, 혹은 막 잠이 들려고 하거나, 혹은 뭔가를 쓰고 있거나, 혹은 신문을 읽거나 하고 있었다. 벽에 걸려 있는 몇 개의 시커먼 초상화들은 반질거리며 광택이 났으며 예술에는 까막눈인 내게는 아몬드 사탕과자와 반창고의 합성물처럼 보였다.[7] 이곳의 한 쪽 구석에서 내 도제계약서는 정식으로 서명이 되었고 인증을 받았으며 나는 도제로 "묶이게" 되었다. 그동안 내내 펌블추크 씨는 나를 꽉 붙잡고 있었는데, 마치 교수대로 가는 도중에 사소한 준비 절차를 처리하려고 잠깐 거기에 들렀을 뿐이라는 태도였다.

우리가 다시 밖으로 나왔을 때, 내가 공개적으로 처벌당하는 구경을 할 것으로 기대하고 한껏 들떠 떠들썩하게 모여 있던 동네 아이들은 그 상황이 친지들이 나를 후원하며 둘러싸고 있을 뿐이라는 것을 파악하자 몹시 실망한 모습이었다. 그런 애들을 뒤로 한 채 우리는 펌블추크의 집으로 되돌아갔다. 그 집에 이르자 누나는 25기니를 얻은 것 때문에 몹시 흥분한 나머지 이대로 그냥 넘어갈 수 없다며, 횡재한 그 돈으로 우리 모두 <푸른 멧돼지>에서 정찬을 해야만 자신의 속이 후련해지

7 시커멓게 변색된 초상화는 핍에게 흑갈색 아몬드 사탕과자와, 얇은 상처 위에 덧붙인 검은 헝겊 조각처럼 보이는 것 같다.

겠다고 했고, 펌블추크 씨가 이륜마차를 몰고 가서 허블 씨 부부와 웝슬 씨까지 모셔 와야 한다고 주장했다.

그렇게 하기로 의견이 모아지는 바람에 나는 정말로 우울한 하루를 보내게 되었다. 불가사의한 일이지만, 거기 모인 사람들 모두는 마음속으로 당연히 내가 그 흥겨운 모임에서 아무 짝에도 쓸모없는 군더더기 같은 존재라고 여기고 있었다. 게다가 더 기막힌 것은, 그들은 모두 틈만 나면, 간단히 말하자면 할 일이 없어 심심하기만 하면, 나더러 왜 즐거워하지 않느냐고 묻는 것이었다. 그러면 그때, 즐기고 있다고 말하는 외에 내가 어떻게 할 수 있었겠는가? 사실은 전혀 즐겁지 않았지만 말이다.

그러나 그들은 모두 어른들이어서 자기 마음대로 했고 마음껏 즐겼다. 그 사기꾼 펌블추크는 이 모든 상황을 계획하여 이루어지게 한 은인으로 추켜지며 실제로 식탁의 상좌에 앉았다. 그는 좌중에게 내가 도제로 묶이게 된 화제를 언급하면서, 만일 내가 도박을 하거나, 독한 술을 마시거나, 늦잠을 자거나, 나쁜 친구를 사귀거나, 혹은 내 도제계약서에 기재된 내용으로 보건대 거의 필연적으로 저지르게 될 그 외의 여러 탈선행위에 빠져 들 경우에는, 내가 감옥에 잡혀 들어가게 되어있다고 악마처럼 떠벌리며 기뻐했다. 그는 자기 말을 생생하게 뒷받침하려는 듯 나를 자기 옆의 의자 위에 서있게 했다. (13장)

* *Great Expectations* by Charles Dickens

"Now you see, Joseph and wife," said Pumblechook, as he took me by the arm above the elbow, "I am one of them that always go right through with what they've begun. This boy must be bound, out of hand. That's my way. Bound out of hand."

"Goodness knows, Uncle Pumblechook," said my sister

(grasping the money), "we're deeply beholden to you."

"Never mind me, Mum," returned that diabolical cornchandler. "A pleasure's a pleasure all the world over. But this boy, you know; we must have him bound. I said I'd see to it—to tell you the truth."

The Justices were sitting in the Town Hall near at hand, and we at once went over to have me bound apprentice to Joe in the Magisterial presence. I say we went over, but I was pushed over by Pumblechook, exactly as if I had that moment picked a pocket or fired a rick; indeed, it was the general impression in Court that I had been taken red-handed; for, as Pumblechook shoved me before him through the crowd, I heard some people say, "What's he done?" and others, "He's a young 'un, too, but looks bad, don't he?" One person of mild and benevolent aspect even gave me a tract ornamented with a woodcut of a malevolent young man fitted up with a perfect sausage-shop of fetters, and entitled TO BE READ IN MY CELL.

The Hall was a queer place, I thought, with higher pews in it than a church,—and with people hanging over the pews looking on,—and with mighty Justices (one with a powdered head) leaning back in chairs, with folded arms, or taking snuff, or going to sleep, or writing, or reading the newspapers,—and with some shining black portraits on the walls, which my unartistic eye regarded as a composition of hardbake and sticking-plaster. Here, in a corner my indentures were duly signed and attested, and I was "bound"; Mr. Pumblechook holding me all the while as if we had looked in on our way to the scaffold, to have those little preliminaries disposed of.

When we had come out again, and had got rid of the boys who had been put into great spirits by the expectation of seeing me publicly tortured, and who were much disappointed to find that my friends were merely rallying round me, we went back to Pumblechook's. And there my sister became so excited by the twenty-five guineas, that nothing would serve her but we must have a dinner out of that windfall at the Blue Boar, and that Pumblechook must go over in his chaise-cart, and bring the Hubbles and Mr. Wopsle.

It was agreed to be done; and a most melancholy day I passed. For, it inscrutably appeared to stand to reason, in the minds of the whole company, that I was an excrescence on the entertainment. And to make it worse, they all asked me from time to time,—in short, whenever they had nothing else to do,—why I didn't enjoy myself? And what could I possibly do then, but say I was enjoying myself,—when I wasn't!

However, they were grown up and had their own way, and they made the most of it. That swindling Pumblechook, exalted into the beneficent contriver of the whole occasion, actually took the top of the table; and, when he addressed them on the subject of my being bound, and had fiendishly congratulated them on my being liable to imprisonment if I played at cards, drank strong liquors, kept late hours or bad company, or indulged in other vagaries which the form of my indentures appeared to contemplate as next to inevitable, he placed me standing on a chair beside him to illustrate his remarks. (Ch. 13)

20세기에는 성년(age of majority)이 되지 못한 미성년자(minor)를 규정하여 나이에 따라 활동 영역을 한정짓는 미성년자법(Minority Law)이 일상생활과 밀접하게 관련된다. 13세는 시간제 일(part-time job)을 할 수 있고, 14세는 바(Bar)에 출입할 수는 있으나 알콜이 든 음료를 먹지 못하며, 15세는 법적으로 아이(child)가 아니라 젊은이(young person)로 여겨진다. 16세는 학교를 졸업하는 나이이며 집을 나가 독립할 수 있고, 모터달린 자전거(moped)를 몰 수 있고, 음식과 함께 먹을 맥주를 살 수 있으며, 부모의 동의를 받아 결혼이 가능하다. 단 스코틀랜드에서는 이때 부모의 동의 없이 결혼할 수 있다. 17세는 자동차나 소형오토바이(motorbike)를 몰 수 있다. 18세는 성년으로서 투표를 할 수 있고 부모 동의 없이 결혼이 가능하며, 재산을 소유할 수 있고, 문신을 할 수 있고, 술집(pub)에서 술을 마실 수 있다.

2) 사법체계

영국의 사법체계를 살펴보는 일은 간단하지 않다. 잉글랜드와 웨일즈가 같은 제도를 가진 반면, 스코틀랜드와 북아일랜드는 각자의 사법제도를 가지고 있는 등[8] 지역에 따라서 다르며, 역사적으로도 많은 변천을 겪었기 때문이다. 여기서는 잉글랜드를 중심으로 해서 기본적인 면만 살펴보려고 한다.

사법제도의 발전과정을 보면, 로마법(Roman Law)의 영향을 직접 받은 유럽 대륙과 달리 잉글랜드가 앵글로색슨족의 독자적인 제도를 발전시킨 것이 제 1기, 1066년 윌리엄 1세가 노르만 왕조를 수립하면서 왕국 전역에 공통되는 관습법과 판례법으로 보통법(common law)이 형성된 제 2기, 시대가 흐르면서 경직된 보통법을 보완하기 위해 상황에 따른 고려를 추가한 형평법(equity law)이 생긴 제 3기, 사법제도 법(Judicature Acts, 1873)으로 보통법과 형평법을 통합하여 통일법원이 성립된 제 4기로 나눌 수 있다.

잉글랜드와 웨일즈의 사법체계(system of justice)는 민사재판이든 형사재판이든 간에 모두 대심제도(adversarial system)[9]이다. 형사 재판의 경우에도 진실을 밝히려고 노력하는 심문판사(examining judge)가 없으므로 진실을 찾는 것이 법정의 역할이 아니라는 것이다. 법정의 역할은 두 당사자가 낸 논쟁과 증거를 들은 후에 특정한 진술(proposition)에 대해 가부(yes or no)를 결정하는 것뿐이다.

잉글랜드와 웨일즈의 사법재판소(Her Majesty's Courts of Justice of England and Wales)는, (1) 최상급 법정인 대법원(Supreme Court of Judicature), (2) 상급법원(Senior Courts)에 해당되는 항소법원(Court of

---

8 단지 이민법과 군법 등은 같은 제도를 따르고 있다.

9 원고측과 피고측을 대립시켜 진행하는 재판 제도.

Appeal, 2심법원, 1873년 창설)과 고등법원(High Court, 1심법원, 1873년 창설), 형사법원(Crown Court, 1심법원, 1971년 창설), (3) 하급법원(Subordinate Courts)에 해당되는 치안판사 법원(Magistrates' Courts), 주지방법원(County Courts), 가정소송법원(Family Proceedings Courts), 청소년법원(Youth Courts)으로 이루어져 있다.

(1) 최상급법원-대법원(Supreme Court)

오랫동안 영국에서 최고 항소법원의 역할을 한 것은 상원(the House of Lords)이었으며 의회대법원(the High Court of Parliament)이라고 지칭되었다. 상원에 속한 12명의 전문 판사인 상원법관(Law Lords)들이 3명 또는 5명의 합의부를 구성하여 최종심을 담당하였던 것이다. 그러나 이 제도는 시대에 맞지 않고 삼권분립의 원칙에도 어긋나므로 2005년 헌법개혁법(Constitutional Reform Act)을 공표했으며, 2009년 이후 대법원이 영국의 최상급법원이 되었다. 대법원에서는 민사재판에 대한 중요한 법적 의견을 심리하며, 공적으로 중요한 범죄사건도 심리한다. 단 스코틀랜드에서는 사법고등법원(High Court of Justiciary)이 형사대법원이다. 과거에는 상원의장이 대법원장(Lord Chancellor)을 겸임하였으나 현재는 대법원장(Lord Chief Justice)이 따로 임명된다. 현재의 "Lord Chancellor"는 상원의장 겸 신설 법무부장관이다.

(2) 상급법원(Senior Courts)

상급법원으로는 항소법원,[10] 고등법원,[11] 형사법원이 있다.

---

10 공식명칭은 "Her Majesty's Court of Appeal in England."

11 공식명칭은 "Her Majesty's High Court of Justice in England." 영어명칭이 "High Court"이지만 우리나라의 2차 법원(항소법원)인 고등법원이 아니라 1차 법원이다.

* 항소법원(Court of Appeal)

영국재판의 2심은 항소법원에서 담당한다. 3인 합의 재판부를 원칙으로 하고 있으며, 심리방식은 1심법원의 소송기록과 변호사의 변론만 듣고 심리하는 재심(Re-hearing)방식을 채택하기 때문에 새로운 증인 또는 증거 제출은 원칙적으로 불가능하다. 따라서 영국의 재판은 사실관계 입증이 이루어지는 1심에서의 재판이 절대적으로 중요하다.

항소법원은 민사사건과 형사사건을 다 취급하며, 민사부(Civil Division)의 경우 고등법원(High Court)과 주정부법원(County Court)에서 올라온 항소를 취급하며, 형사부(Criminal Division)의 경우 형사법원(Crown Court)에서 올라온 항소를 취급한다.

* 고등법원(High Court)

런던과 26개 시, 군에 설치되어 있으며, 민사사건과 형사사건을 모두 다룬다. 민사의 경우 원칙적으로 5,000파운드 이상 가는 사건을 다룬다. 여왕좌분과(Queen's Bench Division), 형평법분과(Chancery Division), 가정분과(Family Divisions)의 3부로 나누어진다. Q. B. D.는 원칙적으로 계약위반, 불법행위소송 등 일반적인 법률분쟁을 취급하고 단독심을 원칙으로 한다. 형평법분과는 유산, 신탁, 동업조합, 회사파산사간을 취급한다. 1970년 창설된 가정 분과는 결혼, 이혼, 부부재산, 유아 사건등 우리나라의 가정법원 업무를 취급한다.

* 형사법원(Crown Court)

형사법원은 법원법(Courts Act, 1971)의 제정으로 만들어졌다. 이 법이 제정되기 전에는, 고등법원 판사들이 정기적으로 시골을 순회하는 순회법원인 어사이즈(Assizes)와 4계법원(Quarter Sessions)[12]이 그 역할을 했다. 형사법원은 치안판사법원(Magistrates' Courts)에서 송치한 사건을 다루기도 한다. 런던의 가장 중요한 형사법원은 중앙형사법원(Central Criminal Court)인데 올드베일리(The Old Bailey)라는 별칭으로 불린다.

형사법원에서는 기록관(a Recorder),[13] 순회판사(Circuit Judge), 고등법원 판사(High Court judge) 중 한 판사가 배심원(jury)이 있는 곳에서 피고를 재판한다. 어떤 판사가 맡을 것인가에 대한 결정은 사건의 심각성과 복잡성에 달려있다. 배심원의 활동은 피고가 "무죄"(a plea of "not guilty")를 주장할 때 본격화된다.

(3) 하급법원(Subordinate Courts)

하급법원으로는 치안판사법원, 주지방법원, 가정소송법원, 청소년 법원이 있다.

* 치안판사법원(Magistrates' Courts)

치안판사법원은 사소한 경범죄행위를 다루는 법정이다. 이곳의 판사는 지방의 유지(전문법조인이 아님) 중에서 선출된 치안판사나 법적 훈련을 받은 지방판사(district judge)[14]이며 배심원은 두지 않는다. 치안판사의 판결은 다소 한정된 효력을 지닌다. 치안판사법원은 두 가지 방식으로 구성된다. 벤치(bench, 재판부)는 비법조 치안판사(lay magistrates)나 지방판사가 맡아 사건을 심의(hear)한다. 비법조 재판부(lay bench)는 적어도 3명 이상의 치안판사들로 구성된다. 지방판사는 자격있는 변호사(qualified lawyer)이므로 혼자서 법정을 관장하며, 도시에서 일어나는 사건이나 복잡한 사건을 담당한다.

---

12 살인죄를 제외한 형사사건을 다루기 위해 연 4회 개정되었던 지방법원.

13 비상근 판사(part time judge).

14 이전에는 유급치안판사(stipendiary magistrate)가 이를 담당했다.

* 주정부법원(County Courts)

주정부법원은 전적으로 민사재판만 담당하며 법령에 근거한 법정(statutory courts)[15]이다. 지방판사(district judge)나 순회판사(circuit judge) 단독으로 진행하며 배심원이 없다. 이혼판결, 양육이나 입양 등의 개별적인 가족문제를 다룬다.

그 외 가정소송법원과 청소년법원이 있다. 특별한 법원인 심사소(Tribunals)는 가장 하급에 속하는 재판소로 대법관(Lord Chancellor)이 직접 감독한다.

(4) 형사사건(criminal cases)과 민사사건(civil cases)

형사사건은 즉결심판(Summary Judgement)과 기소(Indictment)로 나누어진다. 즉결심판은 치안판사법원에서 이루어지지만 기소는 형사법원에서 다루어진다. 그러나 거의 모든 범죄행위는 일단 치안판사법원에서 시작하여, 계속 그곳에서 다룰 것인지, 형사법원으로 송치할 것인지 결정되는 편이다. 피고소인(the accused)이 고소(charge)를 당하거나 소환(summons)을 받으면 치안판사법원에 1차 출두(first appearance)를 하여 보통 3명의 치안판사단에게서 심의(hearing)를 받는다. 치안판사는 피고소인에 대해 일단 성립되는 사건(prima facie case)[16]인지를, 즉 피고가 죄가 있다고 보는 것이 가능한 사건인지를 결정한다. 기소는 국왕(Crown)을 대신하여 영국검찰(Crown Prosecution Service)이 고소인(plaintiff)이 된다.

범죄의 종류는 "기소필수"(indictable only), "즉결심판"(summary), "양자택일"(either way) 등 세 종류로 나누어진다. 살인과 강간 같은 범죄

15 "statutory"는 오로지 법령에만 근거할 뿐 개인적인 판단을 부여하지 않는다는 뜻.

16 일단 성립되는 사건. 즉 반증이 없는 한 공판 진행과 판결이 충분한 사건.

는 기소필수범죄(Indictable only offences)로 형사법원으로 송치해서 기소 후 재판을 한다. 이 경우 치안판사법원의 치안판사는 피고가 1차 출두 했을 때 바로 그를 형사법원으로 송치해야 한다. 여기서 치안판사가 하는 역할은 피고를 보석(on bail)할 것인지 아니면 구금(in custody)할 것인지 결정하는 것이다. 대부분의 자동차 범죄와 같은 약식범죄(Summary offences)는 대부분 치안판사법원에서 처리되지만 폭행(assault)의 경우 형사법원으로 보내지기도 한다. 양자택일범죄(either way offences)는 도둑질과 같은 중간급 범죄로, 치안판사법원에서 약식으로 재판될 수도 있고 형사법원으로 송치해서 판사와 배심원에 의해 재판될 수도 있다. 형사재판인 경우 90퍼센트 이상이 치안판사법원(magistrates's courts)에서 다루어진다. 치안판사 법원은 거의 모든 도시(town)에 있다.

사건이 형사법원으로 넘어오면 전문적인 법조인이 판사로 활동하며 배심원(Jury)이 참석한다. 판사의 의무는 재판이 진행되는 동안 판정관(referee)으로 역할하면서, 제시된 증거 중 어떤 증거가 유용한지 않은지를 판단한다. 죄가 있다고 판명되면 선고를 선언한다(pronounce sentence).

그런데 심각한 형사사건에서도 아마추어가 중요한 역할을 한다는 점이 이채롭다. 유죄인지 무죄인지에 관한 결정은 판사나 법전문가가 하는 것이 아니라 일반인인 배심원이 하기 때문이다. 12명의 배심원(스코틀랜드에서는 15명)이 유권자 명부에서 무작위로 선출되어 재판을 참관한 후 투표를 하여 10명 이상의 찬성을 얻어 유죄 여부를 결정한다. 그 동안 판결은 배심원 12명의 전원일치제였으나 1967년부터는 10명의 다수결에 따르도록 개정되었다. 다수결로 결론을 낼 수 없는 경우는 판사가 미결정심리(mistrial)를 선포한 후 다른 배심원들을 구성하여 처음부터 다시 사건을 심리한다.

피고는 선고를 받으면 런던의 항소법원에 항소(appeal)할 수 있다. 항소법원에서는 형사법원에서 받은 형이 그대로 확정될 수도 있고 원래의 유죄판결(conviction)이 파기될(quashed) 수도 있다. 유죄판결이 파기되면 이전의 평결(verdict)은 기각되고(overruled) 피고는 "무죄"(not quilty)로 선언되거나 형량이 감소될 수 있다.

민사사건은 1998년의 민사소송규정(Civil Procedure Rules)에 따라 5,000 파운드 이하의 민사소송(civil claims)은 소액청구소송(Small Claims Track)에 속해 주정부법원(County Court)에서 다루어진다. 하루 만에 재판이 가능한 5,000에서 25,000 파운드 사이의 소송은 빠른 소송(Fast Track), 25,000 파운드 이상의 소송은 거액소송(Multi Track)으로 모두 고등법원에서 다루게 된다.

(5) 치안판사와 변호사

영국의 오랜 전통이며 현재까지 존속하는 치안판사[17] 제도는 영국이 공적 생활에서 아마추어리즘을 중시하는 전형적인 예이다. 치안판사는 법적인 지식으로 훈련받은 법조인이 아니라, 훌륭한 인격과 상당한 재력을 가진 사람이며 이들은 지방위원회(local committee)에서 지명을 받아 치안판사로 임명된다.[18] 치안판사는 자녀의 부양, 감독, 보호에 대한 민사사건 뿐 아니라 형사사건도 다룬다. 치안판사는 업무상의 비용을 받을 뿐 봉사에 대한 봉급을 받지 않지만 본인과 가문의 명예로 생각한다. 법률가가 아닌 치안판사가 재판을 할 때는 법률적인 지식이 있는 서기의 도움을 받는다. 물론 법률가 출신인 치안판사도 있고, 유급상근치안판사(이 때는 법률가이어야 한다)가 도시에서 근무하는 경우도 있다.

법정변호사(barrister)와 사무변호사(solicitor) 제도도 영국의 독특한 체제이다. 두 변호사는 별개의 훈련을 받으며 습득하는 기술도 다르고 자

17 magistrate 혹은 Justice of the Peace, JP라고 함.

18 종전에는 선거에 의해 선출되었으나 현재는 대법관이 임명한다.

격시험도 다르다. 사무변호사보다 법정변호사가 더 많은 교육을 받고 교육비도 더 많이 든다. 사무변호사는 자격시험에 합격하면 사무변호사회사에서 2년간의 훈련계약(training contract)을 확보해야 완전한 자격을 얻는다. 법정변호사는 법학원을 졸업하고 자격을 갖춘 후 경험 있는 법정변호사 밑에서 1년의 시보기간(pupillage)을 거친 후 자격을 얻는다.

사무변호사는 의뢰인을 직접 상담하면서 소송을 준비하게 된다. 따라서 소송을 하기 위해 변호사가 필요한 의뢰인은 일단 사무변호사를 찾아간다. 사무변호사는 의뢰인을 위해 서류를 준비하고 증인을 만나 증언을 수집하여 법정에 제출할 서류를 만든다. 사무변호사는 치안판사 법정에서는 고객의 소송을 직접 제시할 수 있지만, 상급법원에서 갈 소송에서는 법정에서 고객을 변호할 법정변호사를 고용해야 한다.

법정변호사는 사무변호사의 의뢰를 받고 법정에서 의뢰인에 대한 변론을 한다. 의뢰인을 직접 만나지 않고 사무변호사가 준비해준 서류만 검토한 후 변론하는 것이다. 이처럼 법정변호사의 주요 역할은 법정에서 사건을 진술(present)하는 것이므로 대부분 언변이 뛰어나다. 과거에는 거의 상류층에서 법정변호사가 조성되었으므로 나중에 판사가 되어서 일반 민중의 문제를 잘 이해하지 못한다는 비판을 듣기도 했다. 상급법원의 법정변호사와 판사는 아직도 옛날식 가운을 입고 가발을 쓰는 전통을 따른다.

최근까지 사무변호사와 법정변호사의 역할은 엄격하게 구분되었다. 사무변호사는 “법정에 출두”(be called to the bar)할 수 없었고, 상급법원에서 사건을 변론하도록 허용되지 않았다. 법정변호사는 사무변호사가 대동한 상태가 아니면 자신이 대변하는 고객이나 증인과 말을 해서는 안 되었다. 그러나 세월이 지나면서 이런 구분이 좀 느슨해졌다. 이제는 사무변호사를 먼저 통하지 않고 법정변호사에게 가는 것이 가능해졌고, 사무변호사가 상급법원에서 사건을 변론할 수도 있다. 그 결과 처음으로 두 변호사가 경쟁하는 체제가 되었다. 현재 사무변호사는 법정변호사보다 약 7배나 더 많다고 한다.

일반적으로 법정변호사가 사무변호사보다 교육도 더 받았고 나이도 더 많으며 수입도 더 많다. 사무변호사와 달리 법정변호사는 대개 독립 사무소를 두고 있으며 의사와 비슷한 전문직으로서의 특권을 누린다. 법정변호사로 10년 정도 근무하면 왕실고문변호사(Queen's Counsel, QC) 자리를 얻게 되며 이후 판사로 임명된다. 판사는 은퇴하는 나이가 늦고 봉급도 많으며 외부의 간섭을 받지 않는 독립성이 유지된다. 또 한 번 임명되면 거의 파면되지 않는다. 판사를 파면하려면 상하 양원의 결의(resolution)가 필요한데 그런 일은 일어난 적이 없다.

인스오브코트 (the Inns of Court, 법학원)는 14세기 초부터 런던의 법원 주변에서 발달한 법조단조합에서 기원하는 영국의 독특한 법학교육 시스템이다. 인(Inn)은 법학교육기관이면서 동시에 학생과 일반 숙박인을 위한 방과 식당이 포함된 숙박시설이며, 교회와 변호사를 위한 사무실도 포함하고 있다. 또한 인은 일종의 남성사교클럽으로도 역할한다. 인의 직원들은 기본자산과 학생이 지불한 비용의 지출을 감독하며, 법조계의 입학자격요건을 조정한다. 인의 구성원은 학생, 법정변호사, 평의원(bencher)이다. 법정변호사 중에서 뽑힌 평의원이 법학원을 관리한다.

인의 이름은 설립자의 이름을 따기도 하고 지명을 따서 붙이기도 했다. 많은 인들이 있었으나 현재는 링컨즈인(Lincoln's Inn), 이너템플(Inner Temple), 미들템플(Middle Temple), 그레이즈인(Gray's Inn) 등 네 개가 법학원으로 법정변호사가 될 후보자의 자격을 수여하는 독점권을 가지고 있다. 영국에서 법정변호사가 되려면 반드시 이 중의 한 법학원에 들어가 공부하고 자격시험에 합격해야 한다.

19세기까지는 활발하게 활동했으나 20세기에 없어진 인으로는 찬서리인(Inns of Chancery)들이 있다. 이 인들은 법학원에 대해 일종의 위성 같은 관계였다. 찬서리인에서 법학원, 변호사 사무실, 거주지 등은 걸어 다닐 수 있는 위치에 있었으며, 링컨즈인홀(Lincoln's Inn Hall) 같은 법정이나 기록보관소와도 가까운 거리였다. 법원의 사무용품 거래자들, 문방구상들, 서류의 복사본을 만드는 필경사들이 이 구역에 살았고, 사무변호사가 되려는 서기들도 이 구역 내에서 여러 준비를 할 수 있었다.

스코틀랜드는 독자적인 법률체계를 갖추고 있다. 스코틀랜드도 대심제도(adversary system)를 사용하지만 앵글로색슨법이 아니라 로마법과 독일법에 기초를 두고 있다. 명칭도 잉글랜드와 웨일즈와 다소 다르다. 법정변호사를 "barrister"가 아니라 "advocate"라고 한다. 선고를 내릴 때는 유죄(guilty)와 무죄(not guilty) 외에, 피고를 처벌할 수는 없으나 완전히 오명을 벗은 것은 아니라는 것을 의미하는 "증거 불충분"(not proven) 선고가 있다.

<잉글랜드와 웨일즈의 법정용어>

on remand	구류 중. 재판을 기다리며 감옥에 있는 것
bail	보석. 범죄로 기소된 사람이 정해진 벌금을 내고 재판이 열릴 때가지 자유롭게 지낼 수 있는 것
party	소송 당사자
claimant	민사법정의 고소인(이전에는 plaintiff라고 했음)
respondent	민사재판의 피고소인
prosecution	형사재판의 원고. 영국검찰(Crown Prosecution Service, CPS)이 이 역할을 함
defendant	형사법정의 피고
verdict	평결
acquitted	혐의 없음. 법정에서 죄가 없다고 밝혀지는 것
convicted	유죄로 결정됨

3) 찰스 디킨즈의 『황폐한 집』을 통해 살펴본 형평법과 찬서리 법원

찰스 디킨즈의 『황폐한 집』(*Bleak House*)은 1852년 3월에서 1853년 9월의 19회에 걸쳐 월간으로 나누어 출판된 후 1853년에 한권으로 출판된 소설이다. 소설의 내용은 잔다이스 대 잔다이스(Jarndyce vs. Jarndyce) 소송이 진행되는 찬서리법원(Court of Chancery, 형평법법원)[19]과 레스터 데드록 경(Sir Leicester Deddlock)과 레이디 데드록(Lady Deadlock)을 둘러싼 사교계에 대한 묘사, 주인공 에스더 섬머슨(Esther Summerson)의 개인적 이야기가 씨줄과 날줄처럼 엮여서 당대에 대한 비판을 생생하게 형상화하고 있다. 특히 법조계에 대한 디킨즈의 비판이 잘 나타나 있다.

이 이야기는 에스더를 중심으로 전개된다. 에스더는 자신을 키워준 대모(Godmother)에게서 너는 태어나지 말았어야 할 존재라는 말을 듣고 충격을 받아, 남에게 봉사하는 착한 사람이 되어 이 사회의 가치 있는 사람으로 받아들여지겠다고 결심한다. 대모가 갑자기 죽자 에스더는 앞길이 막막해지는데 잔다이스의 도움으로 가정교사가 되는 교육을 받게 된다. 에스더가 20세가 되어 직업을 구해야 할 때가 되었을 때 잔다이스에게서 그의 집인 <황폐한 집>에 와달라는 편지를 받는다.

잔다이스는 유산 소송 때문에 정신적, 경제적으로 파산한 선조의 전철을 밟지 않기 위해 소송에 관심을 끊었으며, 대신 다른 사람을 도우면서 보람을 느끼는 60대의 신사이다. 잔다이스는 자신의 친척이며 같은 소송 당사자인 리처드(Richard)와 에이더(Ada)가 고아가 되자 이들을 돌봐주려고 함께 살자고 청하면서 에스더를 에이더의 말동무로 고용한다. 에스

---

19 유산 등의 문제를 주로 다루는 민사법원이며 대법관(Lord Chancellor)이 주재하는 법정. 보통법의 경직된 가혹함을 피하기 위해서 각 사건의 형평을 고려하여 재판하는 형평법을 따르는 법원이다. 형평법은 엘리자베스 1세 때부터 비효율적이라는 비판이 많았으므로, 1850년 때부터 개혁되기 시작해서 1873년에 폐지되었다. 여기서 다루던 소송은 고등법원의 형평법분과(Chancery Division)로 이관되었다.

더는 에이더의 친구에 그치지 않고 잔다이스의 살림을 도맡는 수석가정부의 역할을 한다. 모든 일에 성실한 에스더는, 주변 사람들에게서 자신이 꼭 필요한 소중한 존재라는 칭찬을 듣고 기뻐한다.

에이더와 리처드는 사랑에 빠지지만 리처드는 적당한 직업을 정하지 못하고 방황하다가 결국 잔다이스 소송에만 매달린다. 잔다이스는 소송에 집착하는 리처드를 강력히 만류하지만 리처드는 점점 잔다이스를 불신하며 급기야는 잔다이스가 소송에서 혼자 이익을 보려고 한다는 오해를 할 뿐이다. 에스더는 가난한 의사인 앨런 우드코트(Allan Woodcourt)에게 연정을 느끼지만, 불쌍한 고아인 조(Joe)를 돕는 과정에서 천연두에 걸려 얼굴에 곰보자국을 얻게 되자 우드코트를 포기하기로 결심한다.

그러던 중 에스더는 도도하기로 유명한 사교계의 여왕인 레이디 데드록에게서 자신이 그녀의 사생아라는 고백을 듣고서 어머니에게 폐가 되지 않아야겠다고 다짐한다. 그런데 레이디의 비밀을 알고 압박해오기 시작한 털킹혼(Tulkinghorn) 변호사가 어느 날 살해되자, 레이디는 살인자를 찾는 과정에서 자신의 과거가 세상에 밝혀져서 가문과 명예를 중시하는 남편에게 누가 될 것을 두려워하여 몰래 집을 나가버린다. 레스터 경은 뒤늦게 아내의 과거를 알게 되지만 아내를 사랑하기에 모든 것을 용서하며, 그의 부탁을 받은 버킷(Bucket) 형사와 에스더는 레이디를 찾아 헤매지만, 결국 옛 애인의 무덤가에서 죽은 그녀를 발견한다.

잔다이스 소송은 길고 긴 세월이 지난 후 마침내 끝이 난다. 그러나 새로운 증거가 나와서 완결된 것이 아니라 유산으로 남겨진 전 재산이 소송비용으로 탕진되면서 자연히 소송이 기각되는 허무한 결과이다. 탈진한 리처드는 임신한 에이더를 남기고 죽는다. 잔다이스는 에스더가 얼굴이 흉해졌고 사생아라는 것을 알면서도 <황폐한 집>의 여주인이 되어 달라며 청혼하여 에스더의 승낙을 받는다. 그러나 막상 우드코트가 그녀를 사랑한다는 것을 안 잔다이스는 두 사람의 결혼을 주선한 후, 시골에 안락한 집을 지어 <황폐한 집>으로 이름붙여 에스더에게 선물한다. 이후 잔다이스는 에이더와 그 아들 리처드와 함께 지내며, 에스더는 존경받는 의사의 아내로 행복하게 살아간다.

이 소설에서 비판의 대상이 되는 것은 유산이나 신탁, 담보로 인한 분쟁 등의 문제를 형평법(Equity law)의 원칙에 따라 다루는 찬서리법원이다. 형평법은 판례법을 기준법으로 삼는 보통법과 달리 사건의 성격에 따라 모든 것을 새롭게 생각하여 법의 경직성을 막고 개인의 권리를 보호하기 위한 의도에서 비롯된 것이다. 그러나 세월이 흐르면서 한때는 인간적이고 유연했던 이 제도 역시 경직되어 많은 비판의 대상이 되었다.

찬서리법원을 주재하는 판사는 대법관(Lord Chancellor)[20]이다. 찬서리법원 직원들, 기록보존관,[21] 세 명의 부대법관이 대법관을 보좌한다. 소송의 양당사자가 사무변호사를 통해서 제출한 진술서를 법정에서 법정변호사가 큰소리로 읽으면[22] 판사가 최종판단을 한다. 소송인은 법정에서 직접 자신의 견해를 밝힐 수 없다.

소송이 진행되는 과정을 구체적으로 살펴보자. 어느 부자가 하인들에게 자신의 재산 중 일부를 나누어주고 나머지는 모두 제 1 조카에게 물려준다는 유언을 남겼다. 그러자 상속에서 배제된 제 2의 조카는 그 유언장이 잘못된 것이라며 자신이 재산을 상속받았다는 주장을 하고자 한다. 그는 사무 변호사를 고용해 소송을 제기하면서 고소인이 되고, 제 1 조카가 피고소인이 된다. 이 소송은 찬서리법원으로 가게 된다. 소송이 걸린 순간부터 상속자들은 문제의 재산에 일체 손을 댈 수 없다. 모든 재산은 판결이 날 때까지 법원에 압류되므로 집이 찬서리에 잡혀있다는 말이 나

20 영국 법조계에서 가장 높은 직이며 내각의 일원이며 상원의 의장이다.

21 대법관의 보좌관이며 지금은 고등법원 판사

22 『황폐한 집』의 소송인들은 모두 증거를 내기 위해서가 아니라 진행과정을 듣기 위해서 법원에 간다.

온다. 법원은 재산을 압류하여 향후 재판에 들 비용을 미리 확보해 두는 것이다. 따라서 하인들도 주인이 남긴 돈을 전혀 받을 수 없다. 당시 <타임즈>지에, 친절한 주인에게서 집사, 가정부, 정원사들이 유언으로 상당한 액수를 받았는데도 그 재산이 소송으로 압류된 관계로 생활비가 없어 교구의 돈으로 살아가고 있다는 비판의 기사가 실리기도 했다.

소송이 시작되면 소송인들은 사무변호사와 서기를 고용해서, 심리에 낼 증거와 증인을 모아야 한다. 증인들의 생계비와 여행비는 전부 소송인이 부담해야 한다. 모든 증거물의 복사본을 만드는 비용도 소송인들이 부담한다. 그래서 디킨즈가 "기소장, 반소장, 답변서, 제2 답변서, 강제명령서, 진술서, 논쟁서, 보좌관께 보내는 회부서, 보좌관 보고서, 산처럼 많은 돈 잡아먹는 터무니없는 서류들"이라고 묘사한 수많은 서류가 만들어진다.

사건에 따라 어떤 법을 적용할 것인가에 대한 논란이 생기기도 한다. 예를 들면 『베니스의 상인』(*The Merchant of Venice*)에서, 빌린 돈을 갚지 못하는 안토니오(Antonio)의 살 1파운드를 잘라내겠다는 샤일록(Shylock)은 보통법의 원칙을 적용하기를 원하지만, 판사로 변장한 포셔(Portia)는 형평법의 원칙을 적용하려고 한다. 이처럼 해당 소송을 어느 법정이 맡아야 하는가에 대해서 논란이 있으면 재판은 더 시간을 끌게 마련이다. 이런 상황이 적지 않았다. 『황폐한 집』에서도 "찬서리법원이 현안들을 보통법법원에 보낸다. 보통법은 현안들을 형평법으로 돌려보낸다"라고 묘사된다.

제때에 해결된 소송도 있었으나 대개는 질질 끄는 경우가 더 많았다. 『황폐한 집』의 모델이 된 것은 1798년에 시작된 윌리엄 제닝스(William Jennings) 소송으로 이 소설을 쓸 무렵에도 여전히 해결되지 않은 상태였다. 또 다른 모델은 데이(Day) 사건으로 1834년에 시작되었는데 1853년 무렵에도 아직 끝나지 않았다. 이 소송과 관련된 변호사의 수는 17명에서

40명까지 되었으므로 영국의 법정변호사 전부가 참가했다고 이야기되기도 했다.

1844년, 디킨즈는 자신의 저작권을 보호하기 위해 5개의 해적판 출판사를 고소했다. 소송이 끝나기까지 예상보다 시간이 많이 걸렸으며 디킨즈에게 유리하게 판결이 났는데도 그가 받은 손해배상료보다 소송비용이 훨씬 더 많이 들었다. 디킨즈는, "차라리 큰 악을 견디는 게 법이라는 훨씬 더 큰 악에 기대는 것보다 더 낫다."고 불만을 토로했다. 디킨즈가 『황폐한 집』을 쓸 무렵 의회는 찬서리법원을 개선하는 법안을 상정 중이었고 이후 1858년, 1862년, 1873년에 걸쳐 개선 법안이 통과되었다.

당시 법원은 여름(7월에서 10월까지)에는 개정을 하지 않았다. 법원이 개정하는 기간은 힐러리 기(Hilary Term, 1월 11일에서 31일), 이스터 기(Easter term 4월 15일에서 5월 8일), 트리니티 기 (Trinity Term, 5월 22일에서 6월 12일), 미컬머스 기 (Michaelmas Term, 11일 2일에서 25일)이다. 이 개정기간 사이에도 개정할 수는 있지만, 그 경우에는 원래의 재판소인 웨스트민스터홀이 아니라 링컨즈인홀(Lincoln's Inn Hall)에서 재판을 하는 것이 관례였다. 다음의 인용문은 『황폐한 집』에서 찬서리법원을 소개하는 부분이다. 여름 휴가기간이라 링컨즈인홀에서 법정이 열리고 있다.

* 『황폐한 집』 찰스 디킨즈 지음

납처럼 답답한 오래된 지자체[23]의 문지방으로 적절한 장식물인, 꼭대기에 납으로 된 장식이 달려있는 오래된 장애물인 템플바[24] 근처에서는, 스산한 오후는 더할 수 없이 스산하고, 짙은 안개는 더할 수 없

23 런던.

24 런던의 구시가로 들어가는 아치입구 중의 하나로, 꼭대기에 납장식이 있는 이 "장애물"인 템플 바(Temple Bar)는 1672년 크리스토퍼 렌(Christopher Wren, 1632~1723)이 다시 지었으나 교통에 장애가 된다하여 1878년에 철거됨.

이 짙고, 진흙탕 길은 더할 수 없이 진흙탕이다. 템플바 바로 옆, 링컨즈 인홀의 안개의 한 가운데에 대법관 나리께서 찬서리대법원에 앉아계신다.

오늘 하늘과 땅이 보시기에 머리가 허연 죄인들 중에서도 가장 해로운 죄인인 찬서리대법원이 처해 있는, 이 더듬거리고 허우적대는 상황과 딱 어울릴 정도로 그처럼 안개가 짙게 낄 수는, 그처럼 진흙탕이 깊이 깔릴 수는 결코 없을 것이다.

그런 오후라면, 대법관 나리는 머리에 흐릿한 안개 후광을 두르고, 주홍색 천과 커튼으로 부드럽게 둘러싸인 채, 지금 그러하듯이, 여기 앉아 있게 된다. 그분은, 구레나룻을 잔뜩 길렀고 목소리가 작으며 지루하게 긴 소송사건 적요서를 들고 있는 덩치 큰 변호사의 말을 들으면서, 외견상으로는 천장의 채광창[25]을 응시하는 듯하다. 하지만 거기서 안개 말고는 아무 것도 볼 수 없을 것이다. 그런 오후에는, 찬서리법원의 수십 명의 구성원들이, 지금 그러하듯이, 끝도 없는 소송의 수만 단계 중의 하나에 몽롱하게 몰입해 있을 것이다. 애매한 판례로 서로를 걸고넘어지고, 전문용어에 무릎까지 빠져 더듬거리며, 염소털과 말털[26]로 감싼 머리를 언어의 벽에 부딪치며, 마치 배우들이 하듯이 진지한 얼굴로 형평[27]의 핑계를 대면서. 그런 오후에는, 소송에 참가한 다양한 사무변호사들이, 그들 중 두서넛은 거기서 한 몫을 단단히 챙긴 부친에게서 소송을 이어받았을 터인데, 기소장, 반소장, 답변서, 제 2답변서, 강제명령서, 진술서, 논쟁서, 보좌관께 보내는 회부서, 보좌관 보고

25 지붕까지 올라간 등 모양의 구조물로 환기를 위해 만들어진 옥상의 창문.

26 변호사들의 공식적인 가발. 판사와 상위급 법정변호사는 염소털 가발을 쓰고 하위급 법정변호사는 거친 말털 가발을 씀.

27 공정하다는 의미이면서 동시에 형평법을 적용시키는 찬서리법원의 법체계를 의미함.

서, 그리고 돈 잡아먹는 터무니없는 서류들을 산더미처럼 앞에 쌓아둔 채, 기록 보존관의 붉은 탁자와 비단 가운[28]사이에 있는 깔개가 깔린 긴 변호인석[29] (그러나 여러분은 그 밑바닥에서[30] 진리를 찾으려 해도 소용없을 것이다)에 한 줄로 서있을 것이다. 당연히, 법정 안은 여기저기서 꺼져가는 촛불로 침침할 것이다. 당연히, 안개는 마치 절대로 나가지 않을 것처럼 그 속에 무겁게 걸려 있을 것이다. 당연히, 채색유리창은 색을 잃어버리고 대낮의 빛을 그곳에 들이지 않을 것이다. 당연히, 법에 생소한 거리의 사람들은 문에 붙은 유리창을 통해 들여다보다가, 어두컴컴한 분위기 때문에, 또 푹신한 연단에서 천정까지 활기 없이 메아리치는 느린 말투 때문에 들어오지 못하고 머뭇거릴 것이다! 그 연단에서 대법관 나리는 빛도 들어오지 않는 채광창을 올려다보고 있으며, 그 옆에 가발 쓴 작자들은 모두 안개둑[31]에 쳐박혀 있다. 이곳이 찬서리 법원이다. 이곳은 모든 주에서 허물어지고 있는 집들과 황폐해진 땅을 거느리고 있다. 이곳은 모든 정신병자 수용소에 지쳐버린 광인들을,[32] 모든 교회묘지에 죽은 자들을 거느리고 있다. 이곳은, 뒤축이 닳아빠진 구두를 신고 실이 나달나달할 정도로 낡은 옷을 입고는 조금이라도 아는 사람이면 돌아가며 돈을 빌리고 구걸하는 파멸한 소송인을 거느리고 있다. 이곳은 돈이 있는 자에게 올바른 자를 지치게 하는 수단을 풍성하게 주며, 이곳은 재정, 인내, 용기를 그토록 고갈시키며, 그토록 머리를 뒤집어놓고 가슴을 부셔버려서, 여기서 일하는 사람들 중에 명예를 아는 사람이라면, "여기 오느니 차라리 네게 가해질 어떤 잘못이라

28 왕립변호사가 입는 옷. 왕립변호사는 상위급 법정변호사로 특별좌석이 있음.

29 코코넛으로 만든 깔개가 법정의 바닥을 덮는데 사용되었음.

30 변호인석은 'well'인데, 우물이라는 뜻도 있으므로 밑바닥이라는 말을 함.

31 해상에서 육지처럼 보이는 짙은 안개.

32 찬서리 판결은 개인이 비정상적이라고 공표하거나 그를 정신병원에 수용하는 것 등을 결정하는 일도 포함함.

도 견뎌라!"는 경고를 할 수 밖에 없을 것이다. 실제로는 그리 자주 경고를 하지도 않지만.

이 음산한 오후, 대법관 나리의 법정에 대법관 나리와 그 소송의 법정변호사, 어떤 소송에도 절대 끼지 못하는 두 세 명의 법정변호사, 그리고 이미 언급한 변호인석의 사무변호사들 외에 누가 또 있을까? 판사님 아래에는 가발을 쓰고 법복으로 정장을 한 기록보존관이 있다. 법정 공무원인지, 변호사 감사관인지, 왕실 수입 관리인인지, 아니면 뭐든지 간에, 두세 명 정도가 각자의 직급에 맞는 법복을 입고 있다. 모두들 하품을 하고 있다. 잔다이스 대 잔다이스(현재 심리중인 소송)는 벌써 오래 전에 짜낼 대로 짜내어, 여기에서는 우스갯거리 한 조각도 떨어지는 법이 없기 때문이다. 잔다이스 대 잔다이스 소송이 올라오면 속기사들, 법정기자들, 신문기자들은 나머지 정규직원들과 함께 가차 없이 물러가 버린다. 그들이 있던 자리는 텅 비어있다. 홀 옆면의 좌석에 서서 커튼으로 가려진 성역[33]을 더 잘 들여다보려고 하는 사람이 있는데, 바로 찌그러진 보닛을 쓴 자그마한 정신 나간 노파이다.[34] 그녀는 개정 때부터 폐정 때까지 항상 법정에 나와서, 뭔지 이해가 안 되는 판결이라도 그저 자신에게 우호적으로 내려지기만을 늘 고대하고 있다. 그녀가 정말로 소송의 당사자이거나 당사자였다고 말하는 사람도 있다. 그러나 확실히 아는 사람은 아무도 없는데, 아무도 그녀에게 관심을 두지 않기 때문이다. 그녀는 자신의 서류라면서 잡동사니 몇 개를 손가방에 넣어 다니는데, 그건 주로 종이 불쏘시개와 말린 라벤더 꽃이다. 창백한 얼굴의 죄수가 "자신이 당한 모욕을 깨끗이 씻어내겠다"며 직접 청원을 하러 여섯 번째로 법정에 나왔지만, 그 일을 해낼 수 있을 것 같지는 않다. 그는 유일한 생존 소송인이지만, 머리가 굳어버려 자

33 대법관이 앉아 있는 높은 좌석은 삼면에 커튼이 둘러쳐 있음.

34 플라이트 양.

신도 잘 알지 못하는 일을 설명하는 것이 불가능한 상태다. 그러는 동안 그의 삶은 끝장나 버렸다. 또 다른 파멸한 소송인은 정기적으로 슈롭셔에서 올라와서 그날의 업무가 끝날 무렵 대법관에게 말을 하려고 애를 써본다. 그는 대법관이 사반세기동안 자신의 존재를 황폐하게 만들어놓고도, 법적으로 자신의 존재를 전혀 모른다는 사실을 도무지 받아들일 수가 없다. 그는 적당한 자리를 잡고 앉아 판사에게 시선을 고정하고 있다가 판사가 일어나는 순간, 낭랑하게 울려 퍼지는 불만에 찬 목소리로 "재판장님!"하고 부를 준비를 하고 있다. 이 소송인을 알아본 변호사 서기들과 몇몇 사람이, 이번에는 그가 어떤 재미를 제공해서 이 음산한 날씨를 다소 활기차게 만들어줄까 기대하며 머뭇거리고 있다.

잔다이스 대 잔다이스가 단조롭게 진행되고 있다. 이 허수아비 같은 소송은 시간이 흐르는 동안 너무 복잡해져서 도대체 그게 무슨 소린지 누구도 알지 못한다. 이 소송에 대해 제일 모르고 있는 사람들은 소송의 당사자들이다. 알려진 바로는, 어떤 찬서리 변호사들도 그 소송에 대해 5분만 얘기하다보면 전술한 모든 사항에 대해 전적으로 의견을 달리하게 된다고 한다. 수없이 많은 아이들이 이 소송에 얽힌 채 태어났고, 수없이 많은 젊은이들이 이 소송에 얽힌 채 결혼했고, 수없이 많은 노인들이 죽어서 이 소송에서 풀려나갔다. 수십 명의 사람들이 이유도 알지 못한 채 자신이 잔다이스 대 잔다이스의 소송인이 되어 있음을 깨닫고는 넋이 나갔다. 온 가문이 그 소송에 대한 전설적인 증오심을 물려받았다. 잔다이스 대 잔다이스가 해결되면 새 목마를 받을 거라고 약속받았던 꼬마 원고나 피고는, 성인이 되어 진짜 말을 소유하게 되었다가 종종거리며 저승으로 떠났다. 법원의 소녀 피후견인[35]은 어머니로,

35 찬서리법원에서 후견인을 지정해주는 미성년자들

할머니로 시들어갔다. 대법관들의 긴 행렬이 들어왔다 빠져 나갔다. 그 소송의 수많은 조서는 단순한 사망조서로 탈바꿈했다. 늙은 톰 잔다이스가 절망에 빠져 찬서리레인의 찻집에서 총알로 머리를 날린 후로, 지상에는 이제 세 명의 잔다이스도 남아 있지 않을 것이다. 그러나 잔다이스 대 잔다이스는 여전히 법정에서, 영원히 가망 없이, 황량하고 길게 끌어가고 있다.

잔다이스 대 잔다이스는 농담거리가 되어버렸다. 그것이 그 소송이 만들어낸 유일한 좋은 점이다. 그것은 수많은 사람에게는 죽음과 마찬가지지만, 그 직업판에서는 농담거리다. 찬서리의 모든 보좌관들은 그 소송을 통해 경력을 쌓았다. 모든 대법관들은 법정에서 변호사였을 때, 이 사람을 대변해서건 저 사람을 대변해서건, "거기에 관련"했었다. 푸르뎅뎅한 코[36]에 알뿌리 모양의 구두[37]를 신은 법학원의 평의원들은 정찬 후 홀에서 포트와인[38]을 마시는 특별모임에서 그 소송에 대한 유쾌한 얘기를 주고받기도 했다. 도제 계약을 맺은 서기들은 그 소송을 두고 자신들의 법적인 재치를 시험해보는 습관에 들게 되었다. 지난번 대법관은, 훌륭한 왕립변호사이신 블로워 씨가 하늘에서 감자가 비처럼 내릴 때나 그런 일이 일어날 거라고 하자, "혹은 블로워 씨, 우리가 잔다이스 대 잔다이스를 끝냈을 때 일어날 수 있지요."라고 답하면서 매끈하게 수습했다. 이 말은 특히 법정 공무원과 변호사 감사관과 왕실 수입 관리인을 웃긴 농담이었다.

잔다이스 대 잔다이스가 그 건강하지 않은 손을 뻗쳐 소송과 관련된 사람들을 얼마나 많이 망치고 타락시켰는지를 살펴보면 아주 광범위하다. 서류가 잔뜩 꿰어져 있는 서류철 위에 다량의 잔다이스 대 잔

36 포트와인을 오랫동안 많이 마셨다는 것을 나타냄.

37 포트와인을 많이 마셔서 통풍에 걸렸기 때문에 이런 구두를 신음.

38 포르투갈 산의 단 적포도주.

다이스의 소환장이 먼지가 쌓인 채 여러 행색으로 징글맞게 꿈틀거리고 있게 방치해 둔 보좌관에서 시작해서, 변함없이 똑같은 제목을 달고 있는 찬서리법원용 2절지 수만 장을 베껴 쓴 여섯 서기 사무소[39]의 필사 서기에 이르기까지 그 소송으로 인해 어떤 사람의 성격도 나아진 바가 없었다. 갖은 종류의 거짓 변명을 하며, 속임수를 쓰고, 회피하고, 지연하며, 강탈하고, 성가시게 구는 그들의 행동이야말로 결코 좋다고 할 수 없는 그 소송의 영향력이다. 사무변호사들의 사환아이들은 아주 오래전부터 치즐 씨나 미즐 씨 등등이 특별한 일을 하고 있고 정찬 때까지 약속이 있다고 주장하면서 불쌍한 소송인들의 접근을 막아왔지만, 잔다이스 대 잔다이스로부터 도덕적 사기와 술책을 추가로 체득하였을 것이다. 재산 관리인은 소송으로 인해 상당한 금액의 돈을 얻었으나 또한 자신의 어머니에 대한 불신과 자신과 같은 유의 인간에 대한 경멸감도 얻었다. 치즐과 미즐, 그리고 기타 등등은, 잔다이스 대 잔다이스가 종결되면 그때는 그 중요한 작은 문제를 들여다봐서, 잘 대우받지 못했던 드리즐을 위해 무엇을 할지 살펴봐야겠다고 막연하게 혼자 다짐하는 습관에 젖어들었다. 최대한 다양한 방식으로 속이고 사기치는 일이 그 운 나쁜 소송에 의해 널리 파종되었다. 그 악의 아주 바깥 가장자리에서 소송의 변천을 관조하던 자들조차도, 나쁜 일은 원래 정해진 나쁜 길로 가게 내버려두는 수밖에 없다는 안이한 생각에 무심하게 빠져들었고, 다소 냉담한 태도로, 만일 세상이 잘못된다면 그 세상은 잘 되어가게 예정되지 않았기 때문이라고 믿어버렸다. (1장)

39 대법관에게 소송서류가 넘어가기 전에 거치는 곳. 이곳이 재판이 지연되게 하는 주범이었다고 함.

* *Bleak House* by Charles Dickens

The raw afternoon is rawest, and the dense fog is densest, and the muddy streets are muddiest near that leaden-headed old obstruction, appropriate ornament for the threshold of a leaden-headed old corporation, Temple Bar. And hard by Temple Bar, in Lincoln's Inn Hall, at the very heart of the fog, sits the Lord High Chancellor in his High Court of Chancery.

Never can there come fog too thick, never can there come mud and mire too deep, to assort with the groping and floundering condition which this High Court of Chancery, most pestilent of hoary sinners, holds this day in the sight of heaven and earth.

On such an afternoon, if ever, the Lord High Chancellor ought to be sitting here — as here he is — with a foggy glory round his head, softly fenced in with crimson cloth and curtains, addressed by a large advocate with great whiskers, a little voice, and an interminable brief, and outwardly directing his contemplation to the lantern in the roof, where he can see nothing but fog. On such an afternoon some score of members of the High Court of Chancery bar ought to be — as here they are — mistily engaged in one of the ten thousand stages of an endless cause, tripping one another up on slippery precedents, groping knee-deep in technicalities, running their goat-hair and horse-hair warded heads against walls of words and making a pretence of equity with serious faces, as players might. On such an afternoon the various solicitors in the cause, some two or three of whom have inherited it from their fathers, who made a fortune by it, ought to be — as are they not? — ranged in a line, in a long matted well (but you might look in vain for truth at the bottom of it) between the registrar's red table and the silk gowns, with bills, cross-bills, answers, rejoinders, injunctions, affidavits, issues, references to masters, masters' reports, mountains of costly nonsense, piled before them. Well may the court be dim, with wasting candles here and there; well may the fog hang heavy in it, as if it would never get out; well may the stained-glass windows lose their colour and admit no light of day into the place; well may the uninitiated from the streets, who peep in through the glass panes in the door, be deterred from entrance by its owlish aspect and by the drawl, languidly echoing to the roof from the padded dais where the Lord High Chancellor looks into the lantern that has no light in it and where the attendant wigs are all stuck in a fog-bank! This is the Court of Chancery, which has its decaying houses and its blighted lands in every shire, which has its worn-out lunatic in every madhouse and its dead in every churchyard, which has its ruined suitor with his slipshod heels and threadbare dress borrowing and begging through the round of every man's acquaintance, which gives to monied might the means abundantly of wearying out the right, which so exhausts finances, patience, courage, hope, so overthrows the brain and breaks the heart, that there is not an honourable man among its practitioners who would not give — who does not often give — the warning, "Suffer any wrong that can be done you rather than come here!"

Who happen to be in the Lord Chancellor's court this murky afternoon besides the Lord Chancellor, the counsel in the cause, two or three counsel who are never in any cause, and the well of solicitors before mentioned? There is the registrar below the judge, in wig and gown; and there are two or three maces, or petty-bags, or privy-purses, or whatever they may be, in legal court suits. These are all yawning, for no crumb of amusement ever falls from JARNDYCE AND JARNDYCE (the cause in hand), which was squeezed dry years upon years ago. The short-hand writers, the reporters of the court, and the reporters of the newspapers invariably decamp with the rest of the regulars when Jarndyce and Jarndyce comes on. Their places are a blank. Standing on a seat at the side of the hall, the better to peer into the curtained sanctuary, is a little mad old woman in a squeezed bonnet, who is always in court, from its sitting to its rising, and always expecting some incomprehensible judgment to be given in her favour. Some say she really is, or was, a party to a suit, but no one knows for certain because no one cares. She carries some small litter in a reticule which she calls her documents, principally consisting of paper matches and dry lavender. A sallow prisoner has come up, in custody, for the half-dozenth time to make a personal application "to purge himself of his contempt", which, being a solitary surviving executor who has fallen into a state of conglomeration about accounts of which it is not pretended that he had ever any knowledge, he is not at all likely ever to do. In the meantime his prospects in life are ended. Another ruined suitor, who periodically appears from Shropshire, and breaks out into efforts to address the Chancellor at the close of the day's business and who can by no means be made to understand that the Chancellor is legally ignorant of his existence after making it desolate for a quarter of a century, plants himself in a good place and keeps an eye on the judge, ready to call out "My Lord!" in a voice of sonorous complaint on the instant of his rising. A few lawyers' clerks and others who know this suitor by sight linger on the chance of his furnishing some fun and enlivening the dismal weather a little.

Jarndyce and Jarndyce drones on. This scarecrow of a suit has, in course of time, become so complicated that no man alive knows what it means. The parties to it understand it least, but it has been observed that no two Chancery lawyers can talk about it for five minutes without coming to a total disagreement as to all the premises. Innumerable children have been born into the cause; innumerable young people have married into it; innumerable old people have died out of it. Scores of persons have deliriously found themselves made parties in Jarndyce and Jarndyce without knowing how or why; whole families have inherited legendary hatreds with the suit. The little plaintiff or defendant who was promised a new rocking-horse when Jarndyce and Jarndyce should be settled has grown up, possessed himself of a real horse, and trotted away into the other world. Fair wards of court have faded into mothers and grandmothers; a long procession of Chancellors has come in and gone out; the legion of bills in the suit have been transformed into mere bills of mortality; there are not three Jarndyces left upon the earth perhaps since old Tom Jarndyce in despair blew his brains out at a coffee-house in Chancery Lane; but Jarndyce and Jarndyce still drags its dreary length before the court, perennially hopeless.

Jarndyce and Jarndyce has passed into a joke. That is the only good that has ever come of it. It has been death to many, but it is a joke in the profession. Every master in Chancery has had a reference out of it. Every Chancellor was "in it", for somebody or other, when he was counsel at the bar. Good things have been said about it by blue-nosed, bulbous-shoed old benchers in select port-wine committee after dinner in hall. Articled clerks have been in the habit of fleshing their legal wit upon it. The last Lord Chancellor handled it neatly, when, correcting Mr Blowers, the eminent silk gown who said that such a thing might happen when the sky rained potatoes, he observed, "or when we get through Jarndyce and Jarndyce, Mr Blowers" — a pleasantry that particularly tickled the maces, bags, and purses.

How many people out of the suit Jarndyce and Jarndyce has stretched forth its unwholesome hand to spoil and corrupt would be a very wide question. From the master upon whose impaling files reams of dusty warrants in Jarndyce and Jarndyce have grimly writhed into many shapes, down to the copying clerk in the Six Clerks' Office who has copied his tens of thousands of Chancery folio-pages under that eternal heading, no man's nature has been made better by it. In trickery, evasion, procrastination, spoliation, botheration, under false pretences of all sorts, there are influences that can never come to good. The very solicitors' boys who have kept the wretched suitors at bay, by protesting time out of mind that Mr Chizzle, Mizzle, or otherwise was particularly engaged and had appointments until dinner, may have got an extra moral twist and shuffle into themselves out of Jarndyce and Jarndyce. The receiver in the cause has acquired a goodly sum of money by it but has acquired too a distrust of his own mother and a contempt for his own kind. Chizzle, Mizzle, and otherwise have lapsed into a habit of vaguely promising themselves that they will look into that outstanding little matter and see what can be done for Drizzle – who was not well used – when Jarndyce and Jarndyce shall be got out of the office. Shirking and sharking, in all their many varieties have been sown broadcast by the ill-fated cause; and even those who have contemplated its history from the outer-most circle of such evil have been insensibly tempted into a loose way of letting bad things alone to take their own bad course, and a loose belief that if the world go wrong it was in some off-hand manner never meant to go right. (Ch. 1)

9 영국의 생활과 교육

1) 영국인의 전형적 특징

전형적인 영국인에 대해서는 많은 일화가 있다. 전형이란 과장된 일반화이므로 당연히 모든 영국인에게 적용되는 것은 아니지만 이런 전형이 문화적 진실을 포함하고 있기도 하므로 살펴볼 필요가 있다.

영국인들은 반지적인(unintelligent) 것을 더 존중하는 정서를 나타낸다. 심지어 “지적인”(intellectual)이라는 단어를 부정적으로 여기는 성향도 있다. “공부벌레”(swot)라는 표현은 영국의 사립학교에서 처음 사용되었는데, 열심히 공부하여 학구적으로 성공한 사람을 뜻한다. 그러나 이 표현은 사실은 빈정대는 말(term of abuse)이며 공부벌레라고 불리는 사람들은 대체로 인기가 없었다. 학교에서 열심히 공부하는 학생은 선생의 아첨꾼(teacher's pet)이라고 여겨졌다. 심지어 “누구도 똑똑이를 좋아하지는 않지.”(nobody likes a smartarse.)라며 은근히 비꼬는 경향도 있다.

어른인 경우에도 “영리하다”(clever)고 표현하면 부정적인 평가를 내포하고 있다고 생각한다. 즉 영리한 사람은 자기 이익을 챙기는데 빈틈이 없는, “아주 교활한”(too clever by half) 사람이므로 신뢰할 수 없다는 의미를 담고 있다. 혹은 어떤 사람이 “책에서 배운 지식 밖에 없다”(gets all their ideas from books)는 것은 그가 사태를 제대로 이해하지 못하며 상식

(common sense)이 부족하다는 부정적인 뉘앙스를 지니고 있다. 상식이야말로 영국에서 가장 중요하게 여겨지는 미덕이다.

영국인은 줄서기를 좋아한다고 한다. "영국인은 자기 혼자 밖에 없어도 제대로 줄을 선다."(An Englishman, even if he is alone, forms an orderly queue of one.)는 농담이 있을 정도로 영국인의 줄서기는 유명하다. 이것이 영국인이 질서를 잘 지킨다는 평판의 근거가 되고 있다. 그런데 영국인이 줄서기를 잘하며 질서를 잘 지키는 더 근본적인 이유는 그들의 폭력적인 분노를 억제하기 위해서라는 주장도 있다. 영국의 언론인 길(A. A. Gill)은 『분노의 섬』(*The Angry Island,* 2005)에서, "영국인은 줄을 서야하기 때문에 줄을 선다. 그러지 않으면 서로를 죽일 테니까."(The English queue because they have to. If they didn't, they'd kill each other.)라고 말한다. 영국인은 무엇보다도 (불)공정함((un)fairness)을 당하지 않으려고 곤두서 있기 때문에 항상 분노를 느끼고 있는데, 분노를 소용없는 폭력으로 바꾸는 대신 "영웅적인 자제력"(heroic self-control)을 개발했으며 줄서기가 그 예라는 것이다. 그럴 듯한 이야기이다. 영국인이 다른 나라 사람들보다 감사하다는 인사나 미안하다는 말을 많이 하므로 정중하다는 평가를 받는데, 이것도 사실은 그들이 폭력적이기 때문에 생긴 성향일까?

영국인은 대체로 약자(underdog)의 편이다. 예를 들면 도로에서 약자는 보행자(pedestrian)이다. 영국의 교통법상 사람이 건널목(zebra crossing)에 단 한 발만 걸쳐도 차는 멈추어야 한다. 한편 영국의 보행자에게 신호등은 명령이 아니라 충고에 불과하다. 그들은 신호등이 붉은 색이라도 차가 없으면 자신들이 길을 건널 권리가 있다고 여긴다. 영국에서는 달리는 자동차 사이로 몸을 피하면서 길을 건너는 것(jaywalking)이 불법으로 여겨지지 않는다.

영국인은 만날 때마다 날씨에 대한 말을 많이 한다는 평판을 듣는다.

사실 날씨가 변덕스럽고 좋을 때가 별로 없는 영국의 상황에서 날씨의 변화나 모처럼 맞는 화창한 날씨는 충분히 화제 거리가 될 만 하다. 그런 한편 날씨를 화제로 삼는 습관은 예부터 정중한 관례(polite conventions)를 지키려는 노력에서 비롯된 것이다. 무례한 개인적인 질문을 하지 않으면서 동시에 무례한 침묵(rude silence)도 피할 수 있는 좋은 방책으로 고안한 것이다. 날씨는 필요 없는 대화를 삼가거나 대화의 공백을 메우고(to fill the gap) 싶을 때 가장 좋은 주제이기 때문이다.

"초라한 영국인"(the scruffy British)이라는 표현은 예부터 다른 유럽인에 비해 옷을 맵시있게 갖춰 입지 못하는 영국인을 빗대는 말이다. 세계 각국 사람들이 모여드는 지중해의 휴양지에서 영국관광객을 골라내기는 아주 쉽다는 말이 있다. 맵시 있게 옷을 차려입지 못한 사람을 찍으면 십중팔구는 영국인이라는 것이다. 사실 영국인들은 유행에 따르는 옷을 선호하지 않는다. 많은 영국 사람들이 중고가게(charity shop)에서 옷을 사며 그것을 부끄러워하지 않는 경향이 있다.

영국인은 여가(leisure)를 몹시 중요하게 생각한다. 조지 마이크스(George Mikes)[1]는 1960년대에 영국인에 대한 자신의 인상을 피력하면서, "영국인이 독일인에 대해 절대 용서하지 못하는 것은 너무 열심히 일한다는 것이다."(The one thing the English will never forgive the Germans for is working too hard.)라고 말한 바 있다. 2차 대전의 패전국이던 독일이 가파른 경제성장을 이룩하면서 영국을 바싹 따라잡던 시기였으므로 영국이 독일에 대해 경계심과 불안감을 느끼던 분위기를 감지한 표현이기도 하다. 동시에 그의 말은 일에 그렇게 열광하며 몰두하지 않는 영국인의 일반적인 태도를 지적한 것이기도 하다. 19세기에 중산층(middle class)의 범주를 정하는 기준 중 하나는 "육체노동"(the manual labor)을 하지 않

1 헝가리에서 1938년에 영국에 이민 온 작가.

아야 한다는 것이었다는 점도 일에 대한 영국인의 태도를 시사한다. 영국의 역사를 보면 상류층(high class)은 여가를 즐기며 여유롭고 한가하게(idle) 사는 것을 미덕으로 여겼는데 상류층을 닮고자 하는 중산층에게로 그런 성향이 확장된 면이 있다. 오늘날도 영국인들은 여가를 즐기는 것을 삶의 필수적인 요소라고 여긴다. 그로 인해 여름이면 해변으로 가는 차들로 고속도로가 꽉 막히는 교통정체가 일어난다. 이런 휴양지에 가면 꼭 눈에 띄는 전형적인 쇼가 있는데 바로 <펀치와 주디 쇼> (Punch and Judy show)이다. 이 쇼는 인형극(a poppet show)으로 남자인형인 펀치는 자기 아내인 주디와 아기를 마구 때리는 인물이다.

여가를 즐기는 영국인답게 다양한 축제가 있는데 다음과 같다.

<영국의 축제>

1월 1일	새해 전날 밤에 트라팔가 광장의 분수에서 샤워를 하는 풍습이 있다.
2월 14일	성 발렌타인 날(St. Valentine's day)
재의 수요일 (Ash Wednesday)	2월에 사순절(Lent)이 시작되는 날. 사순절은 재의 수요일에서 부활절 전날밤(Easter eve)까지의 40일간으로 예수가 사막에 들어가 40일간 단식한 일을 기리는 행사이다.
팬케이크 화요일 (Pancake Tuesday)	재의 수요일 전날. 팬케이크를 많이 먹는다.
성금요일 (Good Friday)	부활일요일(Easter Sunday) 전의 금요일. 십자가가 그려진 뜨거운 빵(hot cross buns)을 많이 먹는다.
부활절(Easters)	3월 21일 이후의 만월 다음의 첫 일요일.
부활절 월요일 (Eater Monday)	부활절 일요일 다음의 월요일로 휴일이다.
5월제 (May day)	5월 1일. 봄을 축하하는 축제. 이때 민속춤인 모리스 춤(Morris dance)를 추며 춤추는 사람들을 모리스맨(Morris men)이라고 한다. 각 색깔의 꽃과 긴 리본으로 장식한 5월제의 기둥(maypole)을 둘러싸고 춤을 춘다.
할로윈 (Hallowe'en)	10월 31일. 성스러운 저녁(holy evening)이라는 뜻. 아이들이 귀신 분장을 하고 집집마다 찾아다니면서 "과자 줄래, 골탕 먹을래"(Trick or Treat)를 외친다.

가이폭스의 밤 (Guy Fawkes Night)	11월 5일. 1605년 제임스 1세 때, 로마 가톨릭교도들이 의회에 폭약을 설치하고 가이 폭스가 터트릴 예정이었으나 발각이 되었다. 그 후 영국인들은 가이 인형(guy dummy)을 태우면서 이 날을 기념한다. 아이들은 이 날이 오기 전에 길에서 "가이에게 쓸 돈 주세요"(Penny for the guy.)라고 하면서 돈을 벌어 그날 쓸 폭죽을 산다.
크리스마스 (Christmas)	12월 25일. 노르웨이에서 크리스마스 나무를 영국에 선물한다.
권투의 날 (Boxing Day)	12월 26일. 공식 휴일로 스포츠를 즐기거나 친구를 방문한다.

스코틀랜드 만의 독특하고 중요한 축제인 호그머네(Hogmanay)는 12월 31일 밤을 가리킨다. 이날 스코틀랜드인들은 집에 오는 모든 방문객에게 음식과 마실 것을 제공해야 한다. 한밤중이 지난 후 처음 집에 들어오는 사람이 "키가 크고 얼굴이 까만 이방인"(tall dark stranger)이라면 그 해 운수가 좋을 것이라는 미신이 있으며, 그 사람이 석탄 한 조각과 약간의 흰 빵을 가지고 오면 더 재수가 있다고 한다. 이 날 밤에 스코틀랜드 사람들은 "케일리"(ceilidh=dance)에 참가해서 아침까지 춤추고 노래한다. 호그머네 축제는 다음날인 새해까지, 심지어 스코틀랜드의 법정공휴일(Scottish Bank Holiday)인 1월 2일까지 이어진다.

스코틀랜드만의 또 다른 유명한 축제는 스코틀랜드 방언으로 시를 쓴 로버트 번즈(Robert Burns)의 탄생일인 1월 25일이다. 이 날 스코틀랜드 사람들은 전통음식인 해기스(haggis)와 감자, 순무(turnip)를 먹고 위스키를 엄청나게 마신다. 로버트 번즈의 시 중에서 가장 널리 알려진 시가 "For Auld Lang Syne"(Old Long Since의 의미)이다. 영어로는 "In Memory of Past Times", 한국어로는 <석별의 정>으로 번역되었다.

<석별의 정> 로버트 번즈 지음. 강소천 역.

1절

오랫동안 사귀었던 정든 내 친구여
작별이란 웬 말인가 가야만 하는가.
어디 간들 잊으리오, 두터운 우리 정.
다시 만날 그날 위해 노래를 부르네.

2절

잘 가시오, 잘 있으오. 축배를 든 손에
석별의 정 잊지 못 해 눈물만 흘리네.
이 자리를 이 마음을 길이 간직하고
다시 만날 그날 위해 노랠 부르자.

* "For Auld Lang Syne" by Robert Burns

Should auld acquaintance be forgot
And never brought to mind
Should auld acquaintance be forgot
For the sake of auld lang syne.

For auld lang syne, my dear,
for auld lang syne
We'll take a cup of kindness yet,
For the sake of auld lang syne.

2) 영국인의 생활

많은 영국인들은 자신들의 주택을 소유하고 있다. 독채인 단독주택(detached house), 똑같은 두 채의 집이 붙어있는 반단독주택(semi-detached house), 주택 몇 채가 붙어있는 연립주택(terraced houses),[2] 우리나라의 아파트와 같은 공동주택(flat), 신시가지에 많은 주택이 모여있는 주택단지(housing estate) 등이 있다. 부동산업자(estate agent)의 주택 매매 광고를 보면 영국의 주택을 다소 짐작할 수 있다.

---

1. small terraced cottage in good decorative order
2. modern four-bedroomed detached house, on large estate
3. semi-detached three story older-style property, in need of some repair
4. bungalow[183] with large garden
5. modern terraced house for first-time buyers. A bargain
6. semi-detached three bedroomed family houses. Newtown estate.

영국의 상점은 보통 오전 9시에 개점하며 큰 슈퍼마켓은 저녁 8시까지 문을 여는데, 24시간 영업을 하는 곳도 있다. 작은 가게들은 대부분 오후 5시 30 분경에 문을 닫는다. 이른 폐점(early closing day)의 전통이 있을 때는 상점이 정오(midday)에 문을 닫고 다시 열지 않는 경우도 있었지만 현재는 그런 일은 거의 없다. 지방정부에서는 중심가 상점(high street shops)이 더 장시간 가게 문을 열어 시의 경제에 활기를 불러넣기를 원하기 때문이다.

최근의 가장 큰 변화는 일요일에 대한 것이다. 1990년대 초에는 많은 가게가 특정 일요일, 특히 크리스마스 전 일요일에는 문을 열었다. 이런 행동은 일요일에 일을 해서는 안 된다는 오랜 불문율을 위반하는 것이었다. 그런데 막상 법을 집행할 때 일요일에 가게를 열었다고 법정에 불려가는 사람이 있는 반면 무사통과되는 사람도 있어서 혼란이 초래되었고

---

2 미국의 "row house."

3 베란다가 있는 목조 단층집.

정리가 필요했다. 교회 쪽에서는 "일요일을 경건히 보내자"(Keep Sunday Special)며 로비를 벌였고, 여성과 소비자 그룹에서는 직장여성이 토요일에만 장을 보는 것은 힘들다며 일요일에도 가게를 열어야 한다고 주장했다. 결국 여성과 소비자 그룹이 이겼으며, 그 결과 작은 가게는 일요일에도 원하는 만큼 문을 열수 있고 큰 가게와 슈퍼마켓은 최대한 6시간만 열수 있게 되었다.

영국의 가장 유명한 슈퍼마켓은 센츠베리즈(Sainsbury's)와 테스코(Tesco)이며, 그 외에 모리슨즈(Morrisons), 아스다(Asda), 웨이트로즈(Waitrose)가 있다. 많은 지점을 가진 백화점은 마크앤스펜서(Marks and Spencer, M&S)로 이곳의 옷은 질이 뛰어나고 다양한 가격대가 있는 것으로 유명하다. 대부분의 약국(chemist)은 작은 개인소유가게(individually-owned shop)이지만 체인점으로는 부츠(Boots)와 수퍼드러그(Superdrug)가 있다. 이 체인점에서는 약뿐 아니라 화장품류(toiletries)와 향수류(perfumes), 사진과 관련된 물건들을 판다. 대부분의 신문판매인(newsagent)의 규모는 작지만, 그 중 W. H. 스미스(W. H. Smith)는 전국에 지점이 있고 신문과 다양한 잡지 뿐 아니라 문방구(stationery)와 책도 파는 체인점이다.

영국은 미터법을 쓰지 않고 과거부터 써오던 자신들의 단위를 그대로 고수한다. 사람의 키를 말할 때 "five foot four"는 5 "feet"와 4 "inches", 즉 162.52 센티미터이다.[4] 거리를 나타낼 경우 "Oxford 50"이라는 표지판은 옥스퍼드까지 50마일(miles) 떨어져 있다는 뜻이므로 80킬로미터가 떨어져 있다는 것이다. 마일보다 짧은 거리는 야드(yard)를 사용한다. 1마일은 1.6킬로미터이며 1야드는 0.914미터이다. 1760야드가 1마일이다.

4 1foot는 30.38cm, 12inches이며, 1inch는 2.54cm이다. 5foot 대신 5feet라고 쓰기도 한다.

영국의 가게에서 파는 음식의 깡통과 포장에는 무게가 미터법인 그램(g)과 킬로그램(kg)으로 쓰여 있지만 대부분의 영국인은 이것이 어떤 의미인지 별로 개념이 없다. 포장지에는 파운드(lbs)와 온스(ounce, oz)로도 기록되어 있다. 1파운드는 453그램이며 16온스에 해당된다. 1온스는 28.3495그램에 해당되며, 액체일 때의 부피는 영국에서는 28.412밀리리터(ml)이다.[5] 또 스토운(stone)이라는 단위도 쓰는데, 1스토운은 14파운드(lbs)이며[6] 6.38킬로그램이다. 따라서 "ten stone seven" 혹은 "ten-and-a-half stone"은 10스토운과 7파운드이며, 67킬로그램이라는 말이다.

영국인들의 요리는 맛이 없기로 유명하다. 영국인들이 즐겨먹는 음식 중에는 생선튀김과 감자(Fish 'n' Chips)가 있는데 그와 관련된 재미있는 농담이 있다.

Question: What do sea monsters eat?
Answer: Fish and Ships!

아이들이 좋아하는 과자로는 솜사탕(candy floss)과 돌사탕(rock)이 있다. 돌사탕은 지팡이같이 생긴 단단한 사탕으로 긴 지팡이에 글을 써놓은 것이 재미있는 특징이다.

영국은 자발적인 봉사단체와 기부제도가 활성화되어 있는 것으로 유명하다. 그 대표적인 성과가 영국의 자연과 유적을 보존하기 위한 민간단체인 국민신탁(National Trust)이다. 아름다운 시골 경치가 훼손되지 않게 잘 보존하여 후손들에게 물려주려는 뜻을 가진 사람들이 개발에 넘어

5 미국에서는 29.573밀리리터이다.

6 체중의 경우는 1스토운이 14파운드이나, 고기, 물고기, 설탕은 1스토운이 8파운드이며, 치즈는 16파운드, 양모는 24파운드이다.

갈 땅들을 사모아 이를 이 단체에 기부하면서 시작되었다. 이후 국민신탁은 점점 커져서 지금은 3백만 명 이상의 회원을 가지고 있는, 유럽에서 가장 큰 보존단체이며, 영국에서 왕실(the Crown)과 산림위원회(Forestry Commission) 다음 가는, 즉 세 번째로 큰 지주이다.

또 다른 자발적인 단체는 가족계획협회(Family Planning Association)이다. 이 협회는 1938년까지 원하는 사람에게 산아제한을 할 수 있게 도와주었다. 협회가 설립된 지 10년이 지나서야 영국정부는 정부 차원에서 국민건강보험(National Health Service)을 설립하였다.

소비자협회(Consumers' Association) 역시 몇 사람이 시작한 자발적인 단체이다. 1957년 몇 사람이 버려진 차고에서 <어느 것?>(Which?)이라는 잡지를 출판하여, 소비자의 권익을 위해 여러 회사의 제품을 비교하면서 시장의 잘못된 점을 파헤쳤다. 30년이 지난 후에 900,000의 사람들이 잡지를 구독하면서 이 단체는 1,000만 파운드의 잉여금(surplus)[7]을 내고 있다. 현재도 이 잡지는 계속 출간되고 있으며 650,000 명의 회원을 두고 있다.

2003년에는 <어느 것?>과 비슷한 성격의 무료 웹사이트(free-to-use website)인 <moneysavingexpert.com>이 만들어졌다. 이익추구가 목적이 아닌(not-for-profit) 이 웹사이트의 모토인, "회사의 목적은 이익을 위해 우리를 속이는 것이고 우리의 목적은 그것을 막는 것이다."(A company's job is to screw us for profit; our job is to stop them.)라는 슬로건은 많은 사람들의 공감을 얻고 있다.

영국은 세계에서 가장 먼저 자치제 경찰제도를 확립한 국가이다. 앵글로색슨시대의 프랭크플레지(frankpledge)가 경찰의 원형이다. 프랭크플레지는 12세 이상의 자유민 남자 10인조의 조직으로 마을의 평화유지를 담

7 이 곳은 자선단체(charity)이므로 이익(profit)이라고 할 수 없다.

당했다. 이 10인조에서 발전한 것이 100인조이다. 두 조직 다 정부의 경찰 조직으로 활동했다.

1285년 이후는 윈체스터법(Statute of Winchester)에 의해 고전적인 프랭크플레지 제도와 근대 직업경찰의 과도기 형태인 교구 경찰, 즉 컨스터블(constable)제도가 설립되었다. 이후 500년 이상 컨스터블이 치안판사의 지휘와 감독을 받으며 치안을 담당하였다. 16~17세기에 이르러 컨스터블의 자질 저하와 비능률로 치안이 악화되자 18세기 중엽 이후 개혁운동이 일어났다. 소설가인 헨리 필딩(Henry Fielding, 1707~1754)이 치안판사를 맡으면서 최초의 전문적인 경찰을 만든 것이 보우가경찰(Bow Street Runners, 1749)이다. 1805년 창설된 런던의 보우가 기마경찰대(Bow Street Horse Patrol)도 여기서 발전된 것이다. 1829년 내무장관(Home Secretary) 로버트 필(Robert Peel, 1788~1850)이 수도경찰법(Metropolitan Police Act)을 제정하고 최초의 근대적인 경찰을 조직한다. 그래서 오늘날도 경찰을 로버트(Robert)의 약칭인 바비(Bobby)를 이용해 바비스(Bobbies)라고 부른다. 영국의 경찰은 총기를 사용하도록 특별히 지명된 자 이외에는 모두 비무장이 원칙이고, 경찰봉만 가지고 순찰업무를 한다.

영국의 경찰은 중앙 정부의 직접 관리를 받지 않는다. 처음부터 경찰은 각 지방별로 만들어졌으며 특정한 지역에 대한 책임만 맡았다. 중앙정부의 통제는 나중에야 일부 이루어졌다. 중앙정부는 경찰에 대한 감사를 실시하고 고위직의 임명에 영향을 행사하고, 경찰의 유지비용을 대부분 담당한다. 그 외는 지방 행정부에서 경찰을 관할한다.

영국법에서는 범죄로 기소(charge)되지 않으면 당국이 용의자를 체포할 수 없다. 그런데 2005년 7월 7일 런던에서 4명의 테러분자가 지하철과 버스에서 폭탄을 터뜨려 그들을 포함해 시민 48명이 죽는 끔찍한 사건이 벌어졌다. 이를 계기로, 테러나 잠재적 테러에 대해 경찰이 체포영장 없이 28일간 용의자를 구금할 수 있게 하는 법이 통과되었다. 이 법이 영국법의 기본원칙에 어긋난다는 비판이 많았지만 테러리스트 같은 특별한 범죄의 경우 기소를 위해 증거를 모으기도 힘들다는 점이 받아들여졌다. 원래 정부는 체포영장 없이 90일간 구금할 수 있기를 원했으나 의회에서 통과되지 않았으며 결국 타협(comprise)을 통해 영장 없는 가장 긴 구류기간(detention-without-charge period)을 28일로 정할 수 있었다. 정부는 다시 의회를 설득해서 결국 2008년에 이 기간을 42일로 늘렸다.

영국은 1957년 의무병역(national service)제도를 폐지했다. 영국군은 해군(the Royal Navy), 공군(the Royal Air Force, RAF), 육군(the Army) 등 3개 군으로 구성되어 있다. 해군은 앨프래드 대왕에게서 그 전통을 찾을 수 있을 정도로 가장 오래되고 중요한 군대이며 최고군(the senior service)으로 알려져 있다. 그러나 점차 육군의 명성도 올라갔다. 최상류층 가문은 특정한 육군 부대에 입대하는 전통을 계속 지키고 있다. 현재도 육군의 경력은 높이 평가받는다.

3) 영국의 초중등 교육

영국의 초중등교육은 잉글랜드, 웨일즈, 스코틀랜드, 북아일랜드 모두 조금씩 체제가 다르며, 잉글랜드 내에서도 지역에 따라 다소 차이가 있다. 여기서는 잉글랜드를 중심으로 보편적인 부분을 살펴볼 것이다. 잉글랜드의 교육을 관장하는 곳은 교육부(the Department for Education)와 직업, 혁신, 기술부(the Department for Business, Innovation and Skills)이다. 지방정부(Local Authorities, LAs)는 지역차원에서 공립교육과 공립학교에 대한 정책을 이행하는 책임을 진다.

영국의 초중등 교육은 사립교육(private education)과 공립교육(state education)으로 나누어진다. 정부의 보조를 받는 공립학교(state school)를 중심으로 이루어지는 교육이 공립교육이다. 독립 학교(independent school)로 구성된 교육체계를 사립교육이라고 한다. 상류계급과 중류계급 중상층부의 자녀(8% 정도)는 초등학교 단계부터 사립학교에 다닌다. 공립학교의 설립목적은 노동자계층의 자녀에게 실용과목을 가르치는 것이었기 때문에 중류층 이상의 자녀는 수업료를 내는 사립학교에 다니는 것이 관행이었다.

독립학교 중에서도 기숙제 사립학교를 "퍼블릭스쿨"(public school)이라고 부르므로 외국인들은 다소 혼란스럽다. 미국에서는 정부가 관장하는 공립학교를 "public school"이라고 하며 공립교육체계를 "public school system"이라고 하기 때문이다. 기숙제 사립학교인 영국의 퍼블릭스쿨은 원래 전국에서 영재를 뽑아 장학금을 주면서 종교교육을 베풀 목적으로 설립되었다. 그러나 점차, 엄격한 환경에서 규율을 익히고 몸과 정신을 단련하여 사회의 지도자가 될 수 있는 인적자원을 양성하는 학교로 변화했다. 13세기에 설립된 윈체스터(Winchester), 14세기 이래로 설립된 이튼(Eton), 럭비(Rugby), 해로우(Harrow)를 비롯하여 장구한 역사를 자랑하는 퍼블릭스쿨들이 적지 않다.

과거에는 퍼블릭스쿨 학생의 전형적인 이미지가 있었다. 13세 이상의 수업료를 내는(fee-paying) 남학생으로, 입학 전에 사립예비학교(preparatory school, prep)[8]를 졸업한 학생이 대부분이다. 사립학교는 모두 기숙학교(boarding schools)이므로 몇 개의 기숙사(house)로 나누어진다. 각 기숙사에는 사감선생(housemaster)이 있다. 상급생 중에서 반장(prefect)을 몇 명 뽑고 그들은 자신의 심부름을 할 하급생(fag)을 뽑는다. 팀 스포츠를 강조하며, 규칙을 지키게 하기 위해 신체적인 처벌도 가한다. 화려하거나 편안한 생활을 기대해서도 안 된다.

---

8 퍼블릭스쿨은 예전에는 초등학교 고학년에 해당되는 학생도 포함했으나 의무교육제가 확립된 후로는 초등학교 단계를 없앴다. 대신 퍼블릭스쿨로 진학하고자 하는 특정 계층의 자녀를 위한 초등학교인 사립예비학교가 설립되었다.

그러나 현재는 이런 이미지가 꼭 사실은 아니다. 지난 100년 동안 여자 퍼블릭스쿨도 생겨났고, 남녀공학 퍼블릭스쿨도 많다. 기숙학생(boarder) 뿐 아니라 집에서 매일 등교하는 일반학생(day pupil)도 받는다. 아예 일반학교(day school)로 전환한 퍼블릭스쿨도 있다. 반장(prefect)도 예전만큼 힘이 있지 않고 하급생 종자를 뽑는 일(fagging)도 없다. 신체적 처벌도 없어졌고 이제는 팀스포츠보다는 학력성취(academic achievement)를 더 중시하며 예전보다 더 편안한 환경이다.

일반계급의 어린이는 공립학교에 다니는 것이 보통이다. 공립학교는 1870년의 초등교육법(Elementray Education Act) 제정으로 설립되었다. 1876년 초등교육이 의무교육이 되었고, 1902년에는 전국적으로 통일된 중등교육제도가 확립되었고, 1944년에는 무상의무교육이 중등교육까지 연장되었다.

공립교육제도는 유치기(early years, 3~4세), 초등교육(primary education, 4~11세), 중등교육(secondary education, 11~18세), 그리고 고등교육(tertiary education, 18세 이상)으로 나누어진다. 지역에 따라 조금씩 다르지만, 보통은 최초의 취학연령은 5세로 유아과정이며, 6세에 1학년(year 1)이 시작되며, 16세에 11학년(year 11)이 된다. 17세는 12학년인데 특별히 "6학년 하급반"(Lower Sixth Form)이라고 지칭하며 18세인 13학년은 "6학년 상급반"(Upper Sixth Form)이라고 한다. 의무교육은 2013년부터 5세에서 17세까지였으나 2015년부터는 18세까지 연장될 것이다. 이후 학생들은 에이레벨 자격시험(A-level qualifications)을 치거나, 다른 여러 자격시험[9]을 치르게 된다.

1944년의 교육법(Education Act, 일명 버틀러교육법)은 잉글랜드와 웨일즈의 중등교육체계를 변화시켰다. 이 법을 제정한 R. A. 버틀러(R. A.

9 예를 들면 "Business and Technology Education Council (BTEC) qualifications", "the International Baccalaureate (IB)", "the Cambridge Pre-U" 등이 있다.

Butler, 1902~1982)는 영국의 운명은 국민의 교육에 달려 있다고 전제한 후, 교육의 기회균등이라는 새로운 원칙을 선언하였다. 주요 골자는 11세~15세 아동의 무상 중등교육, 15세까지 의무교육 연령의 연장, 중등학교와 초등학교의 분리 등이다. 이를 계기로 영국의 중등학교는 고전중등학교(secondary grammar school), 기술중등학교(secondary technical school), 근대중등학교(secondary modern school)로 정비되었고 혼합적인 종합중등학교(comprehensive school)도 설립이 허용되었다.

11세 이상 12세 미만의 아동은 주(county) 단위로 일레븐플러스(11+)라는 능력시험을 치른 다음, 합격자만 고전중등학교로 진학하고, 전체 학생 수의 3/4에 가까운 나머지 학생들은 실업교육을 목적으로 하는 근대중등학교 또는 기술중등학교에 진학하는 복선형 교육제도가 시행되었다. 실업학교 학생들이 근대중등학교로 전학하는 길도 열려 있기는 하나 극히 예외일 뿐이다. 이처럼 너무 일찍부터 아동의 진로를 구분하는 바람에 늦게 지력이 발달하는 일부 아동에게 기회를 박탈한다는 점에서 일레븐플러스시험은 불공정하며 계급차를 조장한다는 비판을 받았다. 노동당은 1964년의 총선거에서 중등교육제도를 재편성하겠다는 정책을 당론으로 내세웠다. 그 후 노동당 정부에서 중등교육을 개혁하면서 일레븐플러스시험은 차차 폐지되었으며, 기술중등학교는 단독으로, 또는 근대중등학교와 통합하여 종합중등학교로 바뀌었다. 다만 이 개혁은 퍼블릭스쿨처럼 재정적으로 자립한 사립학교에는 적용되지 않았다. 현재 일레븐플러스시험은 잉글랜드의 일부 주와 자치도시(borough)에서만 시행된다.

학년을 가리키는 "form"은 원래 퍼블릭스쿨에서 쓰던 표현이지만 이제는 많은 공립학교도 이 용어를 사용했다. 또 "class"라는 표현을 쓰기도 했다. 그런데 그동안 지역에 따라 달리 진행되던 교육과정을 국가교과과정(national curriculum)으로 평준화하면서 학년을 대부분 "year"라고 칭하게 되었다. 그러나 최고학년은 "sixth form"으로 지칭한다.

영국교육은 기본적으로 읽고쓰는 능력(literacy)과 기본계산력(numeracy)을 중시하며, 읽기(Reading), 쓰기(wRiting), 산수(aRithmetic)를 "쓰리알"(the three Rs)이라고 한다. 영국의 역사 교과과정은 다소의 변화를 겪었다. 20세기 초 영국의 대부분의 역사수업에서는 영국제국의 영광에 대해 상세하게 배웠고, 20세기 후반기에는 영국역사보다 히틀러와 스탈린의 독재에 초점이 맞추어졌다. 근래는 다시 영국의 역사를 강조하게 되었다. 점차 증가하고 있는 다문화가정의 아이들이 부모에게서 영국의 역사와 문화를 배울 수 없기 때문에 학교가 그 역할을 맡아야 하는 것이다.

영국의 교육관계자들은 영국학교가 다른 유럽 국가들의 학교에 비해 언어 습득 수준, 특히 외국어 습득 수준이 낮다고 우려한다. 영국 학생은 14세 이후로 교수과목에서 외국어를 완전히 뺄 수 있고, 16세 이후에 외국어를 배우는 영국 학생은 10퍼센트도 되지 않는다. 그 결과 영국의 인력이 국제 구인시장(job-market)에서 경쟁력이 떨어진다는 것이다. 그래서 영국은 현실적인 정책으로 다수의 학생들에게 외국어를 가르치기보다 소수의 언어전문가를 훈련하는 방향으로 향하고 있다.

사실 외국어 교육 뿐 아니라 전반적으로 영국의 교육의 질이 유럽의 다른 나라에 비해 떨어진다는 우려가 제기되고 있다. 자질 있는 교사의 부족과 학생의 의욕부진이 가장 큰 문제점으로 지적된다. 요즘 영국의 큰 학교의 교장들 중에는 교사를 찾아 해외로 나가는 경우도 있다. 영국인 교사가 부족해서 매년 많은 외국인 교사가 채용되는 것이 영국의 교육 현실이다. 외국인 교사들은 영국 학생들의 거친 행동에 충격을 받고 힘들어하면서도 임시로 경험을 쌓는다는 생각에 참는다고 한다. 2007년 한 신문에 실린 기사는 교육의 질에 대한 우려와 논란을 더욱 가중시켰다.

"A sad lesson"

When Aleksander Kucharski arrived in Britain from Poland, he expected he would get a first-class education. He was accepted at a state school with one of the best academic records in the country.

But after two years he is so disillusioned he has gone home to his old school, saying his British classmates were interested only in shopping and partying. "The boys were childish," said 16-year-old Aleksander, "they didn't read papers and weren't interested in anything. And the girls only talked about shopping and what they were going to do on Friday night.

"In Poland, you have to know the names of all countries, even the rivers. But in England hardly anyone could place Poland or Kenya on the map. The teachers didn't test knowledge, only effort."

Aleksander said that before he left Poland he was an average student. "In Poland, I only ever got average marks in Maths, yet in the UK teachers said I was a genius. After a year, I was top of the class in everything, and that includes English."

A spokesman for the St. Thomas More High School in Newcsatle said: "We are disappointed that this pupil has decided to move away. Only two weeks ago the school was recognized by Ofsted[192] as outstanding."

영국에서는 학교가 생긴 이래로 학생이 교복을 입는 것이 관습이었다. 누구나 다 학교에 갈 수 없었던 시절에 교복은 학생의 집안과 부모의 능력을 드러내는 지위의 표시(a sign of status)로 여겨졌다. 학교가 보편화되고 나서도 대개의 학교가 교복을 채택했다. 교복을 입는 것은 여전히 동경의 대상이었던 것이다. 그러나 60년대와 70년대에 이르자 교복은 창조

10 "the Office for Standards in Education, Children's Services and Skills." 영국의 학교를 관장하는 정부조직의 이름.

성과 개성을 억압하는 것으로 여겨졌고 또 부모에게도 경제적 부담을 준다고 여겨져 교복을 폐지하는 학교가 많아졌다. 그러나 요즘은 다시 교복을 입는 쪽으로 추세가 바뀌고 있다. 아이러니컬하게도 오늘날 부모들은 경제적인 이유에서 교복을 선호한다. 교복을 사는 것이 아이들이 원하는 유명 상표의 옷을 사는 것보다 싸기 때문이다.

4) 영국의 고등교육: 대학

영국의 고등교육 역시 잉글랜드, 웨일즈, 스코틀랜드, 북아일랜드가 다른 체제를 가지고 있으며 잉글랜드 내의 대학들도 다소 차이를 보인다. 여기서는 잉글랜드를 중심으로 보편적인 요소를 살펴볼 것이다. 18세 이후에 원하는 학생들은 대학에 들어가 고등교육을 받게 된다. 버킹엄대학(University of Buckingham)과 BPP유니버서티칼리지(BPP University College)[11]는 사립대학이지만 그 이외의 모든 대학은 국가의 재정지원을 받는(state-financed) 공립대학이다. 정부는 대학에 재정지원을 하지만 대학의 교과과정을 통제하지는 않으며 공정접근부(The Office for Fair Access, OFFA)를 통해 입학과정이 공정한지 감독할 뿐이다. 단 교사양성과정(teacher training courses)에 대해서는 통제를 가한다. 학생들은 추가비용(top-up fees)을 기부하는 수준의 학비를 낸다. 2012년 가을에 1년 학비의 최고 상한선은 9,000파운드(약 1,500,000원)였으며 대부분의 대학이 그 이하의 학비를 설정했다.

영국의 대학에서 수여하는 첫 번째 학위인 학사 학위(Bachelor degree)를 받는 전업학생(full time student)이 되기 위해 학생은 자신이 원하는

11 BPP는 1976년 회계과 학생들에게 시험훈련을 시키기 위한 목적으로 앨런 브리얼리(Alan Brierley), 리처드 프라이스(Richard Price), 찰스 프라이어(Charles Prior)가 세운 학교에서 발전한 대학이다. 유니버서티칼리지라는 용어는 완전한 대학의 지위를 가지지 않은 제 3의 교육기관을 가리키는 용어로 많이 쓰인다.

대학에 직접 지원하는 대신 대학중앙입학사무소(the University Central Admissions Service, UCAS)를 통해 지원하며 UCAS는 학생과 대학 사이의 중개자(messenger)로 역할한다. 학생은 지원 전에 먼저 본인의 수준을 평가하는 전국적인 교육이수일반시험(General Certificate of Education, GCE)[12]을 쳐야 한다. 이 시험은 보통수준(Ordinary Level)과 상급수준(Advanced Level, A-level)의 시험이 있는데, 각 대학은 상급 수준의 필요 과목을 정해놓고 이 과목에 합격한 사람을 입학시킨다. 대부분의 대학은 별도의 입학시험을 치르지 않지만, 옥스퍼드대학과 케임브리지대학의 각 칼리지는 교육이수일반시험(GCE)와 더불어 칼리지별 개별고사를 실시한다.

대학에서 일정기간의 수학을 하면 받게 되는 것이 학위(Degree)이다. 영국에서는 국왕의 허가(Royal Charter)를 받은 대학만이 학위를 줄 수 있다. 대학이 아닌 2차 교육기관에서 주는 자격은 보통 "자격증"(certificate)이나 "수료증"(diploma)이라고 한다. 대학에 들어온 학생을 학부생(undergraduate)이라고 하며 이들이 수학 과정을 마치고 학사학위(Bachelor's Degree)를 받으면 졸업생(graduate)이다. 인문계는 "B.A."(Bachelor of Arts), 이공계는 "B.Sc."(Bachelor of Science) 학위를 받는다. 전통적으로 영국대학의 학사학위는 3년간 수학한 후 받을 수 있다. 오늘날은 많은 기관에서 4년간의 수학 후에 학부석사학위(an undergraduate master's degree)를 수여하기도 한다. 대학원(graduate school)에서 수업한

12 잉글랜드와 웨일즈, 북아일랜드의 15세~16세의 학생이 치는 시험. 점수는 각 과목당 따로 매긴다. 여러 시험위원회의 실러버스와 시험방식은 다르지만 점수는 일관된 체제를 가졌다. 처음에는 합격과 불합격만 있었으나 이후, A(최상위 10%), B(차상 15%), C(차상 10%), D(차상 15%), E(차상 20%), O(차상 20%, Ordinary level), F(차상 10%, Fail)가 있다. 상급수준 시험의 A, B, C는 좋은 성적(good grade)으로 여겨지며 하위 30퍼센트(O, F)는 보통수준시험의 C와 같다고 여겨진다. "SCE"는 "스코틀랜드 교육자격증"(Scottish Certificate of Education)으로, 이 시험은 "스코틀랜드 입시위원회"(Scottish Examinations Board)에서 시행한다. 점수는 숫자로 하며 1점이 가장 높은 점수이다.

후 받는 전통적인 석사학위(postgraduate master's degree)를 받으려고 할 때 학부석사학위보다 더 많은 학비를 내야하기 때문에 학부석사학위를 선호하는 사람이 많다.

졸업을 맞게 된 학생들은 대개 우등졸업학위(honours degree)를 받는다. 제일 잘한 학생은 1등급(Class I)으로 "a first-class degree"를 받으며, 그 다음 2의 1등급(Class II.I, a 2:1)은 "an upper second-class degree", 그 다음 2의 2등급(Class II.II, a 2:2)은 "a lower second-class degree", 가장 아래가 "a third-class degree"이다. 이 이하의 학생은 우등졸업학위가 아니라 보통졸업학위(a pass degree)를 받는다.

학사학위를 받고서 대학원(graduate school)에서 소정의 과정을 거치면 두 번째 학위인 석사학위(Master's Degree)를 받으며, 인문계는 M.A.(Master of Arts), 이공계는 M.Sc.(Master of Science)로 표시한다. 그러나 스코틀랜드 대학에서는 "Master"라는 명칭을 학사학위에 붙이므로 오해가 없어야 할 것이다. 석사학위를 받은 후 소정의 과정을 거치고 논문을 내면 가장 높은 학위인 박사학위(Doctorate)를 받으며 "Ph.D., Doctor of Philosophy"로 지칭된다. 오늘날은 박사를 받은 후에도 계속 연구하며 박사후과정(Post-doctorate course)을 거치기도 한다.

고등교육기관인 대학도 우열이 있는데, 옥스퍼드대학과 케임브리지대학이 최고의 위치에 있다. 영국의 최상층이 가장 선호하는 교육과정은 사립예비학교를 나와 퍼블릭스쿨을 거쳐 두 대학 중의 하나에 진학하는 것이다. 일반적으로 대학교는 그 아래에 두고 있는 하부조직에 따라, 칼리지(college)제, 스쿨(school)제, 학부(division)제로 대별되는데,[13] 옥스퍼드

13 한국의 종합대학(university)은 대개 그 아래에 여러 단과대학(college)을 두고 각 단과대학은 여러 학과(department)를 두고 있다. 때로는 여러 학과를 합친 조직을 학부(division)라고 하기도 한다. 영국의 대학은 우리의 단과대학 개념으로 college, school, division, faculty 등의 다양한 조직을 두고 있다.

와 케임브리지는 칼리지제이지만, 칼리지 자체가 학부를 포함하고 있는 특이한 경우이다.

옥스브리지(Oxbridge)는 옥스퍼드 대학과 케임브리지 대학을 함께 통칭하는 용어이다. 1970년 이전에는 모든 옥스브리지 학생이 남자였으나 지금은 여학생도 많이 있다. 이 두 대학은 중세에 세워졌으며 반독립적인 칼리지(college)의 연합체이다. 각 칼리지는 자체의 교수(fellow), 식당, 도서관, 채플(Chapel)과, 적어도 재학생의 반 정도를 수용할 수 있는 기숙사가 있다. 교수는 학생을 일대일(one-to-one)이나 혹은 아주 작은 클래스로 가르치는데, 그것을 옥스퍼드에서는 "개별지도"(tutorial), 케임브리지에서는 "지도"(supervision)라고 한다. 옥스브리지는 영국에서 가장 학생과 교수의 비율(student/staff ratio)이 낮다.

현대적 대학으로는 런던대학(University of London)을 들 수 있다. 1836년에 두 개의 칼리지로 시작되었으나 그 후 많은 칼리지를 통합해서 현재 모두 47개의 대학과 연구소(colleges and institutes)에, 12만 명의 재학생들을 망라하는 대규모의 연합대학(federal university)이 되었다. 런던대학 중에서 한국에 가장 잘 알려진 대학은 유니버시티칼리지 런던(University College London, UCL), 킹스칼리지 런던(King's College London, KCL), 런던정경대학(London School of Economics, LSE) 등이다. 런던대학은 각 칼리지가 거의 분리된 독립대학(separate university)이나 마찬가지로 운영된다. 런던대학의 중심조직은 시험이나 학위수여에만 책임을 진다.

주요 산업도시에 설립된 시립대학(civic university)의 별칭은 붉은벽돌(redbrick) 대학이다. 19세기에 다양한 고등교육기관이 버밍엄(Burmingham), 맨체스터(Manchester), 리즈(Leeds) 같은 새로운 산업도시에서 생겨났다. 과거의 전통적인 대학건물이 석조건물인 반면 이 대학들의 건물은 그 지역의 재료인 벽돌로 만들었으므로 "붉은벽돌대학"이라는 별명이 붙게 되었다. 이 대학들은 처음에는 지역 주민들을 우선적으로 교육시키면서 더불어 런던 대학교 학위를 취득하려는 학생들을 준비시키는 역할을 했으나 나중에 학위를 줄 수 있는 자격을 가지게 되었고 이후 "university"가 되었다.

캠퍼스 대학(campus university)은 도시 근교의 시골에 위치하여 넓은 부지에 교육과 학생의 편의를 위한 모든 시설을 갖추고 있는 대학이다. 전통적인 대학이 다소 특정계층의 학생들에게만 문호가 개방되었다면 캠퍼스대학은 전국의 거의 모든 계층의 학생들에게 쉽게 입학을 허락해서 대학의 대중화에 기여했다. 또 이 대학들은 비교적 새로운 학문인 사회과학에 중점을 두었고 작은 그룹의 세미나를 다른 대학보다 더 활성화시켰다. 동앵글리아 대학(University of East Anglia), 서섹스 대학(University of Sussex), 워릭 대학(University of Warwick)이 이에 속한다.

1969년에는 개방대학(Open University)이 세워져 정상적으로 대학에 갈 수 없는 학생을 위해 원거리 교육(distance education)이 실시되었다.

1960년대에는 영국 전체에 걸쳐 대학이 25개가 되지 않았지만 1980년대에는 40개 이상으로 늘어났고 지금은 대학의 지위(university status)를 가진 기관이 100여개 이상이다. 고등교육기관에 등록한 인구 비율은 1970년에 1.1퍼센트인데 2005년에는 4.2 퍼센트로 증가했다.

1600년까지 스코틀랜드에는 글래스고 대학(University of Glasgow), 에든버러 대학(University of Edinburgh), 애버딘 대학(University of Aberdeen), 세인트앤드루즈 대학(University of St. Andrews) 등 4개의 대학이 있었다. 세인트앤드루즈 대학의 구성은 옥스브리지와 비슷하다. 전체적으로 스코틀랜드의 대학은 잉글랜드보다는 대륙의 전통과 닮아 있다.

웨일즈에 있는 웨일즈 대학(the University of Wales)은 그 규모로 볼 때 런던 대학 다음 가는 큰 대학이다. 원래 100년 전에 설립되었는데 나중에 애버리스트위스(Aberystwyth), 반고르(Bangor), 카디프(Cardiff)의 세 개의 대학을 통합했고 이후 다른 대학들도 통합해서 큰 규모의 연합대학이 되었다.

10 향상심과 신분상승

1) 향상심

인간은 누구나 현재보다 더 발전해서 더 나은 삶을 살고 싶은 욕구를 가지고 있다. 그것을 우리는 향상심(aspiring mind), 혹은 야심(ambition)이라고 한다. 이 향상심이 현실적으로 구현될 때 신분상승(rise of status)이라는 결과로 나타난다. 영국의 문학작품에서도 향상심과 신분상승의 주제는 자주 형상화되었다.

16세기에 향상심을 폭넓게 다룬 작가는 크리스토퍼 말로(Christopher Marlowe, 1564-1593)이다.[1] 말로는 『템벌레인 대왕』(*Tamburlaine the Great,* 1587)에서 절대 권력에 대한 끝없는 욕구를 그리고 있으며, 『말타의 유대인』(*Jew of Malta*)에서 돈에 대한 그치지 않는 욕망을, 『파우스투스 박사』(*Dr. Faustus*)에서는 무한한 지식에 대한 탐욕을 다루고 있다. 이 시극들에서 말로는 끊임없이 전진하려는 충동은 인간의 가슴 속 깊이 새겨진 속성이라고 주장한다. 지식에 대한 향상심을 그린 말로의 『파우스투스 박사』를 살펴보자.

파우스투스 박사는 훌륭한 학자이다. 그는 인간으로서 가질 수 있는

1 말로는 1593년 3월 30일 주막에서 술값 시비를 하다가 단검에 찔려 살해된다. 그의 돌연한 죽음 때문에 그가 빚쟁이를 피해 신분을 위장해서 셰익스피어라는 이름으로 드라마를 썼다는 오해가 있었다.

거의 모든 지식을 다 가졌지만 만족하지 못하고 신의 영역에 속하는 지식까지 가지고 싶다는 욕망에 사로잡힌다. 이를 감지한 악마 메피스토펠레스(Mephistopheles)는 파우스투스 박사에게 신의 지식을 주는 대신 그가 죽을 때 영혼을 가져가겠다고 제안하고 파우스투스는 이를 받아들인다. 파우스투스 박사와 악마의 거래에 대한 이야기는 말로가 독창적으로 만들어낸 것이 아니라 유럽의 여러 나라에 널리 퍼져있던 전설로 많은 사람들이 익숙하게 알고 있는 이야기이다. 이 이야기를 말로가 극화했고, 또 19세기 독일의 낭만주의 시인인 요한 볼프강 폰 괴테(Johann Wolfgang von Goethe, 1749~1832)가 『파우스트 박사 1, 2부』(*Faust Part One, Two*)에서 극화했다. 200 여 년의 세월을 사이에 둔 두 작가는 같은 전설을 다루면서도 전혀 다른 태도를 보인다. 말로는 존재의 대사슬(The Great Chain of Being)이라는 수직적 질서가 중시되던 시대의 작가이므로 신의 영역에 도전한 파우스투스를 용서할 수 없는 인간이라고 결론내린다. 그러나 평등을 기본 이념으로 하는 근대 낭만주의 시대의 작가인 괴테의 시극에서 파우스트는, 비록 신에게 도전했고 악마에게 영혼을 팔았지만, 선행을 베풀고 주변의 도움을 받아 구원받는다. 이 두 시극의 마지막 장면을 비교해보면 두 작가의 시각의 차이가 잘 드러난다.

* 『파우스투스 박사』 크리스토퍼 말로 지음

파우스투스:
아, 파우스투스
이제 살아있을 시간이 한 시간 밖에 남아있지 않다.
그 다음에는 너는 영원히 저주받아야만 한다.
끊임없이 움직이는 하늘의 별들아, 움직이지 말아다오.
시간이 멈추어 자정이 오지 않도록.

태양아, 솟아라, 다시 솟아서 영원한 낮을 만들어다오.
그렇지 않으면 이 한 시간이 일년, 한 달, 일주일, 아니
하루만이라도 되게 해다오. 파우스투스가 회개를 하고
영혼의 구원을 받을 수 있도록.
오 밤의 말들이여, 천천히, 천천히 달려라.
별들은 여전히 움직이고, 시간은 흐르고, 시계는 치겠지.
악마는 올 것이고, 파우스투스는 저주를 받아야만 한다.
오, 나의 하느님께 뛰어오르리라! --누가 나를 끌어내리지?
보라, 보라, 그리스도의 피가 창공에 흐르는구나!--
한 방울이면 내 영혼을 구할 텐데--반 방울만이라도! 아, 그리스도여!--
아, 그리스도의 이름을 부른다고 내 심장을 찢지 마라.
그래도 그분을 부르리라--오, 날 살려다오, 루시퍼여!--
그가 어디 있지? 사라졌군. 봐라, 하느님께서 팔을 뻗어
성난 표정을 보이시는구나.
산들과 언덕들아, 다가와 내 위로 무너져서,
하느님의 무서운 분노로부터 나를 숨겨다오.
싫어? 싫다고?
그럼 곤두박질하여 땅속으로 숨으리라.
대지여, 입을 벌려라! 오, 대지도 나를 품어주지 않는구나.
…
하지만 나의 영혼은 지옥의 고통을 겪으며 영원히 살아야 한다.
나를 낳은 부모에게 저주있으리!
아니, 파우스투스, 너 자신을 저주해라. 너에게서
천국의 기쁨을 빼앗아 간 루시퍼를 저주해라.

(시계가 열두 번 친다.)

시계가 친다, 시계가 친다! 이제, 육체야 공기로 변해버려라.

그렇지 않으면 루시퍼가 너를 산 채로 지옥으로 끌어가리라.
(천둥과 번개)
오 나의 영혼이여, 작은 물방울들로 변하여,
바다로 떨어져 결코 발견되지 말아라.
(악마들 들어온다)

나의 하느님, 나의 하느님, 저를 그렇게 무섭게 보지 마소서!
독사들과 뱀들아, 잠시만 숨을 쉬게 해다오!
추악한 지옥아, 아가리를 벌리지 마라! 오지 마라 루시퍼!
나의 마법책들을 불태우겠다--아, 메피스토펠레스!
(악마들 파우스투스를 끌고 퇴장) (5막 2장)
…
(코러스 등장)

코러스:
곧게 자랐을지도 모르는 가지가 꺾였으며,
이 박식한 사람의 내부에서 한때 자라났던
아폴로 신의 월계수 가지도 불타버렸습니다.
파우스투스는 갔습니다. 그의 지옥으로의 추락을 생각하십시오.
악마와 함께 한 그의 운명은 현명한 사람들에게는
그 불법적인 것들에 단지 놀라움을 느끼게 할지 모릅니다.
마법의 심연은 재능있는 지식인들에게 하늘이 허락하는
이상의 것을 행하도록 유혹하기 때문입니다. (퇴장) (5막 3장)

* *The Tragical History of Doctor Faustus*
by Christopher Marlowe

FAUSTUS.

Ah, Faustus,
Now hast thou but one bare hour to live,
And then thou must be damn'd perpetually!
Stand still, you ever-moving spheres of heaven,
That time may cease, and midnight never come;
Fair Nature's eye, rise, rise again, and make
Perpetual day; or let this hour be but
A year, a month, a week, a natural day,
That Faustus may repent and save his soul!
O lente, lente currite, noctis equi!
The stars move still, time runs, the clock will strike,
The devil will come, and Faustus must be damn'd.
O, I'll leap up to my God!—Who pulls me down?—
See, see, where Christ's blood streams in the firmament!
One drop would save my soul, half a drop: ah, my Christ!—
Ah, rend not my heart for naming of my Christ!
Yet will I call on him: O, spare me, Lucifer!—
Where is it now? 'tis gone: and see, where God
Stretcheth out his arm, and bends his ireful brows!
Mountains and hills, come, come, and fall on me,
And hide me from the heavy wrath of God!
No, no!
Then will I headlong run into the earth:
Earth, gape! O, no, it will not harbour me!
...

But mine must live still to be plagu'd in hell.
Curs'd be the parents that engender'd me!
No, Faustus, curse thyself, curse Lucifer
That hath depriv'd thee of the joys of heaven.
[The clock strikes twelve.]
O, it strikes, it strikes! Now, body, turn to air,
Or Lucifer will bear thee quick to hell!

[Thunder and lightning.]
O soul, be chang'd into little water-drops,
And fall into the ocean, ne'er be found!

Enter DEVILS.

My God, my god, look not so fierce on me!
Adders and serpents, let me breathe a while!
Ugly hell, gape not! come not, Lucifer!
I'll burn my books!—Ah, Mephistophilis!
[Exeunt DEVILS with FAUSTUS.] (V. ii)
…
Enter CHORUS.

CHORUS.

Cut is the branch that might have grown full straight,
And burned is Apollo's laurel-bough,
That sometime grew within this learned man.
Faustus is gone: regard his hellish fall,
Whose fiendful fortune may exhort the wise,
Only to wonder at unlawful things,
Whose deepness doth entice such forward wits
To practice more than heavenly power permits.
[Exit.] (V. iii)

* 『파우스트 2부』 요한 울프강 괴테 지음

파우스트:

그렇다! 이 뜻을 위해 나는 모든 걸 바치겠다.
지혜의 마지막 결론은 이렇다.
자유도 생명도 날마다 싸워서 얻는 자 만이
그것을 누릴 자격이 있는 것이다.

그래서, 위험에 둘러싸이더라도 여기에선
남녀노소가 모두 값진 나날을 보내는 것이다.
나는 이러한 군중을 지켜보며,
자유로운 땅에서 자유로운 백성과 살고 싶다.
그러면 순간을 향해 이렇게 말해도 좋으리라.
<멈추어라, 너 정말 아름답구나!>
내가 세상에 남겨놓은 흔적은
영원히 사라지지 않을 것이다--
이같이 드높은 행복을 예감하면서
지금 최고의 순간을 맛보고 있노라.

(파우스트, 뒤로 쓰러진다. 레무르[2]들이 그를 붙잡아 땅 위에 누인다.)
…
천사들:
(파우스트의 불멸의 영혼을 인도하며, 보다 높은 대기 속을 떠돈다.)
영들의 세계에서 고귀한 한 사람이
악으로부터 구원되었도다.
언제나 갈망하며 애쓰는 자,
그를 우리는 구원할 수 있다.
그에겐 천상으로부터
사랑의 은총이 내려졌으니,
축복받은 무리가 그를
진심으로 환영하게 되리라. (2부 5막)

2 lémur. 신화에서 산 자를 괴롭히는 망령.

한편 향상심과 정반대의 철학인, 인생의 현재를 우선 즐기자(Seize the day)는 인생관이 16세기 잉글랜드인의 공감을 얻기도 했다. 현재를 즐기자는 뜻의 라틴어인 카르페 디엠(Carpe Diem)을 주제로 삼은 시 중에서 단순하고 소박하게 이미지를 표현한 왕당파 시인(Cavalier poet) 로버트 헤릭(Robert Herrick, 1591~1664)의 시와, 기이하고 복잡한 각종 비유(conceit)를 즐겨 쓴 형이상학파 시인(Metaphysical poet) 앤드류 마블(Andrew Marvell, 1621~1678)의 시를 비교해보자.

*「소녀들에게의 충고」 로버트 헤릭 지음

너희들이 할 수 있는 동안, 장미 봉오리를 모아라,
　늙은 시간은 끊임없이 날아가며,
오늘 미소 짓는 바로 이 꽃도
　내일이면 죽으리.

하늘의 찬란한 램프, 태양이
　높이 솟으면 솟을수록,
그만큼 더 빨리 그의 달림은 끝날 것이고
　일몰에 더 가까워지리.

젊음과 피가 보다 더웠던
　첫 시절이 가장 좋고,
그것이 사라지면 더 나빠지고, 가장 나쁜
　시절이 잇따르리.

그러니 수줍어 말고, 시간을 활용하라.
　할 수 있을 때 결혼하라.

청춘을 한 번 잃기만 하면,
　영원히 너희는 기다려야 하리.

* "To the Virgins, to Make Much of Time"
　by Robert Herrick

Gather ye rose-buds while ye may,
　Old Time is still a-flying;
And this same flower that smiles today
　Tomorrow will be dying.

The glorious lamp of heaven, the sun,
　The higher he's a-getting,
The sooner will his race be run,
　And nearer he's to setting.

That age is best which is the first,
　When youth and blood are warmer;
But being spent, the worse, and worst
　Times still succeed the former.

Then be not coy, but use your time,
　And while ye may, go marry;
For having lost but once your prime,
　You may forever tarry.

*「수줍은 애인에게」 앤드류 마블 지음

　우리가 충분한 세계와 시간만 갖고 있다면,
이 수줍음은, 님이여, 죄가 되지 않으리라.
그렇다면 우리는 앉기도 하고 어느 길을 걸어갈 것인가를
생각하기도 하며, 우리의 긴 사랑의 날을 보낼 수 있으리라.

그대는 인도의 간지스 강가에서
홍옥을 찾을 수도 있고, 나는 함버 강의
조류 가에서 한탄할 수도 있으리. 나는 노아의 홍수
십여 년 전에 그대를 사랑할 수 있을 것이고,
또 그대가 원하면, 유대인이 개종할 때까지 거절할 수도 있으리.
나의 식물 같은 사랑은 제국보다
더 거대하게 그리고 더 천천히 자랄 것이며,
그대의 눈을 칭찬하고, 그리고 그대의 이마를
바라보는 데에 백년이 필요하고,
두 젖가슴을 경모 하는 데에 200년,
그리고 그 나머지에는 3만년이 필요하리라.
모든 부분에 적어도 한 시대,
그리고 마지막 시대에 그대의 마음을 보리라.
님이여, 그대는 이런 위엄을 받을 만하고,
나 또한 그보다 낮은 비율로 사랑하지는 않으리라.
　　그러나 나의 등 뒤에서 나는 항시 듣노라.
시간의 날개 돋친 전차가 급히 가까이 오는 것을.
그리고 우리 앞에는 저기 온통
막막한 영원의 사막이 가로놓여 있다.
그대의 미도 찾을 길이 없을 것이고,
또한 그대의 대리석 묘소에서는 나의 반향하는
노래도 들리지 않으리라. 그때는 구더기들이
그 오랫동안 보존된 처녀성을 맛볼 것이며,
그대의 괴팍한 정조는 먼지로,
그리고 나의 모든 욕정은 재로 변하리.
무덤은 훌륭하고 은밀한 곳이기는 하나,

생각컨대, 거기선 아무도 포옹하지 않는다.

그러므로 지금, 청춘의 색깔이
그대의 살결에 아침 이슬처럼 앉아 있는 동안,
그리고 그대의 의욕적인 혼이 급박한 정념으로
모든 기공에서 내뿜는 동안,
지금 우리 즐기자, 즐길 수 있는 동안.
그리고 지금, 연애하는 맹금처럼,
차라리 곧장 우리의 시간을 탐식하자.
천천히 턱을 놀리는 시간의 지배 하에 시들기보다는.
우리의 모든 힘과 우리의 모든 감미로움을
굴려서 하나의 공으로 만들자.
그리하여 인생의 철문을 통하여
우리의 기쁨을 세차게 작열시키자.
그리하여, 우리가 태양을 정지시킬 수는
없겠지만, 오히려 우리가 그를 달리게 하리.

* "To His Coy Mistress" by Andrew Marvell

Had we but world enough and time,
This coyness, lady, were no crime.
We would sit down, and think which way
To walk, and pass our long love's day.
Thou by the Indian Ganges' side
Shouldst rubies find; I by the tide
Of Humber would complain. I would
Love you ten years before the flood,
And you should, if you please, refuse
Till the conversion of the Jews.
My vegetable love should grow

Vaster than empires and more slow;
An hundred years should go to praise
Thine eyes, and on thy forehead gaze;
Two hundred to adore each breast,
But thirty thousand to the rest;
An age at least to every part,
And the last age should show your heart.
For, lady, you deserve this state,
Nor would I love at lower rate.
        But at my back I always hear
Time's wingèd chariot hurrying near;
And yonder all before us lie
Deserts of vast eternity.
Thy beauty shall no more be found;
Nor, in thy marble vault, shall sound
My echoing song; then worms shall try
That long-preserved virginity,
And your quaint honour turn to dust,
And into ashes all my lust;
The grave's a fine and private place,
But none, I think, do there embrace.
        Now therefore, while the youthful hue
Sits on thy skin like morning dew,
And while thy willing soul transpires
At every pore with instant fires,
Now let us sport us while we may,
And now, like amorous birds of prey,
Rather at once our time devour
Than languish in his slow-chapped power.
Let us roll all our strength and all
Our sweetness up into one ball,
And tear our pleasures with rough strife
Thorough the iron gates of life:
Thus, though we cannot make our sun
Stand still, yet we will make him run.

향상심은 신분의 이동이 자유로워진 19세기로 오면 좀 더 현실적으로 신분상승을 이루고 싶다는 꿈으로 나타난다. 먼저 영국의 계층의 차이를 알아보자. 19세기 초까지의 영국의 계층을 살펴보면, 귀족(Aristocracy), 젠트리(Gentry), 요먼(Yeoman, 향사), 중산층(Middle Class), 농민(Farmer, Peasantry), 일용노동자(Labourer) 등의 피라미드 구조로 되어 있다.

피라미드 구조의 정점을 이루는 것은 왕족을 포함한 귀족이다. 영국의 귀족은 중세부터 내려온 세습귀족도 있고, 공을 세워 작위를 받은 일대귀족도 있다. 세습귀족은 공작(Duke), 후작(Marquis), 백작(Earl), 자작(Viscount), 남작(Baron)의 5단계로 나누어진다. 세습귀족의 작위는 장자에게만 상속되므로 세습귀족의 수는 항상 일정하다. 반면 국왕이 공로자에게 수여하는 준남작(Baronet)과 훈작사(Knight)같은 일대귀족의 수는 점점 증가하고 있다. 그러나 세습귀족과 일대귀족을 전부 합쳐도 수백명에 불과하다. 대토지 소유를 기반으로 한 귀족의 경제적 지위는 산업혁명 후 경제적 변화로 인해, 또 제 1차 세계대전 후에 설정된 고율의 상속세 때문에 많이 줄어들었고, 상원에서의 정치적 권한도 형식적인 것에 불과하다. 귀족의 지위는 실제적인 특권이라기보다 명예로 볼 수 있다.

귀족 아래의 계층인 젠트리 계층은 지방의 상류계급을 구성하는 영국의 독특한 계층이다. 젠트리는 귀족의 작위는 없지만 큰 저택과 영지를 가진 지주 계층이다. 19세기 초반의 영국에서 가장 영향력이 있는 계층이 바로 젠트리 계층이었다. 이들은 시골의 대저택에 거주하면서 토지를 소작인에게 임대하여 소작료를 받거나 현금자산의 이자를 받아 수입을 얻는다. 영국은 이자율과 소작률이 오랜 기간 동안 일정했으므로(연 5%), 1년의 수입을 알면 이들의 전체 재산을 짐작할 수 있다. 원래 젠트리 계층이 아니었어도 재산을 모은 다음 지방에서 토지를 구입하여 정착하면 젠트리로 인정받기도 했다. 젠트리 계층의 남자인 젠틀맨(gentleman)은 지방유지로 치안판사나 보통선거제가 실시되기 전의 하원의원을 역임하기도 했다. 그들의 주된 책임은 집안의 재산을 관리하는 일이다.[3] 젠틀맨은 영지를 관리하는 것 이외에 다른 직업을 갖지 않는 것이 당연하게 여겨졌으나 점차 직업을 가지는 젠틀맨이 늘어난다. 장자 상속제를 통해 장남에게만 저택과 영지 등의 부동산이 전부 상속되므로 차남 이하의 아들들은 직업을 가져야 했다. 그들은 주로 법정변호사, 군인, 목사 등의 점잖은 직업을 선호했다. 그러나 그 직업만으로는 젠트리 계층의 여유로운 삶을 누리는 것이 충분하지 않을 경우가 많았으므로, 지참금을 많이 가져올 수 있는 여성과 결혼하기를 희망하는 것이 보통이었다.

젠트리 내에서도 집안과 재산에 따라 큰 차이가 있었다. 제인 오스틴(Jane Austen, 1775~1817)의 『오만과 편견』(*Pride and Prejudice*, 1813)을 보면, 대저택과 연 10,000파운드의 수입을 내는 영지가 있는 다아시(Darcy)가 맨 위의 층에 있고, 그 다음으로 큰 영지를 가진 레이디 캐더린(Lady Catherine), 상업으로 돈을 벌어 연 5,000파운드의 수입이 있는 빙리(Bingley), 연 2,000파운드의 수입으로 딸 다섯을 데리고 적당히 살아가는 베넷 씨(Mr. Bennet), 상업을 해서 간신히 시골에 저택을 마련한 루카스 경(Sir Lucas), 상업을 하는 가드너 씨(Mr. Gardner)에 이르기까지 다양한 계층이 있으며 이들의 차이는 상당히 크다. 이처럼 젠트리 계층 내에서도 재산이나 지위에 따른 차이가 크기 때문에 젠트리 계층 내의 결혼도 큰 갈등을 일으키는 계기가 되며 그것이 『오만과 편견』에 잘 극화되어 있다.

젠틀맨 바로 아래에는 요먼이 있었다. 요먼은 자영농으로 젠틀맨보다 소규모 토지를 소유했거나, 사실상 소유권과 다름없는 토지보유권을 가지고 있었으며, 견실하고 안정된 생활로 18세기까지는 영국사회의 중추를 이루었다. 그러나 사회의 변화에 따라 일부는 젠틀맨 또는 산업자본

3 영지의 구체적인 관리는 집사와 같은 관리인들이 하지만 주인이 집사를 잘 감독하지 못할 경우 많은 문제가 생기므로 젠틀맨의 미덕은 자신의 영지를 얼마나 잘 관리하느냐에 달려 있었다.

가가 되었고, 대부분은 몰락하여 노동자가 됨으로써 사실상 소멸한 계층이다.

중산층은 19세기 중반 이후로 수적인 면에서나 영향력 면에서 가장 큰 집단으로 성장한다. 중산층의 범주는 상당히 넓다. 산업자본가나 상업자본가 등 엄청난 재력가에서부터 말단 서기까지 포함한다. 중요한 조건은 육체노동을 하지 않는 직업을 가져야 한다는 것이다. 19세기 중반에 이르면 일정한 수입이 있고 일정한 교육을 받은 중산층 남성을 젠틀맨, 즉 신사라고 지칭하게 된다. 그외에 육체노동을 하는 노동자, 농민은 하층계급을 이룬다.

이러한 계급 질서는 19세기 중반에는 상당히 유동적이 된다. 하층계급 출신이라도 일정한 재산이 있고 일정한 교육을 받으면 중산층의 신사가 될 수 있었고, 원래 중산층에 속해 있었어도 재산을 잃어 전락하면 언제라도 하층계급이 될 수 있었다. 디킨즈의 소설 『데이비드 커퍼필드』(*David Copperfield,* 1850)에서 데이비드는 원래 중산층 출신이지만 부모를 일찍 여의고 구두약 공장에 취직을 하자 자신이 노동자가 되었다고 느끼며 괴로워한다. 이 일화는 디킨즈의 경험을 반영한 것이다. 디킨즈의 아버지 존 디킨즈는 말단 서기였는데 빚을 져서 감옥에 갇히자 어린 디킨즈는 잠시 구두약 공장에 취직을 했다. 디킨즈는 그 시절 자신이 노동계층으로 전락했다는 생각에 불안에 떨었다고 회상한 바 있다. 반대로 디킨즈의 『위대한 유산』의 주인공 핍은 원래 노동자 계층이지만 유산을 받아 교육을 받으면서 신사가 되는 신분상승을 이룬다.

신분상승의 주제는 동서고금을 막론하고 인간의 상상력을 사로잡았으며 어렵고 힘든 삶을 사는 민중에게 희망을 주기도 했다. 그런데 19세기 빅토리아조의 영국 사회에서 신분상승은 특히 신사가 되는 것과 연결되어 있다. 원래 신사는 지주계급인 젠트리의 성인남자를 지칭하는 용어였지만 빅토리아조에 이르러 중산층 계급의 이상적인 남성상을 일컫는 용어로 확립된다. 즉 일정재산이 있고 적당한 교육을 받아 교양을 갖춘 남자를 가리키는 말이 되면서 경제적 신분과 정신적 덕성을 함께 갖춘 "빅토리아조 신사"라는 새로운 신분이 나타난다. 신사라는 용어는 이상적 인간이라는 추상적 의미와 안락한 삶이라는 현실적 꿈을 동시에 내포하게 되는 것이다.

빅토리아조 영국사회는 신분 상승을 이루는 것을 이론적으로 장려하는 분위기였다. 사무엘 스마일즈(Samuel Smiles)는 당대에 큰 인기를 얻은 『자립』(*Self-Help*, 1859)에서, 모든 인간이 보다 높은 사회적 지위로 오르는 것은 의무이며 그 과정에서 개인의 노력이 중요하다고 강조했다. 그러나 막상 현실적으로는 가난한 사람들이 빈곤의 악순환을 극복하고 신분상승을 이루는 것이 결코 쉽지 않았다. 오히려 신분상승의 꿈은 허구적 환상에 불과한 경우가 많았다. 그런 상태에서 신분상승의 이론적인 가능성을 열어놓은 것은 자유방임적인 경제체제를 합리화하려는 중산층 산업자본가들의 무책임성과 관계 있다. 노동자들의 빈곤을 그들의 게으름 탓으로 돌리려는 논리의 일환이기도 했던 것이다.

찰스 디킨즈의 『위대한 유산』은 노동자 출신인 핍의 신분상승을 다룬다. 핍은 가난한 노동자 계층이며 대장장이의 도제이다. 그의 매형인 조는 대장장이로서의 자신의 삶에 만족하며, 핍의 친구인 비디(Biddy)는 현재의 위치에서 성실하게 노력한다. 핍은 미스 해비셤과 에스텔러를 만난 후 그들과 어울릴 수 있는 신사가 되고 싶은 꿈을 가지고 있으나 현실에서는 불가능하다는 것을 잘 알고 있으므로 절망한 상태이다. 그러다 누군가의 유산을 물려받게 되자 런던으로 가서 신사교육을 받고 신사가 될 희망에 부풀어있다. 이제 핍은 착하지만 무식한 조가 미래의 신사인 자신에게 걸맞지 않을 것 같다는 불안감에 조를 좀 변화시켜야겠다고 생각한다. 하지만 비디는 조에게도 자존심이 있다며 핍을 비판한다. 이에 마음이 상한 핍은 비디가 자신의 행운을 시기한다고 비난한다. 이 이야기에서 디킨즈는 신분상승의 꿈 자체를 비판의 대상으로 삼는 것이 아니라 신분상승을 하는 과정에서 개인이 필연적으로 타락하게 될 가능성을 시사한다.

* 『위대한 유산』 찰스 디킨즈 지음

"비디." 비밀을 지키겠다는 다짐을 받은 뒤 내가 말했다. "난 신사가 되고 싶어."

"어머나, 나라면 그런 맘을 먹지 않겠어!" 그녀가 대답했다. "그래서 무슨 도움이 될 것 같지 않아."

"비디." 내가 다소 엄격하게 말했다. "난 신사가 되고 싶은 특별한 이유가 있단 말이야."

"네가 제일 잘 알겠지, 핍. 하지만 지금 있는 그대로가 더 행복하다고 생각하지 않니?"

"비디." 나는 짜증스럽게 소리쳤다. "난 지금 이대로는 전혀 행복하지 않아. 내 직업과 내 인생이 지긋지긋해. 도제로 묶인 후에 난 내 직업도 내 인생도 좋아한 적이 없어. 터무니없는 소리는 하지도 말아."

"내가 터무니없는 소릴 했다고?" 비디가 조용히 눈썹을 치켜 올리면서 말했다. "그럼 미안해. 그럴 뜻은 없었어. 나야 네가 잘되고 편안하기를 바랄 뿐이지."

"그래, 그렇다면, 비디, 대장간에서는, 내가 지금 살아가는 삶과 완전히 다른 식의 삶을 살아갈 수가 없다면, 난 절대로 편안하지도 않고 편안할 수도 없다는 걸, 아니 비참할 뿐이라는 걸 이젠 분명히 알아둬."

"참 가슴 아픈 일이구나!" 비디가 슬픈 듯이 고개를 가로 저으며 말했다.

그런데 나 역시도 그것이 참으로 가슴 아픈 일이라는 생각을 자주

했었기 때문에, 막상 비디가 내 마음을 대신해 주는 듯이 자신의 감정을 토로했을 때, 언제나처럼 자신과의 고독한 싸움을 하면서 당황스럽고 고통스런 마음에 갑자기 눈물이 솟구치려고 했다. 나는 그녀의 말이 옳다고 하면서, 나중에 몹시 후회하게 될 것도 잘 알고 있지만 그래도 내 마음을 어쩔 수 없다고 말했다.

"내가 마음을 차분하게 다잡을 수만 있다면…" 비디에게 말을 하면서 나는 손이 닿는 곳에 있는 짧은 풀들을 잡아 뜯었다. 마치 이전에 머리카락을 쥐어뜯고 양조장의 담장을 발로 차대면서 내 감정을 쏟아 내려고 했듯이 말이다. "내 마음을 차분하게 다잡고 어릴 때의 반만큼이라도 대장간을 좋아할 수 있다면, 내게 훨씬 더 좋을 거라는 건 나도 알아. 그러면 너와 나와 조는 더 이상 바랄 것이 없이 잘 지낼 테고, 도제기간이 끝나면 조와 나는 동업자가 될 것이고, 또 내가 나이가 더 들면 너와 사귀게 될 테고, 그러면 우리는 지금과는 전혀 다른 사람들이 되어 어느 화창한 일요일에 바로 이 강둑에 앉아 있을지 모르지. 내가 너에게는 잘 어울리는 상대가 되겠지, 안 그래, 비디?"

비디는 강 위를 떠가는 돛배들을 바라보면서 한숨을 내쉬더니 대답했다. "그래, 난 그리 까다롭지 않으니까." 그 말은 그다지 나를 치켜세우는 말로 들리지는 않았으나 그녀가 좋은 뜻으로 한 말이라는 것은 알아들었다.

"그렇게 하는 대신…" 나는 또 풀잎을 잡아 뜯었고 그 중 두어 개를 질겅질겅 씹으면서 말했다. "지금 내 꼴을 한 번 봐. 불만투성이에다 만사를 불편하게 여기고, 게다가… 누군가가 나더러 거칠고 천하다는 말을 하지만 않았더라도 내가 그렇다는 것을 느끼지도 못 했을 텐데!"

비디는 갑자기 내 쪽으로 얼굴을 돌리더니 강 위로 떠가는 돛배들을 바라볼 때보다 훨씬 더 주의 깊은 시선으로 나를 바라보았다.

"그런 말은 옳지도 않지만, 무척이나 무례한 말이야." 그녀는 다시 돛배들로 시선을 돌리면서 말했다. “누가 그랬어?”

나는 당황했다. 내가 무슨 말을 하는지도 모르고 불쑥 그런 말을 내뱉고 말았던 것이다. 그러나 이미 나온 말을 이제 와 주워 담을 수도 없어서 실토를 할 수밖에 없었다. “미스 해비셤 댁에 사는 아름다운 아가씨가 그랬어. 그 아가씨는 이 세상 누구보다 아름다워. 나는 그녀를 몹시 흠모하며, 그녀 때문에 신사가 되고 싶어.” 이렇게 미치광이 같은 고백을 한 후 나는 잡아 뜯었던 풀잎들을 강물로 집어던지기 시작했다. 마치 그 뒤를 따라 강으로 뛰어 들고 싶은 것처럼 말이다.

“신사가 되어서 그녀에게 앙갚음을 하려는 거니, 아니면 그녀의 호감을 얻으려는 거니?” 비디는 잠시 침묵하고 있다가 내게 물었다.

“나도 모르겠어.” 나는 우울하게 대답했다.

“만일 그녀에게 앙갚음을 하고 싶어서라면…” 비디가 말을 이었다. “내 생각에는 말야… 물론 네가 누구보다 잘 알겠지만… 그녀의 말을 무시해버리는 것이 훨씬 더 멋지고, 또 훨씬 더 의연한 방법일거야. 그녀의 호감을 사기 위해서라면, 내 생각에는 말야… 물론 네가 누구보다 잘 알겠지만… 그녀는 호감을 사려고 노력할 가치도 없는 사람이야.”

비디의 말은 그동안 나 자신도 여러 번 생각했던 것을 정확히 꼬집어주는 말이었다. 바로 그 순간 나도 그것이 완벽히 명백한 사실이라고 생각했다. 하지만 이미 정신이 홀려버린 가엾은 시골뜨기 아이에 불과한 내가, 세상에서 가장 훌륭하고 현명한 사람들도 매일 빠져들게 되는 그 기막힌 모순을 어떻게 피할 수 있었겠는가? (17장)

…

(유산을 받을 것이니 런던에 가서 신사교육을 받으라는 말을 들은 후)

우리가 집으로 돌아가서 차를 마시고 났을 때 나는 비디를 길가에 있는, 우리 집의 자그만 정원으로 데리고 갔다. 그녀의 기분을 북돋아 주기 위해, 절대로 그녀를 잊지 않겠노라는 취지로 대충 몇 마디 건넨 후에 부탁할 것이 있다고 했다.

"뭐냐 하면 말이야…" 내가 말했다. "네가 기회 있을 때마다 놓치지 말고 조가 나아지게 좀 도와 주라는 거야, 비디."

"그가 어떻게 나아지게 도와주라는 거지?" 비디가 나를 빤히 쳐다보며 물었다.

"있잖아! 조는 참 선량하고 좋은 사람이야… 사실 나도 매형이 이 세상에서 가장 선량한 사람이라고 생각해… 하지만 몇 가지 점에서는 매형이 좀 뒤떨어지잖아. 말하자면, 비디, 지식이나 예절 같은 데서 그렇잖아."

이렇게 말하면서 나는 비디를 쳐다보았다. 비디는 내가 말을 시작했을 때 두 눈을 아주 동그랗게 뜨고 나를 쳐다 보았었지만 이제는 나를 보고 있지 않았다.

"아, 그의 예절! 그럼 그의 예절에 문제가 있다는 거니?" 비디가 검은 까치밥나무 잎사귀를 뜯으면서 물었다.

"제발 비디, 물론 여기서야 아무 문제가 없지만…"

"아! 여기서는 문제가 없다고?" 비디가 내 말을 가로챘다. 그리고 그녀는 손에 들고 있는 잎사귀를 뚫어져라 바라다보았다.

"내 말을 끝까지 좀 들어봐… 지금이야 문제가 없지만, 내가 재산을 완전히 물려받게 되면, 지금 생각으로는 조를 좀 더 높은 지위로 올려 주려고 하는데, 그때가 되면 지금 같은 예절은 제대로 도움이 안될 거야."

"그이도 그걸 안다는 생각은 안 해봤니?" 비디가 물었다.

그것은 너무나 도발적인 질문이어서 (나는 아주 희미하게라도 그런 생각을 해본 적이 없었기 때문이다.) 나는 퉁명스럽게, "비디, 너 무슨 뜻으로 하는 말이야?"라고 물었다.

비디는 두 손바닥 사이에 나뭇잎을 넣고 문질러서 아주 으깨고 있었다. 그날 이후로 나는 검은 까치밥나무 덤불의 냄새를 맡게 되면 길 가에 있던 작은 정원에서 보냈던 그 날 저녁의 그 장면이 생각나곤 했다. 비디가 말했다. "그이도 자존심이 있다고 생각해 본 적은 없니?"

"뭐, 자존심?" 나는 그 말을 경멸적으로 힘을 주며 되풀이했다.

"그래! 자존심에는 여러 종류가 있어." 비디는 나를 똑바로 응시하며 고개를 가로 저으며 말했다. "자존심이라고 모두가 같지는 않으며..."

"그래서? 왜 계속하지 않고 말을 멈추는데?" 내가 말했다.

"모두가 같지는 않아." 비디가 다시 말을 시작했다. "그이는 너무 자존심이 강하기 때문에, 자신이 제대로 능력을 발휘할 수 있을 뿐 아니라 훌륭하게 인정 받고 있는 곳에서 자신을 빼내어 다른 데로 데려가 주는 것을 원하지 않을 지도 몰라. 누가 그러더라도 말이야. 사실 솔직히 말해서, 난 그이가 그런 사람이라고 생각해. 내가 이런 말을 하는 것이 좀 주제넘게 들릴지 모르겠지만 말이야. 네가 나보다는 그이를 훨씬 잘 알고 있을 테니까."

"이제 와서, 비디..." 내가 말했다. "너한테서 이런 모습을 보게 되다니 실망이다. 너한테서 이런 모습을 보게 되리라고는 생각도 못했어. 비디, 넌 시기심 때문에 까탈을 부리는 거야. 넌 내게 큰 행운이 굴러온 것 때문에 못마땅한 거고 그런 심보를 숨길 수가 없는 거지."

"네가 그렇게 생각하고 싶은 마음이 든다면, ..." 비디가 대답했다. "얼마든지 그렇게 말하렴. 정말 시기심 때문이라고 네가 생각하고 싶은 마음이 든다면, 얼마든지 마음대로 그렇게 말하렴."

"비디, '정말 그렇게 시기하는 마음이 있다면'이라고 말하는 게 맞을 것 같은데." 나는 내가 도덕적으로 우월하다는 듯한 어조로 말했다. "나한테 전가시키려고 하지 마. 그런 모습을 보니 무척 마음이 아프군.

이게, 이게 인간성의 나쁜 측면이야. 나는 한 가지만 당부할 생각이었어. 내가 떠난 후에 아무리 작은 기회라도 생기면 사랑하는 조를 향상시키도록 노력해 달라고 말이야. 하지만 이렇게 된 이상 너한테 아무것도 부탁하지 않겠어. 너한테서 이런 모습을 보게 되다니 정말 섭섭하다, 비디." 내가 되풀이 말했다. "이게, 이게 인간성의 나쁜 측면인거야."

"네가 나를 비난하든 아님 나를 칭찬하든 간에…" 가엾은 비디가 대답했다. "어떤 경우든, 나는 늘 여기 있으면서 힘이 닿는 한 모든 일을 열심히 할 것이라고 믿어도 좋을 거야. 네가 나를 어떻게 생각하면서 떠나든 간에, 너에 대한 내 기억은 조금도 달라지지 않을 거야. 하지만 신사라면 다른 사람을 부당하게 대해서는 안 되는 거야." 비디가 고개를 돌리면서 말했다. (19장)

…

(조가 런던에 핍을 방문하러 왔다가 떠나면서, 어색하게 굴었던 핍에게 하는 말)

"핍, 사랑하는 꼬마 친구. 내가 보기에 인생이란, 서로 따로 떨어진 수많은 것들이 서로 엮이면서 이루어지는 것이란다. 그러니 어떤 사람은 대장장이고, 어떤 사람은 양철장이고, 어떤 사람은 금세공장이고, 어떤 사람은 구리세공장이인 게지. 그런 사람들 사이에는 구별이 생기게 마련이고, 또 생기면 그대로 받아들여야지. 오늘 뭔가 잘못된 점이 있었다면, 그건 모두 다 내 탓이란다. 너와 나는 런던에서는 함께 만나지 말아야 할 사람들이야. 사적이고 익숙한 자리나 친구들 사이라서 많은 것이 용납되는 자리가 아니라면, 우리는 다른 어디에서든 만나지 말아야 할 사람들이야. 내가 자존심이 너무 강해서라기보다는, 그저 제대로 하고 싶은 마음이 있기 때문에, 넌 이런 옷차림을 한 내 모습을 이

제 다시는 보지 않게 될 거야. 이런 옷차림을 하고 있으면 난 어색하기만 해. 대장간이나 부엌이나 습지에서 멀리 벗어나기만 해도 나는 어색하기만 해. 대장장이의 작업복을 입고 손에 망치를 들고 있는 내 모습을 네가 생각해보면, 심지어 파이프를 물고 있는 내 모습을 생각하기만 해도, 내가 지금의 반만큼이라도 흠이 있는 사람이라고 생각하지 않을 텐데. 혹시라도 네가 나를 보고 싶어 할 거라고 가정해 볼 때, 네가 시골로 내려와 대장간의 창문에 머리를 밀어 넣고서, 거기서 대장장이 조가 불길에 그슬린 낡은 앞치마를 두르고 낡은 모루 앞에 서서 예전부터 해오던 일에 매달려 있는 모습을 보게 된다면, 그때는 너도 내게서 지금의 반만큼의 흠도 보지 못할 거야. 내가 지독하게 멍청하기는 하지만, 이번의 일에서는 마침내 어느 정도 올바른 결론을 이끌어냈다는 생각이 드는구나. 하느님께서 너를 축복해 주시기를, 사랑하는 친구 핍, 내 꼬마 친구, 하느님의 가호가 있기를!"

그에게 소박한 위엄이 깃들어 있다는 내 생각은 틀린 것이 아니었다. 그가 이런 말을 했을 때 그의 어설픈 옷차림새는 더 이상 그에게 걸림돌이 되지 못했다. 그건 아마 천국에서도 마찬가지였을 것이다. 그는 내 이마를 한 번 부드럽게 만져주고는 밖으로 나갔다. 얼마 후 제 정신이 들자 나는 서둘러 그를 뒤쫓아 나갔으며 그를 찾아서 주변의 길거리 여기저기를 둘러보았다. 그러나 그는 이미 사라지고 없었다. (27장)

* *Great Expectations* by Charles Dickens

"Biddy," said I, after binding her to secrecy, "I want to be a gentleman."

"O, I wouldn't, if I was you!" she returned. "I don't think it would answer."

"Biddy," said I, with some severity, "I have particular reasons for wanting to be a gentleman."

"You know best, Pip; but don't you think you are happier as you are?"

"Biddy," I exclaimed, impatiently, "I am not at all happy as I am. I am disgusted with my calling and with my life. I have never taken to either, since I was bound. Don't be absurd."

"Was I absurd?" said Biddy, quietly raising her eyebrows; "I am sorry for that; I didn't mean to be. I only want you to do well, and to be comfortable."

"Well, then, understand once for all that I never shall or can be comfortable—or anything but miserable—there, Biddy!—unless I can lead a very different sort of life from the life I lead now."

"That's a pity!" said Biddy, shaking her head with a sorrowful air.

Now, I too had so often thought it a pity, that, in the singular kind of quarrel with myself which I was always carrying on, I was half inclined to shed tears of vexation and distress when Biddy gave utterance to her sentiment and my own. I told her she was right, and I knew it was much to be regretted, but still it was not to be helped.

"If I could have settled down," I said to Biddy, plucking up the short grass within reach, much as I had once upon a time pulled my feelings out of my hair and kicked them into the brewery wall,—"if I could have settled down and been but half as fond of the forge as I was when I was little, I know it would have been much better for me. You and I and Joe would have wanted nothing then, and Joe and I would perhaps have gone partners when I was out of my time, and I might even have grown up to keep company with you, and we might have sat on this very bank on a fine Sunday, quite different people. I should have been good enough for you; shouldn't I, Biddy?"

Biddy sighed as she looked at the ships sailing on, and returned for answer, "Yes; I am not over-particular." It scarcely sounded flattering, but I knew she meant well.

"Instead of that," said I, plucking up more grass and chewing a blade or two, "see how I am going on. Dissatisfied, and uncomfortable, and—what would it signify to me, being coarse and common, if nobody had told me so!"

Biddy turned her face suddenly towards mine, and looked far more attentively at me than she had looked at the sailing ships.

"It was neither a very true nor a very polite thing to say," she remarked, directing her eyes to the ships again. "Who said it?"

I was disconcerted, for I had broken away without quite seeing where I was going to. It was not to be shuffled off now, however, and I answered, "The beautiful young lady at Miss Havisham's, and she's more beautiful than anybody ever was, and I admire her dreadfully, and I want to be a gentleman on her account." Having made this lunatic confession, I began to throw my torn-up grass into the river, as if I had some thoughts of following it.

"Do you want to be a gentleman, to spite her or to gain her over?" Biddy quietly asked me, after a pause.

"I don't know," I moodily answered.

"Because, if it is to spite her," Biddy pursued, "I should think—but you know best—that might be better and more independently done by caring nothing for her words. And if it is to gain her over, I should think—but you know best—she was not worth gaining over."

Exactly what I myself had thought, many times. Exactly what was perfectly manifest to me at the moment. But how could I, a poor dazed village lad, avoid that wonderful inconsistency into which the best and wisest of men fall every day? (Ch. 17)

...

So, when we had walked home and had had tea, I took Biddy into our little garden by the side of the lane, and, after throwing out in a general way for the elevation of her spirits, that I should never forget her, said I had a favor to ask of her.

"And it is, Biddy," said I, "that you will not omit any opportunity of helping Joe on, a little."

"How helping him on?" asked Biddy, with a steady sort of glance.

"Well! Joe is a dear good fellow,—in fact, I think he is the dearest fellow that ever lived,—but he is rather backward in some things. For instance, Biddy, in his learning and his manners."

Although I was looking at Biddy as I spoke, and although she opened her eyes very wide when I had spoken, she did not look at me.

"O, his manners! won't his manners do then?" asked Biddy, plucking a black-currant leaf.

"My dear Biddy, they do very well here—"

"O! they do very well here?" interrupted Biddy, looking closely at the leaf in her hand.

"Hear me out,—but if I were to remove Joe into a higher sphere, as I shall hope to remove him when I fully come into my property, they would hardly do him justice."

"And don't you think he knows that?" asked Biddy.

It was such a very provoking question (for it had never in the most distant manner occurred to me), that I said, snappishly,—

"Biddy, what do you mean?"

Biddy, having rubbed the leaf to pieces between her hands,—and the smell of a black-currant bush has ever since recalled to me that evening in the little garden by the side of the lane,—said, "Have you never considered that he may be proud?"

"Proud?" I repeated, with disdainful emphasis.

"O! there are many kinds of pride," said Biddy, looking full at me and shaking her head; "pride is not all of one kind—"

"Well? What are you stopping for?" said I.

"Not all of one kind," resumed Biddy. "He may be too proud to let any one take him out of a place that he is competent to fill, and fills well and with respect. To tell you the truth, I think he is; though it sounds bold in me to say so, for you must know him far better than I do."

"Now, Biddy," said I, "I am very sorry to see this in you. I did not expect to see this in you. You are envious, Biddy, and grudging. You are dissatisfied on account of my rise in fortune, and you can't help showing it."

"If you have the heart to think so," returned Biddy, "say so.

Say so over and over again, if you have the heart to think so."

"If you have the heart to be so, you mean, Biddy," said I, in a virtuous and superior tone; "don't put it off upon me. I am very sorry to see it, and it's a—it's a bad side of human nature. I did intend to ask you to use any little opportunities you might have after I was gone, of improving dear Joe. But after this I ask you nothing. I am extremely sorry to see this in you, Biddy," I repeated. "It's a—it's a bad side of human nature."

"Whether you scold me or approve of me," returned poor Biddy, "you may equally depend upon my trying to do all that lies in my power, here, at all times. And whatever opinion you take away of me, shall make no difference in my remembrance of you. Yet a gentleman should not be unjust neither," said Biddy, turning away her head. (Ch. 19)

…

"Pip, dear old chap, life is made of ever so many partings welded together, as I may say, and one man's a blacksmith, and one's a whitesmith, and one's a goldsmith, and one's a coppersmith. Diwisions among such must come, and must be met as they come. If there's been any fault at all to-day, it's mine. You and me is not two figures to be together in London; nor yet anywheres else but what is private, and beknown, and understood among friends. It ain't that I am proud, but that I want to be right, as you shall never see me no more in these clothes. I'm wrong in these clothes. I'm wrong out of the forge, the kitchen, or off th' meshes. You won't find half so much fault in me if you think of me in my forge dress, with my hammer in my hand, or even my pipe. You won't find half so much fault in me if, supposing as you should ever wish to see me, you come and put your head in at the forge window and see Joe the blacksmith, there, at the old anvil, in the old burnt apron, sticking to the old work. I'm awful dull, but I hope I've beat out something nigh the rights of this at last. And so GOD bless you, dear old Pip, old chap, GOD bless you!"

I had not been mistaken in my fancy that there was a simple dignity in him. The fashion of his dress could no more come in its way when he spoke these words than it could come in its way in Heaven. He touched me gently on the forehead, and went out. As soon as I could recover myself sufficiently, I hurried out after him and looked for him in the neighboring streets; but he was gone. (Ch. 27)

11 영국의 여성과 결혼

1) 가부장제 사회와 결혼

결혼하려면 엄청난 비용이 드는 것은 우리나라에서뿐 아니고 외국에서도 마찬가지다. 이혼이 급속도로 늘어난 지금도 결혼예식에 쓰는 돈은 아끼지 않는다. 가족이 해체되고 있다는 오늘의 현실에서 왜 결혼사업은 여전히 불황을 모르는 사업이 되고 있을까? 왜 사람들은 결혼을 하는 것일까? 언제부터 결혼이라는 제도가 확립되었을까? 결혼은 남성과 여성에게 어떤 의미가 있을까? 이런 질문들을 영국문화와 문학과 관련해서 생각해보자.

1999년 코넬대학교(Cornell University)의 신시아 하잔(Cynthia Hazan) 교수는 2년간 37개의 다양한 문화집단에 속한 5,000명을 인터뷰한 결과, 인간이 정열적인 사랑을 하는 기간은 한 상대에 대해 18개월에서 30개월에 불과하다고 발표했다. 사랑의 감정은 대뇌에서 옥시토신(Oxytocin), 도파민(Dopamine), 페니레시라민(Rescinnamine) 등 세 가지 화학물질을 분비하는 일종의 정신 상태인데, 2년 쯤 지나면 대뇌에 항체가 생겨 애정효과가 사라진다는 것이다. 특히 아이를 낳고 나면 애정화학물질은 더 이상 발생하지 않는다고 한다. 그렇다면 결혼이야말로 사랑을 끝내는 지름길이라고 볼 수 있다. 그런데 왜 인간은 결혼이라는 제도를 고집하는가?

결혼 제도가 확립된 것은 모계사회가 무너지고 가부장제 사회가 확고해지면서 부터이다. 가부장제에서 결혼제도를 중시한 이유는 성생활을 손쉽게 할 수 있기 때문인 점도 있지만 더 큰 이유는 자신의 DNA를 가진 우성자손을 번식시키기 위해서였다. 일처다부제(Polyandry)인 모계사회와 달리 가부장제 사회가 대부분 일부다처제(Polygyny)[1]를 취하고 있는 것은 더 많은 자손을 번식시키려는 목적과 관련되어 있다.

성경에 나타난 최초의 결혼 형태는 아담(Adam)과 이브(Eve)의 일부일처제이지만 사실은 일부다처제가 보편적이었다. 야곱(Jacob)은 레아(Leah)와 라헬(Rachel) 자매를 아내로 맞았으며, 다윗 왕(King David)은 예루살렘에 정착하기 전에 8명의 아내가 있었고, 솔로몬 왕(King Solomon)은 수백 명의 아내가 있었다. 신약성서에서도 일부다처제가 죄로 여겨지지 않았다. 이슬람의 경전인 코란(Quran)에서는 일부다처제가 정상이었고 다만 지나친 폐해를 막기 위해서 아내를 4명까지로 제한했을 뿐이다.

출산율을 높일 수 있는 일부다처제는 싸움과 전쟁이 그치지 않는 인류 역사를 볼 때 노동력의 부족을 만회할 수 있는 실용적인 이유에서 필요했다고 한다. 그러나 현실적으로 일부다처제는 권력과 부가 있는 남성의 성적 욕구를 만족시키는 제도였다. 여성이 생리중이거나, 임신 중, 혹은 출산 후 몇 년 동안 성생활을 금지하는 관습이 보편적이었으므로 남성의 욕구를 채워 줄 다른 여성이 필요했던 것이다. 이런 체제가 여성에게 만족감을 주지 못한 것은 당연하다. B.C. 2000년대의 바빌론의 법전에 남성을 가운데 두고 벌이는 여성들의 암투에 대한 이야기가 등장한다. 구약성서에서 아브라함(Abraham)의 아내 사래(Sarah)는 아이를 낳지 못하자 하녀인 하갈(Hagar)을 남편에게 들이지만 곧 질투 때문에 하갈과 그 아

1 일부다처나 일처다부를 함께 말할 때는 “Polygamy.”

들 이스마엘(Ishmael)을 내쫓는다.

남성이 거느린 아내의 숫자가 남성의 권위와 힘, 사회적 위신을 상징하게 되면서 그 폐해가 심해진다. 오스만 제국(Ottoman Empire, 1299~1922)[2]의 독재자였던 술탄 압둘하미드 2세(Sultan Abdülhamid II)는 1909년 370명의 첩을 소유했다. 오스만 제국을 무너뜨리고 터키공화국을 세워 초대 대통령이 된 케말 아타투르크(Mustafa Kemal Atatürk, 1881~1938)는 1926년 일부다처제를 금지했고 하렘(Harem)을 불법화했다. 미국에서도 성적인 문제와 권위의 문제가 합쳐진 대표적인 일부다처제가 예수그리스도후기성도 교회(The Church of Jesus Christ of Latter-day Saints)[3]에서 있었다. 1890년 대법원이 일부다처가 불법임을 선언했고 이후 교회의 새 수장인 윌포드 우드러프(Wilford Woodruff)가 일부다처를 불법화한다고 공표하자 일부 교도는 분리해 나가 여전히 일부다처를 고수하고 있다.

---

2 현재 터키의 이스탄불이 수도였으며, 서쪽의 모로코부터 동쪽의 아제르바이잔, 북쪽의 우크라이나, 남쪽의 예멘에 이르는 광대한 영역을 지배했던 제국이다. 18세기 이후 쇠퇴하여 20세기 초반 터키 공화국이 되었다.

3 성경에 해당하는『모르몬경』(*The Book of Mormon*)을 가지고 있어 모르몬교라고도 불리나 원래의 공식명칭은 말일성도예수그리스도 교회였다가 2005년 7월 현재의 한국어 명칭으로 개칭하였다. 1830년대에 교회를 설립한 조셉 스미스(Joseph Smith)는 일부다처제를 신이 허락했다고 하면서 "야곱의 은총"이라고 주장했다. 처음에 그는 비밀리에 다중결혼을 했으나 교회에 장애가 될 것이라고 생각하여 이론화시키면서 일부다처제가 간통과 매춘을 해결한다고 주장했다. 이를 알게 된 미국의 대중은 분노했으며 1844년 2월 그가 39세 때 대통령 후보로 나서겠다고 하자 전국적인 소란이 벌어진다. 결국 그는 반역죄로 기소되어 일리노이에 수감되어 있던 중에 난입한 폭도들에 의해 살해된다. 1852년 교회는 일부다처제는 아내와 남편 사이에 서로 이해가 되었다면 정당하다고 선언한다. 1856년 공화당 정부는 일부다처제의 철폐를 요구하면서 이를 거부하는 사람에게 벌금형과 징역형을 내리는 법을 제정하여 1885년과 1900년 사이에 1,000명 이상의 모르몬 남자들이 유죄판결을 받았다. 정부의 법이 종교의 자유를 침해한다는 소송이 제기되었으나 대법원은 일부다처를 불법으로 판정했다.

가부장제 역사가 진행되면서 점점 일부일처제가 확립되는데 이 과정에서 여성의 순결[4]이 중요한 문제로 떠오른다. 초기에는 여성의 순결에 대해 전혀 다른 두 태도가 공존했다. 첫째, 처녀를 이상화하고 여성의 순결을 절대적 이상으로 내세우는 문화가 있었다. 아메리카의 유카탄 반도(Yucatán Peninsula)에서는 처녀신이 억눌린 욕구로 인해 마법의 능력을 가지고 있다고 여겨서 수십 명의 10대 처녀들을 희생의 우물 속에 던졌고 이들이 비의 신이 사는 곳에서 영생을 누린다고 믿었다. 로마의 가정의 여신 베스타(Vesta)를 모시는 신전에서는 처녀 사제들이 성화를 관리했는데 불이 꺼질 경우 처녀성을 잃었기 때문이라며 엄청난 처벌을 받았다. 플루타르코스(Plutarch, 46~120)[5]는 이보다 무서운 형벌은 없었다고 기록하고 있다.

여성의 순결은 특히 결혼할 때 중요하게 여겨졌다. 처녀막(hymen)의 어원이 그리스 신화에서 혼인의 신인 휘멘(Hymen)이라는 데서 결혼에서 순결이 얼마나 중요한지 암시된다. 결혼 전에 신부가 처녀인지 확인하는 과정이 있었으며[6] 결혼 초야를 지낸 뒤 신부가 처녀임을 증거하는 피 묻은 침대를 공개하기도 했다. 동물의 피로 순결을 가장한 신부도 있었으므로 처녀성 사기범은 엄한 벌로 다루었다. 「신명기」(Book of Deuteronomy)에 남편을 속인 신부는 돌을 던져 죽이도록 규정되어 있다.

그러나 순결에 대한 정반대의 이데올로기를 가진 문화도 공존했다. 특히 다산을 중시하는 곳에서는 여성의 순결을 터부시했다. 아프리카에서는 숫처녀를 왕에게 바치는 것을 모욕으로 간주했으며 대리인이 처녀

---

4 이 책에서는 순결을 처녀성과 남편에 대한 정절의 두 가지 의미로 씀.

5 고대 그리스 시대의 철학자, 정치가 겸 작가로 『플루타르코스 영웅전』(*Parallel Lives*)의 저자로 널리 알려짐.

6 이미 고인이 된 영국의 다이애나가 찰스 황태자와 결혼할 때 처녀성 검사를 받은 것도 이런 전통과 연결된다.

막을 파열시켜야 처녀를 더 순결하게 만든다고 보았다. 기원전 4000년에 수메르(Sumer)[7]와 바빌론에서, 또 함무라비(Hammurabi, B.C. 1810~B.C. 1750)[8] 시대에 신전의 여사제는 성스러운 종교의식의 일환으로 신성매춘(Shrine prostitution)을 행했다. 이 풍습은, 할리카르나소스의 헤로도토스(Herodotus of Halicarnassus, 약 B.C. 480년경~420년경)[9]에 따르면, 그리스에서는 가정주부들이 신전에 나가있다가 낯선 남자와 관계를 맺는 1회성 의무로 바뀌었다.

결혼 전에 순결을 잃어야 다산한다는 개념에서 비롯된 이 의식은 첫날밤의 권리로 변형되어 나타난다. 수메르인의 설형문자 문학작품인 『길가메시 서사시』(*Epic of Gilgamesh*)에서 왕은 영토 내의 모든 신부의 첫날밤을 자신이 맡아야 하는 풍습이 부담스럽다고 토로한다. 다산을 보장하는 성직자의 능력이 권력을 가진 왕에게 넘어간 것이다. 이후 자신의 성적 만족을 위해 첫날밤의 권리를 즐기는 왕들이 있기도 했으며, 중세에는 봉건영주가 이 권한을 악용하기도 했다. 영화 <브레이브 하트> (*Brave Heart*)[10]의 첫 장면에서 영주의 부하들은 결혼식에 난입해서 이 권리를 내

---

7 메소포타미아의 가장 남쪽 지방으로 오늘날 이라크의 남부 지역. 수메르 문명은 세계에서 가장 오래된 문명이며 가장 융성했던 때는 B.C. 제 3천년기이다. B.C. 2000년 경 유프라테스 강의 서쪽인 아라비아에서 온 아모리인이 수메르 지방을 점령하고 고대 바빌로니아를 세웠다. 그러나 수메르 종교와 문화의 흔적은 여러 민족의 신화와 종교, 문화 속에 남아 있다.

8 바빌로니아 제1왕조(the First Babylonian dynasty)의 6대 왕이다. 메소포타미아(Mesopotamia)에서 바빌로니아의 영향력을 확대하고 강력한 중앙집권적인 제국으로 키웠다. 인류 역사상 두 번째 오래된 성문법전 중의 하나인 함무라비 법전(Hammurabi's Code)으로 유명하다.

9 고대 그리스의 역사가. 서양 문화에서 "역사학의 아버지"로 여겨짐. 체계적으로 사료를 수집하고 사료의 정확성을 검증하였으며 잘 짜여지면서도 생생한 줄거리에 따라 사료를 배치한 최초의 역사가로, 저서는 『역사』(*The Histories*)가 있다.

10 잉글랜드의 왕 에드워드 1세(King Edward I)에 맞서 싸운 스코틀랜드의 독립영웅 윌리엄 월리스(William Wallace)의 삶을 다룬 1995년 영화. 멜 깁슨(Mel Gibson)

세우며 신부를 납치해간다. 미국에서는 흑인 여자노예가 결혼하기 전에 주인이 이 권한을 행사하기도 했다.

이처럼 초기에는 여러 문화권에서 순결에 대해 정반대의 태도가 나타났으나 자신의 확실한 핏줄을 얻겠다는 남성의 욕망과 의지가 강화되면서, 또 기독교가 사람들의 삶을 주도하면서, 순결이데올로기가 급속도로 강화된다. 여성의 순결을 확보하려는 방책으로는, 남성이 십자군 전쟁 등에 참가하면서 오래 가정을 비워야 할 때면 여성의 하체에 강철로 만든 속옷을 입히고 거기에 자물쇠를 채우는, 이른바 정조대(chastity belt)를 채우는 실제적인 행위부터, 순결을 지키라는 명령과 어길 시의 참혹한 처벌, 또 정신적인 세뇌에 이르기까지 다양하게 이루어졌다.

여성이 순결을 잃을 경우 엄청난 처벌이 기다리고 있었지만 처벌보다 더 효과적인 것은 여성들 스스로 순결을 생명처럼 여기게 세뇌하는 것이었다. 순결이데올로기를 확립시키는 데는 기독교가 가장 큰 역할을 했다. 초기의 기독교에서는 세계의 종말이 급박했다고 믿었으므로 자손을 낳는 것은 의미가 없었고 영혼 구제가 가장 중요했다. 그래서 독신에게는 금욕을, 결혼한 사람에게는 정조의 맹세를 권하게 된다. 사도 바울은 "결혼은 불에 타는 것보다 나을 뿐이다. 최후의 심판 때 하늘의 최고 계층은 동정 남녀들에게 지정되어 있다."고 설파했다.

기독교가 주도하는 사회는 남성의 순결보다 여성의 순결을 더 강조하게 된다. 처녀들은 처녀성과 순결이 생명보다 더 소중한 것이라고 교육받았고 그에 따라 행동했다. 4세기의 잉글랜드 공주인 우르슬라(Ursula)는 로마로 순례여행을 갔다 오던 중 훈족(The Huns)에게 잡혀서 결혼을 강요 당한다. 그녀는 순결을 지키려고 자결하고 나중에 성녀로 추앙받게 된다. 알렉산드리아의 캐서린(Catherine of Alexandria)은 로마 황제 막센

이 주연과 감독을 맡았다.

티우스(Maxentius)의 회유에도 불구하고 기독교를 고수했으며 그의 결혼 신청까지 거부했다가 참수되는데 이때 붉은 피 대신에 흰 우유 피가 나왔다고 한다. 밀라노의 주교 성 암브로시우스(St. Ambrose, 340~397)는 이런 예를 들면서 순결의 미덕을 찬미하여 사춘기 소녀의 자살 유행을 불러왔다. 성 예로니모(St. Jerome, 348~420)[11]는 처녀성이 자연스러운 것이며 모든 섹스는 더럽고 결혼은 성스럽지 못한 상태이고, 성교 후 일정 기간 동안은 기도와 영적 교섭에 적합하지 못한 상태라고 주장했다.

기독교 신학자들은 여성의 순결이데올로기와 더불어 여성에 대한 부정적 이미지를 확립시켰다. 아담과 이브의 이야기에서 드러나듯이 여자는 남자를 타락시켰으며 남자의 구원을 방해하는 가장 큰 장애물이라는 것이다. 재미있는 사실은 자신의 성적 욕망을 억제하지 못하는 남자들이 그것을 여성 탓으로 돌렸다는 점이다. 그 점을 성 아우구스티누스(St. Augustin, 354~430)에게서 엿볼 수 있다. 아우구스티누스는 현 알제리(Algeria)의 북동쪽에 있는 안나바(Annaba)의 주교였으며, 가장 위대한 초기 기독교 사상가이다. 그러나 그는 나이가 들어 기독교인이 되었을 뿐 이전에는 마니교(Manichaeism)[12] 신도였다. 당시 마니교의 선택교인(Elect)은 독신 수도사였으므로 아우구스티누스는 젊은 애인을 포기하지 않으려고 선택교인이 되지 않았고, "저에게 순결과 절제를 주시옵소서. 하지만 아직은 주지 마시옵소서."라고 기도했다고 한다. 그는 33세 때 성 암브로시우스에게 세례를 받고, 성경에서 "장래의 육체적 욕망을 채울 준비를 미리 해놓지 말라."는 사도 바울의 글을 읽은 후 죄와 여자를 끊겠다고 맹세했다. 이후 아우구스티누스는, 아담과 이브는 성적흥분이 없

11 4세기 수도원 운동이 낳은 위대한 성직자로 성경을 라틴어로 번역함.

12 페르시아에서 발현된 고대와 중세의 종교로 마니(Mani, Manes, c. 216~276)의 저작이 그 기초가 된다. 마니교는 기원후 3세기에서 7세기 동안 융성하였으며 동쪽으로는 중국까지, 서쪽으로는 로마 제국까지 전파되었다.

는 섹스를 통해 아이를 낳았다고 설파하면서 부부간의 섹스도 혐오할 정도로 병적일 정도로 섹스를 금기시했다. 자신의 성적 욕망이나 허약한 절제력을 반성하는 대신 여성을 악의 화신이라고 생각한 것이다. 2세기 경 카르타고(Carthage) 출신의 테르툴리아누스(Tertullian, c. 160~c. 225)[13]도 그런 관점에서 여자를 "하수구 위에 지은 신전"이라고 지칭했다.

이처럼 여성을 부정적인 존재로 매도하는 것은 여성이 반쪽을 이루는 가정생활을 부정하는 일이 된다. 또 정상적인 성생활마저 부정적으로 본다면 사실상 인구의 감소로 이어져 인류의 문명을 위협하게 될 수도 있을 것이다. 이에 대해 기독교회에서 나온 타협안은, 알렉산드리아의 클레멘스(St. Clement of Alexandria, 150?~215)의 이론에 따라, 섹스는 되지만 욕정은 안 되므로 정욕 없는 생식을 인정하는 것이었다. 부부 간의 섹스가 자손 번식을 위한 것이 아니라 쾌락을 위한 것이어도 된다는 것을 기독교에서 공식적으로 인정한 것은 1965년에 이르러서였다.

오랫동안 역사에서 터부시되어왔던 결혼의 다른 양상이 있다는 것도 부정할 수 없는데, 그것은 동성애이다. 동성애가 유전적인 현상인지 환경적인 영향인지는 아직도 논란이 있으나 유사 이래로 동성애가 존재했던 것은 분명하다. 고대 그리스의 테베(Thebe)와 스파르타(Sparta)에서는 남자 애인끼리 짝을 지어 군대를 편성했다. 고대 그리스의 유명한 여류시인이며 동성애자인 사포는 레스보스 섬(Lesbos) 출신이었으므로 여성동성애자를 레즈비언(Lesbian)이라고 지칭하게 되었다.

성경에서는 소돔(Sodom)과 고모라(Gomora)의 일화를 통해서 동성애가 비판된다. 이 도시는 방탕과 부패가 극에 달해서 하느님은 그 도시를 멸망시키려고 두 천사를 롯(Lot)의 집으로 파견한다. 마을 사람들은 롯의 집에 찾아와 이방인들을 내어 달라고 요구한다. 롯이 숫처녀인 딸을 주

13 삼위일체라는 용어를 가장 먼저 사용한 신학자.

겠다고 하지만 그들은 막무가내로 이방인을 내어줄 것을 고집하는데 이들은 동성애자들이어서 새로운 상대를 원했기 때문이다. 소돔과 고모라를 멸망에 이르게 한 가장 큰 죄악은 동성애였던 것이다. 이처럼 동성애는 큰 죄악으로 여겨졌고 동성애자는 혐오와 경시의 대상이었기 때문에 역사상 유명한 사람들 중에도 자신의 동성애적 성향을 숨기고 고민한 사람이 상당히 많다. 오늘날은 동성애를 결혼의 한 형태로 법적으로 인정해주는 지역도 생겨났다.

2) 결혼에서의 남녀 관계

결혼에서 남편과 아내가 속한 위치를 제대로 파악하기 위해서는 먼저 여성 이데올로기를 살펴볼 필요가 있다. 역사적으로 여성은 열등한 존재라고 여겨져 왔지만 실제로는 여성에 대한 역사는 묻혀 있을 뿐이다. 20 세기 초 영국의 유명한 여성 소설가인 버지니아 울프(Virginia Woolf, 1882~1941)는 에세이 『자기만의 방』(*A Room of One's Own,* 1929)에서 여성의 상황을 고찰한다. 울프는 남학생들이 걷고 있는 옥스퍼드 대학의 잔디밭을 걷다가 수위에게 혼이 난다. 또 도서관에 들어가려다가 여성에게는 출입이 통제되어 있다는 말을 듣고 발길을 돌려야 한다. 이런 현실을 당면한 울프는 여성이 무시당하는 이유는 역사상 뛰어난 여성이 없었기 때문이라고 생각하다가, 문득 여성의 삶을 제대로 다룬 역사가 없었다는 인식에 이른다. 무수히 많은 훌륭한 여성의 삶이 묻혀있다는 깨달음을 얻는 것이다.

울프는 셰익스피어에게 그와 똑같은 재능을 가진 여동생이 있었다면 어떻게 되었을까를 가정해 본다. 천재적인 자질이 있던 셰익스피어는 런던에 올라가 밑바닥부터 일을 하면서 배우를 거쳐 마침내 극작가로 성공했다. 그러나 똑같은 재능의 여동생은 책을 읽는다고 부모에게서 야단을 맞았을 것이며 억지로 정략결혼을 해야 했을 것이다. 그녀는 결혼 전날 용감하게 집을 뛰쳐나와 런던의 극장 주변을 맴돌지만 당시 여성은 무대에 설 수 없었으므로 직업을 얻지 못했을 것이다. 결국 감독의 노리개가 되어 사생아를 임신하게 되자 거리를 헤매다가 죽었을 것이다.

울프는 여성이 무능해서가 아니라 아예 기회가 없었기 때문에 성공할 수 없었을 것이라는 결론을 내린다. 사실 기록된 역사는 진실이라기보다 힘 있는 자의 시각에서 새로 정리된 허구이다. 알렉산드로스 대왕(Alexander the Great)을 비롯한 영웅들의 역사는 미화되어 남아있지만 노예의 역사는 왜곡되었거나 제대로 남아있지 않듯이 또 다른 노예인 여성의 역사도 남성의 시각으로 왜곡되어 남아 있거나 아니면 묻혀 버린 것이다.

여성 해방에 대한 가시적인 노력이 노예 해방보다 더 늦게 시작되었다는 것은 여성에 대한 통제가 그만큼 효율적으로 이루어졌다는 것을 의미한다. 여성에 대한 통제는 헌신적인 모성과 가족에 대한 사랑이라는 이데올로기로 효과적으로 이루어졌다. 여성을 가족의 중심으로 설정하고, 가족과 자식에 대한 사랑과 헌신을 이상적인 여성의 미덕이라며 높은 가치를 부여함으로써, 여성이 스스로 자신의 상태를 잘 파악할 수 없게 만들었던 것이다. 여성은 친밀성과 억압성에서 집안의 노예와 비슷하나 자녀와의 관계로 인해 특수한 위치에 있다. 그리고 결혼이라는 제도는 여성을 적절한 노예 상태에 지속적으로 둘 수 있는 최적의 시스템이었다.

서구문화에서 여성의 적절한 위치는 기독교 교리와 스콜라 철학(Scholar philosophy)[14]을 통해 이루어졌다. 여성은 남성의 갈비뼈에서 나왔으니 남편에게 순종해야하며, 여성의 원형인 이브는 아담을 유혹하여 죄에 빠트린 존재이므로 속죄해야 한다는 것이 기본적인 여성관이었다.

---

14 9세기에서 15세기에 유럽의 정신세계를 지배하였던 철학 사상으로, 기독교의 신학을 기초로 하여 인간이 지닌 이성을 신의 계시로 이해하였다.

여성의 유혹을 극복해야할 필요성을 가장 절실하게 느낀 기독교 성직자들은 자신의 성적 욕구를 여성의 사악한 유혹으로 전이시키면서 여성을 사악한 존재로 부각시켰다.

18세기까지의 세계관을 대표하는 개념인 "존재의 대사슬"(The Great Chain of Being)에서 여성은 남성과 동물 사이에 위치하는 것으로 정의된다. 이런 개념은 많은 영문학 작품 속에 반영되어 있다. 『실락원』(*Paradise Lost*, 1667)에서 존 밀턴(John Milton, 1608~1674)은 여성을 사악하고 열등한 존재로 그리고 있다. 그러나 이 서사시를 쓸 당시 밀턴은 눈이 멀어서 아내와 딸들의 도움으로 이 대작을 완성했다니 아이러니컬한 일이다.

유사과학이 발전하면서 여성의 열등성은 과학적으로 증명되는 듯했다. 뇌의 크기가 종의 우열을 결정짓는다는 과학이론에서 유추하여, 남성의 뇌의 평균 무게는 3.5파운드이지만 여성의 뇌의 무게는 2파운드 11온스에 불과하다는 유사과학 이론이 힘을 얻으면서 여성이 열등하다는 통념은 진실인 것처럼 유포되었다.

여성의 열등성을 끊임없이 강조하는 모든 기록은 역설적이게도 창조적인 여성의 힘에 대한 남성의 두려움을 암시한다. 여성 창조에 대한 이야기도 그 중 하나이다. 성경에 포함되지 않은 유대의 경전에서 아담의 첫 아내는 릴리스(Lilith)[15]라고 한다. 그녀는 아담처럼 흙으로 만들어졌는데 자신이 아담에게 복종해야 하는 상황을 참지 못하고 달아난다. 이에 아담의 갈비뼈로 다시 만들어낸 여성이 이브이다. 이 이야기는 복종하지 않는 여성에 대한 엄한 처벌을 암시하면서 여성에게 순종을 강조하는 동

15 혹은 릴리트. 유대신화, 바빌로니안 탈무드, 메소포타미아 문헌, 외경 등 메소포타미아 문화권 텍스트에서 등장한다. 릴리스는 성관계를 할 때 늘 남성 상위 체위를 하는 것과 아담이 원하면 무조건 성관계에 응해야 하는 것에 대해 불만을 가지고 홍해로 도망가 사막에서 혼자 살면서 많은 남자들을 유혹했다고 한다.

시에, 자신의 욕구를 주장하는 여성의 존재와 그에 대한 남성의 두려움을 시사하기도 한다.

영국 문학에서 여성해방의 기수로 등장하는 여성은 13세기의 제프리 초서(Geofferey Chaucer)가 쓴 『캔터베리 이야기』(*The Canterbury Tales*)에 나오는 바스의 아낙(Wife of Bath)이다. 「서곡」(The General Prologue)에 나오는 그녀에 대한 묘사를 보자.

> 얼굴은 윤곽이 뚜렷하고, 훤한데다 혈색이 붉었다.
> 이 여인은 일생을 요란하게 살아 와서,
> 성당 문전에서 정식으로 맞은 남편만도 다섯이요,
> 젊었을 때 놀던 남자들은 셀 수 없을 정도이나,
> 지금 그 얘기를 할 필요는 없다. [...]
> 남자들과 어울려서 잘 웃고 잘 지껄이며
> 상사병의 치료법도 샅샅이 알고 있었는데,
> 사랑놀이의 여러 기술에 정통했기 때문이다.[16]

바스의 아낙은 자신이 정식결혼을 5번이나 했고 애인도 많다고 자랑하면서 솔로몬 왕과 자신을 비교한다. 또 아브라함과 야곱도 부인이 둘 이상이었으므로 자기는 잘못한 게 없다면서 자신을 남성과 동등한 관계로 올려놓는다.

바스의 아낙의 성취는 가정생활이 사랑이 아니라 힘에 의해 균형을 잡는다는 점을 예리하게 파악함으로써, 사랑이라는 이름으로 여성을 묶어두는 당시 체제에 일침을 가했다는 점이다. 그녀는 처음에는 노인들과 결혼해서 재산을 얻었으며 가정에서 주도권을 행사했다고 한다. 그러나 사

16 김진만 역.

랑에 빠져 청년 젱킨(Jankin)과 결혼하고서는 주도권도 빼앗기고 얻어맞기가 일수였다. 젱킨은 여자에 대한 편견으로 가득 차 있는 남성이다. 그는 책에서 읽은 사악한 아내들(wicked wives)에 대한 예를 줄줄이 읊어댄다. 이브가 사악해서 아담과 그의 자손을 파멸로 이끌었다는 것에서 시작해서, 삼손(Samson)의 아내 데릴라(Delilah),[17] 헤라클레스(Hercules)의 아내 데이아네이라(Deianira),[18] 소크라테스(Socrates)의 아내 크산티페(Xanthippe),[19] 크레타의 왕 미노스(Minos)의 아내 파시파에(Pasiphaë),[20] 아가멤논(Agamemnon)의 아내 클뤼타임네스트라(Clytemnestra),[21] 등의 이야기를 통해서 여성의 사악함과 열등함을 설파한다. 이런 남편 밑에서 기운을 다 잃어버리고 비참하게 살아가던 바스의 아낙은 어느 날 참을 수 없어 남편의 책을 빼앗아 던져버렸다가 남편에게 매를 맞자 죽은 체 한다. 이 일을 계기로 아낙은 남편의 뺨을 때리고 집과 토지의 관리권을 넘

17 팔레스티나 여인으로 삼손이 잠든 사이에 삼손의 힘의 원천인 머리카락을 잘라 삼손이 팔레스티나 군대에 잡혀가게 함.

18 헤라클레스의 사랑을 잃지 않기 위해 아홉개의 머리를 가진 물뱀 히드라(Hydra)의 독을 사랑의 묘약인 줄 알고 옷에 뿌려 헤라클레스에게 입혀서 그를 죽음으로 이끔.

19 잔소리많은 악처로 유명함.

20 포세이돈(Poseidon)신이 미노스를 벌주기 위해 하얀 황소를 선물로 보냈는데 이 황소를 사랑하게 된 파시파에는 명장 다이달로스(Daedalus)에게 부탁해서 만든 나무 암소에 들어가 황소와 사랑을 나누었고 후에 황소의 얼굴과 인간의 몸을 한 괴물 미노타우로스(Minotaur)를 낳았다. 미노스는 분개해서 다이달로스를 미궁에 가두지만 그는 날개를 만들어 아들 이카루스(Icarus)와 함께 탈출한다. 이카루스는 너무 위쪽까지 올라가서 날개가 녹아 떨어져 죽는다. 미노타우로스는 나중에 테세우스(Theseus)에게 살해된다.

21 아가멤논은 트로이와의 전쟁에서 승리하고 귀향하지만 딸 이피게니아(Iphigenia)를 전쟁의 제물로 바친 것에 격분한 클뤼타임네스트라가 정부인 아이기스토스(Aegisthus)와 공모해 살해한다. 이후 그의 딸 엘렉트라가 동생 오레스테스(Orestes)를 시켜서 어머니를 살해하게 한다. 그래서 아버지를 사랑하는 딸의 감정을 엘렉트라 콤플렉스라고 한다.

겨받아 다시 경제력을 장악한다. 남편은, "여보, 마누라. 일생 당신 마음대로 하구려. 다만 당신 명예를 해치지 않고 내 체면도 세워주는 범위 안에서 말이야."라며 주도권을 그녀에게 넘겨준다. 그녀가 속임수를 쓸 수밖에 없었다는 점에서, 다행히도 젱킨처럼 쉽게 굴복하는 남편을 만났기 때문에 승리를 이루었다는 점에서 완전한 승리라고 볼 수는 없지만, 현실적으로 경제적인 힘을 갖는 것이 여성의 제자리 서기에 너무나 중요하다는 것은 잘 드러나 있다.

자기소개를 끝낸 바스의 아낙이 곧이어 들려주는 이야기에서도 여성의 가장 큰 소망은 가정에서 주도권을 가지는 것으로 나타난다. 아낙의 이야기는 아더 왕 시절 한 처녀를 강간하여 참수를 당할 위기에 처한 어느 기사[22]에 대한 것이다. 이 기사는 왕비와 시녀들이 간청해주어 일단 생명은 구했으나, 왕비는 기사에게, "여성들이 가장 바라는 것이 무엇인가?"에 대한 답을 구해오지 못하면 1년 후에 참형할 것이라고 한다. 오래 방랑하면서 그 문제에 대한 다양하고 상반된 대답들을 들은 기사는 결국 해답을 찾지 못하고 절망한 채 고향으로 향한다. 이때 그는 끔찍하게 생긴 노파를 만나는데 노파는 해답을 알려주는 대신 자신의 요구를 들어달라고 한다. 잃을 것이 없는 기사는 그러기로 하고 노파와 함께 궁중에 돌아가서, 노파가 가르쳐준 대로, 여성들이 제일 원하는 것은 "자신의 남편에 대한 주도권"이라고 대답한다. 이에 왕비를 비롯한 귀부인들 모두가 동의하므로 기사는 목숨을 구한다. 그러자 노파는 기사에게 자신을 부인으로 맞을 것을 요구하므로 기사는 할 수 없이 노파와 결혼한다. 신혼 첫날 밤 기사는 자신의 부인이 너무 못생겼고, 늙고 추하며, 낮은 계층 출신이라 새삼 불행해하며 수치스러워한다. 노파는 가난과 낮은 신분이 오히려 재산보다 가치 있을 수 있으며, 자신이 못생기고 늙었기 때문에 다

22 다른 곳에서는 기사 거웨인(Gawain)이라고 나오기도 한다.

른 남자와 놀아나 창피를 당할 염려가 없을 것이기에 정조를 지키는 훌륭한 방어막이 될 수 있다고 하면서 남편을 달랜다. 그 후 노파는 기사에게, 자신이 못생겼지만 소박하고 진실된 부인이 되기를 원하는지, 아니면 젊고 예쁘지만 정숙하지 못한 부인이 되기를 원하는지 선택하라고 한다. 기사는 깊이 생각한 후 선택권을 부인에게 주는데, 이에 부인은 기뻐하며, 아름다우면서도 정숙한 여성으로 탈바꿈한다. 즉 주도권을 여성에게 넘겼을 때 오히려 남성은 더 큰 혜택을 누릴 수 있다는 것을 암시하는 것이다. 이 이야기를 끝낸 후 바스의 아낙이 하는 말 역시 여성의 주도권을 강조하는 것이다.

그리스도님, 우리에게 유순하고, 젊고, 잠자리에서는
우리를 만족시켜 줄 수 있는 남편을 주시고,
그들보다 오래 살아 개가할 수 있도록 해주십시오.
그리고 아내의 지배를 받지 않으려는
남편들의 수명을 짧게 줄여 주십시오.
늙어 빠지고, 화만 내며, 깍정이 같은 녀석들은
염병을 내리시어 일찌감치 거꾸러지게 하여 주옵소서.

최초의 여성해방론자라고 할 수 있는 13세기의 바스의 아낙의 성공과는 달리 대체로 여성의 현실은 열악하기만 했다. 19세기의 시인인 로버트 브라우닝(Robert Browning, 1812~1889)이 쓴 시 중에 「나의 전 공작부인」(My Last Duchess, 1842)이라는 재미있는 시가 있다. 극적 독백(Dramatic Monologue)의 형식을 취한 이 시는 지극히 가부장적인 남편의 권위가 얼마나 무시무시한지를 잘 드러낸다. 이 시는 실제 사건을 모델로 하고 있다. 5대 페라라[23] 공작(Duke of Ferrara)인 에스테의 알폰소 2세(Alfonso II d'Este)는 25세때 14세인 메디치가의 코지모의 루크레치아(Lucrezia di

Cosimo de' Medici)와 결혼했다. 결혼 후 공작에게서 버림받은 것이나 마찬가지로 방치되었던 그녀는 17세에 죽었는데 독살된 것으로 의심된다. 그녀가 죽은 후 공작은 다시 결혼했는데, 브라우닝은 공작이 두 번째 결혼을 하려는 시점을 소재로 이 시를 썼다. 이 시의 화자(narrator)는 페라라 공작이다. 공작은 결혼 중개를 하러 온 사신에게 자신의 집을 직접 구경시켜주던 중에 보통 때는 가려두었던 그림의 커튼을 열고는 그림에 대한 설명을 한다. 그 그림은 바로 죽은 공작부인의 초상화이다. 그녀의 얼굴에는 마치 사랑하는 사람에게 짓는 듯한 미소가 생생하게 그려져 있다. 공작은 혹시 그녀가 화가와 특별한 연인관계였으리라고 의심하지 않느냐고 중개인에게 물으면서, 사실 그녀는 누구에게나 그런 미소를 지었다고 설명한다. 공작은 자신과 같이 훌륭한 사람에게만이 아니라 아무나에게 그런 미소를 짓는 아내에게 분개했고 그래서, "나는 명령을 내렸소./그러자 그녀의 미소는 끊기게 되었소."라고 설명한다. 자신의 명령으로 그녀가 살해당했다는 것을 암시하는 것이다.

*「나의 전처」 로버트 브라우닝 지음

페라라
저 벽화는 내 전처의 초상화입니다.
생전의 모습 그대로지요.
이제는 걸작이라고 생각하지요. 판돌프 수사가 하루 동안
화필을 바삐 놀린 덕에 저 모습이 나왔어요.
좀 앉아서 보시겠소. 내가 일부러 판돌프 수사라는 말을 했소.
선생처럼 그림을 처음 보는 사람들은 저 그림의 얼굴,

23 이탈리아 북부에 위치한 공국.

저 애틋한 시선의 깊이와 정열을 도대체 이해하지 못해서,
으레 내게, (나 아니고 딴 사람은 지금 선생에게
해주었듯이 휘장을 열어주지 못하므로) 감히 할 수 있으면,
어떻게 저런 시선을 하고 있는지 묻고 싶어 했소.
그러니 선생이 내게 그런 걸 묻고 싶어 하는 첫손님은 아닌 셈이오.
선생, 저 매혹적인 홍조가 남편 앞에서만 떠오른 건 아니었소.
어쩌다가 판돌프 수사가 별 뜻 없이 하는 말로,
"공작부인의 망토가 팔목을 너무 가리는 데요"라거나,
"그림으로는 공작부인의 목 언저리의 가벼운 홍조를 재생시킬
엄두도 못냅니다"라고 하면, 전처는
그걸 의례적인 말로 여기면서도
그 매혹적인 홍조를 띨 충분한 이유라 보았지요.
전처는 뭐랄까, 다정다감했소. 너무 빨리 좋아하고 ,
너무 헤프게 감명을 받고, 눈에 띄는 것은 다 좋아했고,
눈길을 주지 않는 데가 없었소.
선생, 아무런 차이가 없었어요. 그녀 가슴에 단 나의 정표나,
서쪽에 지는 석양 노을,
주제넘은 멍청이가 과수원에서 꺾어바친 벚꽃 가지,
그녀가 타고 테라스에 돌아다니던 흰 노새 -- 이 모두가
한결 같이 그녀의 찬사를 자아냈소.
아니면, 적어도 얼굴을 붉히게 했소.
그녀는 사람들에게 감사하다고 했소.
하지만 어떻게 그런지 몰라도, 900년의 명성을 지닌
나의 선물을 딴 작자의 선물과 대등하게 취급했소.
누가 이런 하찮은 일을 가지고 구차하게 나무라겠소?
언변이 좋더라도 -- 난 언변이 없다오 -- 이런 사람에게

진심을 밝히면서, “당신의 이런 저런 점이 거슬리오,
이건 모자라고 저건 지나치오.”라 말할 수 있다 해도,
또 그녀가 고분고분 책망을 받아들이고
맞서 대들지 않고 사과를 한다 해도
글쎄, 나로선 이미 체신을 잃은 격이 될 테지요.
그래서 난 체신 없는 짓은 않기로 했소.
아, 물론 선생, 내가 지나가면 그녀는 미소를 띠었소. 하나,
누가 지나가도 그러했소.
이런 일이 계속되었고, 나는 명령을 내렸소.
그러자 그녀의 미소는 끊기게 되었소.
마치 살아있는 것 같지요? 자, 일어날까요?
아래층의 일행을 만나 봅시다, 거듭 말하지만
선생의 주인이신 백작의 손이 큰 것으로 유명하다니
결혼 지참금에 대한 나의 정당한 권리가
거부되지 않을 걸로 확실히 믿소.
서두에서 미리 밝혔듯이. 그분의 미모의 따님 하나로
족하지만 말이오.
자, 함께 내려 가 봅시다.
그런데, 해마를 길들이고 있는
넵튠상을 한 번 보시오.
인스브룩의 클라우스가 청동으로 떠서 희귀품이라오.

* “My Last Duchess” by Robert Browning

FERRARA.

That's my last Duchess painted on the wall,
Looking as if she were alive. I call
That piece a wonder, now: Fra Pandolf's hands
Worked busily a day, and there she stands.
Will't please you sit and look at her? I said
"Fra Pandolf" by design, for never read
Strangers like you that pictured countenance,
The depth and passion of its earnest glance,
But to myself they turned (since none puts by
The curtain I have drawn for you, but I)
And seemed as they would ask me, if they durst,
How such a glance came there; so, not the first
Are you to turn and ask thus. Sir, 'twas not
Her husband's presence only, called that spot
Of joy into the Duchess' cheek: perhaps
Fra Pandolf chanced to say "Her mantle laps
"Over my lady's wrist too much," or "Paint
"Must never hope to reproduce the faint
"Half-flush that dies along her throat:" such stuff
Was courtesy, she thought, and cause enough
For calling up that spot of joy. She had
A heart---how shall I say?---too soon made glad,
Too easily impressed; she liked whate'er
She looked on, and her looks went everywhere.
Sir, 'twas all one! My favour at her breast,
The dropping of the daylight in the West,
The bough of cherries some officious fool
Broke in the orchard for her, the white mule
She rode with round the terrace---all and each
Would draw from her alike the approving speech,
Or blush, at least. She thanked men,---good! but thanked
Somehow---I know not how---as if she ranked
My gift of a nine-hundred-years-old name

With anybody's gift. Who'd stoop to blame
This sort of trifling? Even had you skill
In speech--- (which I have not)---to make your will
Quite clear to such an one, and say, "Just this
"Or that in you disgusts me; here you miss,
"Or there exceed the mark"---and if she let
Herself be lessoned so, nor plainly set
Her wits to yours, forsooth, and made excuse,
---E'en then would be some stooping; and I choose
Never to stoop. Oh sir, she smiled, no doubt,
Whene'er I passed her; but who passed without
Much the same smile? This grew; I gave commands;
Then all smiles stopped together. There she stands
As if alive. Will't please you rise? We'll meet
The company below, then. I repeat,
The Count your master's known munificence
Is ample warrant that no just pretence
Of mine for dowry will be disallowed;
Though his fair daughter's self, as I avowed
At starting, is my object. Nay, we'll go
Together down, sir. Notice Neptune, though,
Taming a sea-horse, thought a rarity,
Which Claus of Innsbruck cast in bronze for me!

19세기에도 여성의 지위는 별반 나아진 바가 없었다. 산업사회의 가부장제 사회에서 여성은 가정의 경제권을 가지지 못했다. 결혼할 때 여성이 가지고 간 지참금은 결혼 즉시 남편의 재산으로 귀속되었고, 여성은 남편에게서 용돈을 타서 써야했다. 기혼여성의 재산권에 대한 법률(Married Women's Property Acts)은 1870년부터 조금씩 개선되다가 1908년에야 완성되었다. 1839년까지 여성은 남편과 헤어지는 경우 자녀에 대한 양육권이 전혀 없었으며, 그 후 7세 이상의 자녀에게만 양육권이 인정되다가 1873년에야 17세까지의 자녀에 대한 양육권이 인정되었다.

여성이 받는 교육도 남성에 비해 한정적이었다. 1853년에야 처음으로 여성대학(Ladies' College)이 생겼으며, 1880년에야 런던대학에서 처음으로 여성에 대한 학위가 인정되었고, 1869년과 1879년에 각각 케임브리지와 옥스퍼드 대학에서 여성대학을 세웠지만 학위를 수여한 것은 1920년과 1921년에 이르러서였다. 여성의 선거권도 남성에 비해 유보되다가 1918년 국민대표법(Representation of the People Act)으로 모든 성년남자와 30세 이상의 여자에게 투표권이 부여되었다. 이로 인해 새로 생긴 8백만 유권자 중 6백만이 여성이었다. 1928년에야 여성도 남성과 같은 연령에서 투표를 할 수 있게 되었다.

이처럼 열악하고 불평등한 여성의 상황에 대한 공개적인 저항과 투쟁은 영국에서 18세기 말에 이론적인 기초를 갖추게 된다. 모든 인간의 평등을 주장한 프랑스 혁명(French Revolution, 1789)과 그에 이론적 배경을 둔 낭만주의 운동(Romanticism)이 여성의 권리를 찾고자 하는 운동에도 큰 영향을 미쳤다. 그러나 사실 낭만주의자들이 인간의 평등을 논할 때 인간이라는 범주에 여성은 포함되어 있지 않았다. 낭만주의의 이론적인 선구자인 장 자크 루소(Jean-Jacques Rousseau, 1712~1778)는 『에밀: 교육론』(*Émile: or, On Education*, 1762)에서 이상적인 인간으로 에밀(Emile)을 창조하면서, 에밀의 배우자인 소피(Sophie)는 순종적이고 감성적인 존재여야 한다고 주장했다. 그러한 여성관은 여성을 이성적인 남성에 비해 열등한 감성적인 존재로 보는 18세기까지의 여성관을 되풀이하는 것이었다.

남성끼리의 평등이 달성되어야 할 뿐 아니라 여성도 인간으로서 남성과의 평등을 누려야한다는 계몽적여성해방론은 메리 울스턴크래프트(Mary Wollstonecraft, 1759~1797)에게서 그 이론적 기초를 얻게 된다. 울스턴크래프트는 18세기 말과 19세기 초에 활약한 신여성이다. 그녀는 당시 센세이션을 일으킬 정도의 복장을 하고 자전거를 탔으며, 크로켓 대신에 테니스를 했고, 공무원, 간호원 등 여러 직업을 가지면서 자신의 밥값을 벌었다. 그녀는 남성과 여성이 도덕적으로 동등하다면서 간통이 여자에게 더 나쁘다는 이론이 부당하다고 주장했다. 그녀는 『인간권리에 대한 옹호』 (*Vindication of the Rights of Men*, 1790)에서, 입헌군주제와 영국국교회를 옹호하는 보수주의자인 에드먼드 버크(Edmund Burke)의 『프랑스 혁명에 관한 고찰』(*Reflections on the Revolution in France*, 1790)을 비판하면서 혁명론에 불을 지폈다. 그 후 나온 토마스 페인(Thomas Paine)의 『인간의 권리』(*Rights of Man*, 1792)는 자유론의 선구가 되었다. 이어 울스턴크래프트는 『여성의 권리옹호』(*A Vindicaion of Women's Right,* 1792)에서 여성이 남성의 정당한 반려가 되기 위해서는 여성도 이성적인 교육을 받을 필요가 있다는 주장을 펴서 여성해방론의 기수가 되었다.

남성 중에서도 여성의 상황에 대한 성찰을 한 사상가가 없지는 않았다. 공리주의 철학자이며 19세기 중산층의 편협한 도덕으로부터의 자유를 주장한 『자유론』(*On Liberty,* 1859)을 쓴 존 스튜어트 밀(John Stuart Mill, 1806~1873)은 『여성의 종속』(*The Subjection of Women*, 1869)에서, 여성이 종속되는 상황을 타파하고 평등한 관계를 이루어야 한다고 역설했다. 밀은 인류의 역사를 보면 남편의 역할은 언제나 법적인 폭군이었다며, 인류의 절반이 노예의 상태에서 떳떳한 개인의 신분으로 해방될 수 있도록 법률과 여론을 바꾸자고 주장했다. 그런데 밀은 이 글을 자신의 아내에게서 영감을 받아 썼다고 고백하고 있다.[24]

"내 글 속에서 가장 훌륭한 부분은 그녀에게서 영감을 얻은 것이며 따

24 밀과 그의 아내 해리엇 테일러(Harriet Taylor)의 독특한 관계가 아마 밀의 이론의 뒷받침이 되었을 것이다. 밀이 해리엇과 만났을 때 그녀는 유부녀였다. 그들은 21년 동안의 정신적인 교제 끝에 그녀의 남편이 죽은 후 1851년 정식으로 결혼했다. 해리엇은 명석한 여성으로 밀의 사상에 큰 영향을 주었다. 『자유론』은 해리엇의 영향 아래 많은 수정이 이루어졌고 『여성의 종속』에서도 해리엇의 영향이 암시된다. 두 사람이 결혼한 7년 후 해리엇은 프랑스를 여행하던 도중에 사망했다.

라서 내 글의 일부는 그녀가 쓴 것이나 다름없다"

19세기 말의 소설가 조지 메러디스(George Meredith, 1828~1909)도, 문명의 척도는 남성들이 "여성과 대등한 입장에서 대화하는 것을 수락"하는지의 여부에 달려 있다고 주장했다.

그러나 19세기에는 여성의 상황에 대한 각성이 조직적인 힘으로 자리잡지 못했으며 20세기에야 본격적인 운동으로 발전한다. 20세기에 본격적인 여성해방운동의 이론적 기반을 확립한 사람은 프랑스의 실존주의 철학자 시몬 드 보부아르(Simone de Beauvoir, 1908~1986)이다. 그녀의 『제2의 성』(*Le Deuxième Sexe*, *The Second Sex*, 1949)이 몇 주 만에 20,000권이 판매되는 베스트셀러가 되었다는 것은 자유에 목말라 있던 여성들의 욕구를 시사한다. 보부아르의 책은 여성과 남성에 관한 방대한 연구로서 서구 여성운동의 제 1의 물결을 제 2의 물결[25]로 이어주는 교량의 역할을 했다. 보부아르는 이 저서에서, 남성을 인간의 원형으로 보면서 남성이 긍정적 규범이며 여성은 부정적인 결함이라고 상정하는 인류문화사와 지성에 대한 총체적 비판을 가했다. 보부아르가 여성은 태어나는 것이 아니라 길러진다고 보았다는 점에서 생물학적 성(sex)과 사회문화적 성(gender)을 구분하는 현대 페미니즘(Feminism)의 기초를 닦았다고 할 수 있다. 보부아르의 다음 말은 결혼한 여성의 상황을 정확하게 통찰한 것

25 여성해방운동 혹은 페미니즘에서 제 1의 물결은, 중산계급 여성들이 같은 계급의 남성들이 이미 획득한 다양한 권리를 여성들도 평등하게 누릴 수 있도록 요구하는 단계로, 주로 참정권운동에 초점이 맞추어졌다. 제 2의 물결은 1960년대의 각종 시민단체의 활발한 사회운동 속에서 여성운동도 르네상스를 맞게 된 시기로, 여성문제의 원인을 기회의 불평등으로 보고 남성과의 동등한 권리를 추구했다. 그러나 아직 여성을 억압하는 원인에 대한 구조적 분석은 이루어지지 않았다. 제 3의 물결은 남성중심적 사고가 빚어낸 억압구조를 극복하고 인간의 해방을 목표로 추구하며, 환경운동과 생명존중운동과 맥을 함께 한다.

이다.

> 여자는 결혼함으로써 세계의 작은 일부분을 자기의 영지로 분배받는다. 그리고 법률이 그녀를 남자들의 행패로부터 보호해 주지만, 그 대신 그녀는 남편의 신하가 된다.

보부아르가 이런 이론적 업적을 창출했으면서도 실제로 여성해방운동에 뛰어 든 것은 1980년대가 되어서이다. 그전에는 계약결혼을 한 장폴 사르트르(Jean-Paul Sartre, 1905~1980)와의 관계에 집착하고 있었고, 자신은 초월적인 위치에서 여성문제를 꿰뚫어 보는 우월적 존재로 여기며 이론가로서 만족하고 있었기 때문이다. 자신의 삶이 다른 여성과 다르다고 여기면서 지극히 남성적인 관점을 가지고 있었기 때문에 보부아르가 『제2의 성』에서 여성을 대상으로서 객관적으로 분석할 수 있었는지도 모른다.

3) 사랑과 결혼

여성과 남성의 관계, 사랑과 결혼의 관계에 대한 질문과 각성은 문학 작품에서 보다 다양하게 나타나면서 비판과 통찰을 제시한다는 점에서 문학 작품을 살펴볼 필요가 있다. 16세기의 윌리엄 셰익스피어(William Shakespeare, 1564~1616)의 시극에서 사랑과 결혼, 여성이 갖는 입지는 다양하게 포착되어 있다. 사랑의 결과가 가장 비극적으로 끝나는 『로미오와 줄리엣』(*Romeo and Juliet*, 1591)은 순수한 사랑을 형상화한 시극으로 여겨진다. 그러나 『로미오와 줄리엣』에서도 남녀관계에서의 주도권 다툼이 치열하게 전개되고 있다.

로미오의 첫 사랑의 대상은 로절라인(Rosaline)이었다. 그녀보다 더 아름다운 여자도 있으니 주위를 둘러보고 다른 여자를 찾아보라는 친구의 말에 대해 로미오는 절대로 그럴 수 없다고 대답한다. 그러나 이처럼 열렬했던 로미오가 줄리엣을 보자마자 순식간에 마음을 바꾸는 데서 사랑이 얼마나 믿을 수 없는 것인지 짐작할 수 있다.

*『로미오와 줄리엣』 윌리엄 셰익스피어 지음

로미오:
내 눈에 담겨 있는 독실한 신앙심이
그런 거짓 믿는다면 눈물은 불이 되고
아무리 여러 번 익사해도 절대로 죽을 수 없는
이 투명한 이단자는 거짓말쟁이로 타 죽어야 해!
내 님보다 더 예쁜 사람이 있다니! 모든 걸 다 보는 태양도
그녀[로절라인]에게 필적할 여자는 태초 이래 못 봤어. (1막2장)

(캐플릿 가의 무도회에서 줄리엣을 본 후 로미오의 말)

로미오:
오, 그녀[줄리엣]는 횃불에게 불타는 법을 가르치는구나!
검은 여인의 귓밥 위의 값비싼 보석처럼
밤의 뺨에 그녀가 걸린 것 같구나.--
쓰기에는 너무 귀하고 이 땅에 있기에는 너무 아름답구나!
흰 눈 같은 비둘기가 까마귀 무리와 함께 있듯이
저 건너 숙녀는 자기 또래 가운데 있구나.
춤곡이 끝났을 때 서 있는 곳 지켜보고
그녀 손을 만지면 거친 내 손 복 받으리.

내가 지금껏 사랑을 했었다고? 시각이여 부인하라,

오늘까지 나는 진정한 아름다움을 본 적이 없었으니. (1막5장)

＊ *Romeo and Juliet* by William Shakespeare

ROMEO:
When the devout religion of mine eye
Maintains such falsehood, then turn tears to fires;
And these, who, often drown'd, could never die,
Transparent heretics, be burnt for liars!
One fairer than my love! the all-seeing sun
Ne'er saw her match since first the world begun. (I. ii)
…

ROMEO:
O, she doth teach the torches to burn bright!
It seems she hangs upon the cheek of night
Like a rich jewel in an Ethiope's ear;
Beauty too rich for use, for earth too dear!
So shows a snowy dove trooping with crows,
As yonder lady o'er her fellows shows.
The measure done, I'll watch her place of stand,
And, touching hers, make blessed my rude hand.
Did my heart love till now? forswear it, sight!
For I ne'er saw true beauty till this night. (I. v)

한편 사랑을 고백하는 남성을 대하는 여성들의 태도도 대조적이다. 로미오의 첫사랑인 로절라인은 로미오의 애원을 들은 체도 하지 않는다. 로미오는 그녀를 정절의 상징으로 비유하면서도 그것이 허무한 낭비임을 주장한다. 그에 반해 줄리엣은 순진한 여성이 아니라 자신의 욕구를 정확히 파악하고 자신의 사랑을 과감하게 주장하는 열정을 지니고 있는 여성으로 등장한다.

(로미오가 로절라인의 무정함에 대해 친구에게 하소연하는 장면)

로미오:

큐피드의 화살로는
그녀[로절라인]를 못 맞춰. 다이애나의 마음처럼
강력한 순결로 빈틈없이 무장해서
사랑의 치졸한 활 따위엔 영향을 안 받아.
그녀를 사랑한단 말의 공략을 참지도,
마주치는 눈의 공격을 견디지도 않으며,
성자마저 유혹할 황금에도 무릎을 열지 않아.
오, 그녀는 미모로는 부자이나 가난해.
죽을 때 그 풍요도 미와 함께 죽으니까.

벤볼리오:
그럼, 순결하게 살겠다는 맹세라도 한 거야?

로미오:
음, 그렇게 아껴서 막대하게 낭비하지.
그녀처럼 가혹하게 굶어 죽는 미모는
후손들의 모든 미모를 잘라내기 때문이야. (1막1장)

(줄리엣이 테라스에서 혼자서 로미오에 대한 사랑의 말을 하다가 로미오를 발견한 후)

줄리엣:
알다시피 밤의 가면이 내 얼굴을 덮었어요.

안 그러면 오늘 밤에 들으신 말 때문에
처녀의 뺨은 수줍어 붉어졌을 거예요.
격식을 차리고 싶어요. 했던 말을 기꺼이, 기꺼이
부인하고 싶어요. 하지만 관습은 버리자!
날 사랑하세요? "네."라고 말하실 줄 알아요.
그 말을 믿을게요. 그래도 맹세를 하신다면
거짓될 수 있답니다. 연인들의 위증에
조브 신이 웃는다고 하니까. 오, 로미오,
사랑하고 있다면 성실하게 선언해요.
만약 나를 너무 빨리 얻었다고 생각하면
다시 구애하도록 심술궂게 찌푸리고
"안 돼요."라고 할 테지만, 아니라면 절대로 안 그래요.
참말이지 몬타규 님, 난 너무 좋아요.
그래서 내 행동을 가볍다고 여길 수도 있겠지만
날 믿어 주세요. 교활하게 쌀쌀맞은 여자보다
더 진실된 사람임을 입증할 테니까.
고백컨대, 그대가 나 몰래 참사랑의 감정을
엿듣지만 않았어도 그대를 더 쌀쌀맞게
대했을 거랍니다. 그러니 날 용서하고
어두운 밤중에 들켜 버린 이 허락을
가벼운 사랑의 탓으로 돌리지는 마세요. (2막2장)

ROMEO:
　　　　　　she'll not be hit
With Cupid's arrow; she hath Dian's wit;
And, in strong proof of chastity well arm'd,
From love's weak childish bow she lives unharm'd.

She will not stay the siege of loving terms,
Nor bide the encounter of assailing eyes,
Nor ope her lap to saint-seducing gold:
O, she is rich in beauty, only poor,
That when she dies with beauty dies her store.

BENVOLIO:
Then she hath sworn that she will still live chaste?

ROMEO:
She hath, and in that sparing makes huge waste,
For beauty starved with her severity
Cuts beauty off from all posterity. (I. i)
…

JULIET:
Thou know'st the mask of night is on my face,
Else would a maiden blush bepaint my cheek
For that which thou hast heard me speak to-night
Fain would I dwell on form, fain, fain deny
What I have spoke: but farewell compliment!
Dost thou love me? I know thou wilt say "Ay,"
And I will take thy word: yet if thou swear'st,
Thou mayst prove false; at lovers' perjuries
They say, Jove laughs. O gentle Romeo,
If thou dost love, pronounce it faithfully:
Or if thou think'st I am too quickly won,
I'll frown and be perverse and say thee nay,
So thou wilt woo; but else, not for the world.
In truth, fair Montague, I am too fond,
And therefore thou mayst think my 'havior light:
But trust me, gentleman, I'll prove more true
Than those that have more cunning to be strange.
I should have been more strange, I must confess,
But that thou overheard'st, ere I was 'ware,
My true love's passion: therefore pardon me,
And not impute this yielding to light love,
Which the dark night hath so discovered. (II. ii)

셰익스피어의 또 다른 기억할만한 여성은 『베니스의 상인』(*The Merchant of Venice*)에 나오는 포셔(Portia)이다. 이 극에서 가장 인상깊게 기억되는 이야기는 돈을 갚지 못하는 대가로 살 1파운드를 도려내겠다고 고집하는 앙심 깊은 유대인 샤일록(Shylock)이지만, 이 극의 또 다른 축은 포셔와 바사니오(Bassanio)의 사랑이며, 포셔의 담대함과 총명함은 길이 기억될 만하다.

포셔는 세 개의 상자 중에서 올바른 상자를 고른 사람을 신랑으로 맞으라는 아버지의 유언을 알게 되자 고민한다. 그녀는 바사니오를 사모하고 있으므로 다른 사람이 올바른 상자를 고른다거나 바사니오가 제대로 된 상자를 고르지 못한다면 불행한 결혼을 할 수 밖에 없는 상황이다. 황금상자에는, "나를 택하는 자는 많은 사람이 원하는 걸 얻으리라. 반짝이는 것 모두가 금은 아니다."라는 두루마리와 해골의 모형이 들어 있다. 은상자에는 "나를 택하는 자는 그 가치에 합당한 것을 얻으리라."라는 말과 함께 반짝이는 얼간이의 초상화가 들어 있다. 보잘것없어 보이는 납상자에는 "나를 택하는 자는 그 가진바 모든 것을 주고 모험을 해야 하노라"라는 말과 포셔의 초상이 들어있다. 다행히도 공작과 왕자 등 현실적인 조건은 좋으나 그녀가 원치 않는 남자들은 금과 은상자를 선택하지만 바사니오가 납상자를 선택해서 두 사람은 행복한 결혼을 하게 된다.

여기까지의 포셔는 아버지의 권위에 눌려 자신의 운명을 우연에 내맡긴 여성의 모습에 불과하다. 그러나 바사니오를 위해 샤일록에게서 돈을 빌린 안토니오(Antonio)가 생명을 잃을 위기에 처하자 포셔는 남장을 하고 법학박사로 등장한다. 그리고 피를 흘리지 말고 정확하게 1파운드의 살덩이를 잘라내지 못하면 엄벌을 내린다는 현명한 판결을 하여 안토니오를 구해낸다. 그 후 감사의 표시를 주겠다는 바사니오에게서 자신이 선물한 결혼반지를 요구하여 받는다. 이 사건을 계기로 포셔는 남편의 복종을 받아 낼 수 있는 힘을 가지게 되므로 바스의 아낙을 연상시킨다.

19세기 빅토리아조[26]에 여성과 남성의 사랑과 결혼은 다시 중요하게 자리매김하게 된다. 급속히 발전하는 산업자본주의사회에서 남성이 바깥에서 마음놓고 활동하기 위해서는 내조자로서의 여성의 역할이 절실히 필요했다. 영국의 가정은 빅토리아 여왕과 앨버트 공의 모범적인 가정을 본받아 영국 사회의 도덕적 중심이 되었는데 그 가정에서 여성은 남성을 위로하고 뒷받침해줄 수 있는 존재가 되는 것이 중요했다. 따라서 남성의 내조자이며 자식들의 주된 교육자인 여성을 동물과 같은 열등한 존재로만 둘 수는 없게 된다. 여기서 여성에 대한 적당한 이데올로기가 만들어지게 된다. 그것은 집안의 천사(Angel of the House)로 숭배 받는 여성의 이미지이다.

남성이 산업 사회의 주역으로 일하는 동안 가정을 잘 관리하고 남편을 뒷바라지할 여성의 교육은 남성이 받는 이성적이고 논리적인 교육과 달라야 했다. 여성이 필요 이상으로 지능을 계발하는 것은 자연 질서와 종교적 전통에 위배되는 것으로 여겨졌다. 대신 여성에게는 여성적 특징인 상냥한 이해심, 비세속성, 순진함, 가정적인 애정, 자기 분수에 맞는 순종심이 강조되었다. 18세기의 여성지침서 중의 하나인 『여성 교사』(*The Female Instructor,* 1811)에서는 여성들의 종속적인 위치를 환기시키기 위해 항상 결혼반지를 끼고 있을 것을 권고한다. 여성이 화가 났을 때 언제든지 "반지에 눈을 돌려 누가 그것을 주었는지 상기하기" 위해서이다. 순종적인 여성에게는 집안의 천사라는 고귀한 지위가 주어지며 기준에 맞지 않는 여성에게는 가차 없는 비판이 쏟아졌다.

---

26 빅토리아 여왕이 즉위한 1837년부터 여왕이 서거한 1901년까지를 일컫는다. 이 시기는 영국이 해가 지지 않는 나라라는 말을 들을 정도로 부강한 나라일 뿐 아니라 민주주의와 신사도가 확립된 시기로 세계에서 가장 선진적인 국가로 자처하고 있었다.

자아의식과 내적 열정이 있던 여성들은 집안의 천사라는 이데올로기로 인해 갈등을 겪고 고통스러워했다. 플로렌스 나이팅게일(Florence Nightingale, 1820~1910)은 가정이라는 영역에 한정된 삶이 아니라 의미 있는 목표를 성취하고 싶다는 강력한 욕구가 있었지만 상류층 여성에게 요구되는 삶을 살아야 했기에 권태로운 삶의 무게를 이기지 못하고 여러 번 자살을 시도했다. 나이팅게일은 전쟁터에서 간호원으로 활동하면서 비로소 심적인 안정을 되찾게 된다. 이처럼 할 일은 없고 여가시간은 많았던 중상류층의 여성들은 극심한 권태에 시달리거나 자살 충동, 히스테리 등을 일상적으로 앓았다.

그러나 권태는 하녀들이 집안일이나 육아를 도맡았기 때문에 여가시간이 많았던 상류나 중류계급의 아내나 딸이 누리는 특권에 불과했다. 하층계급의 여성들은 권태를 느낄 시간이 없을 정도로 현실적인 고통에 시달렸다. 1849년 무렵 영국의 전체 여성의 20분의 19에 해당되는 여성들이 하녀, 재봉사, 공장직공, 농장노동자 등으로 열악한 상황에서 노동을 해야 하는 상황에 있었다. 이들에게는 집안의 천사로서 우아하게 사는 것이 허용되지 않았다. 공장에서 힘든 노동을 해야 했고 집에 돌아와서는 가사를 도맡았으며 술에 취한 남편의 난폭한 폭력도 견뎌야 했다. 중산층 이상의 여성에게는 여성다운 허약함과 부드러움이 강조된 반면, 이들 하층계급의 여성에게는 일할 수 있는 강인함과 튼튼함이 미덕으로 강조되었다. 여성에 대해 계층에 따라 이중적인 가치가 부여되고 있었다는 것에서 집안의 천사라는 여성이데올로기의 허구성이 드러난다.

19세기의 문학은 대부분 중산층 여성의 결혼문제를 중심적으로 다루고 있다. 그 중에서 결혼과 돈, 사랑의 갈등이 첨예하게 대두되는 샬롯 브론테(Charlotte Brontë, 1816-1855)의 『제인 에어』(*Jane Eyre*, 1847), 에밀리 브론테(Emily Brontë, 1818-1848)의 『폭풍의 언덕』(*Wuthering Heights*, 1847), 토마스 하디(Thomas Hardy, 1840~1928)의 『더버빌 가의 테스: 순결한 여인』(*Tess of the d'Urbervilles: A Pure Woman,* 1891)을 살펴보자.

『제인 에어』에서 주인공인 제인 에어는 원래 중산층이었으나 일찍 부모를 잃어 거의 하층계급으로 떨어지기 직전에 있다. 다행히도 친척의 도움으로 다소의 교육을 받은 후 부유한 대지주인 로체스터(Rochester)의 저택인 손필드(Thornfield)의 가정교사로 갔다가 로체스터의 사랑을 받아 결혼하게 된다. 이 이야기는 동서고금을 통해 가장 인기 있는 판타지인 신데렐라의 꿈을 실현하는 듯하다. 그러나 이 소설의 혁명적인 면은 사무엘 리처드슨(Samuel Richardson, 1689~1761)의 『파멜라: 보상받은 정조』(*Pamela, or Virtue Rewarded,* 1740)와 비교하면 확실해진다.

파멜라는 가난한 농부의 딸로 엄청난 부자지주인 B씨의 집에 하녀로 갔다가 그의 정부가 되라는(결혼신청이 아니라) 끈질긴 유혹을 받지만 끝내 유혹을 물리친다. 그녀의 절개에 감탄한 지주는 그제야 정식으로 결혼 신청을 한다. 파멜라는 "네, 감사합니다. 주인님."이라고 대답하고 그와 결혼한다. 이렇게 신데렐라와 같은 신분상승을 이룬 파멜라의 이야기는 당시 엄청난 인기를 얻었으나 한편으로는 파멜라가 일회성에 불과한 정조를 가장 비싸게 팔기 위해 교활한 술수를 쓴 비열한 여인이라는 비판[27]을 받기도 했다.

가난한 여성이 대지주와 결혼한다는 비슷한 발상에서 시작한 『제인 에어』는 『파멜라』와는 완전히 다른 전개를 보인다. 제인은 로체스터를 사랑하지만 막상 그의 청혼을 받고 결혼을 앞둔 시점에서는, 로체스터가 퍼붓는 사랑의 선물을 받으면서 마치 중동의 술탄이 여자노예에게 주

27 헨리 필딩(Henry Fieding)은 당대의 극렬한 비판가 중의 한 사람이었다. 그는 리처드슨의 도덕관을 풍자하기 위해 『샤멜라』(*Shamela,* 1741)를 썼고 이후 본격적인 소설가로 나선다. 사실 리처드슨은 결혼 후에 파멜라가 상류층 사람들에게까지 인정받는 숙녀가 되는 과정을 자세히 그려서, 파멜라가 비록 농민 출신이나 그 인품은 훌륭하므로 평민과 상류층의 타고난 구별을 거부하는 획기적인 도덕을 보이고 있다.

며 흐뭇해하는 것 같다고 생각하면서 불편해한다. 그녀의 소망은 로체스터와 동등한 위치에서 사랑하고자 하는 것이기 때문이다. 결혼식날 로체스터에게 이미 아내가 있다는 것을 알게 된 제인은 마치 이런 기회가 생기기를 기다렸다는 듯이 얼른 로체스터의 집을 떠난다. 나중에 유산을 받아 안정된 삶을 살게 된 제인은 다시 로체스터를 찾아가, 저택에 화재가 나서 팔이 다치고 눈이 멀게 된 로체스터와 결혼해 그를 돌보며 살아간다. 재산을 잃어버리고 힘이 없어진 로체스터를 제인이 구원해 주는, 반 신데렐라의 꿈을 완성한다는 점에서 이 소설은 여성해방적인 소설로 여겨진다. 다음은 로체스터가 청혼한 후 제인에 대한 극진한 사랑을 표시하지만 제인이 오히려 거부감을 느끼는 장면이다.

*『제인 에어』 샬롯 브론테 지음

"나는 세상 사람들에게 당신이 미인이라는 걸 알릴 작정이야." 그는 말을 계속했다. 그러나 그가 하는 말이 나는 정말로 불편해졌다. 그가 스스로를 속이고 있던가, 아니면 나를 속이려는 것이라고 생각되었기 때문이다. "나의 제인에게 비단과 레이스로 된 옷을 입히고, 머리에는 장미를 달아줄 테야. 내가 가장 소중하게 생각하는 머리 위에는 가장 값비싼 베일을 씌워주고."

"그렇게 하면 저를 몰라볼 거예요, 당신이 좋아하는 제인이 아니라 어릿광대 옷을 입은 원숭이거나, 아니면 남의 깃털을 빌린 어치새에 지나지 않을 거예요. 궁중 미인으로 성장한 제자신의 모습을 보느니 차라리 무대의상으로 분장한 로체스터 씨의 모습을 보는 편이 나을 거예요. 저는 당신을 무척 사랑하고 있지만 당신을 미남이라고 하지는 않아요. 거짓으로 추켜세우기에는 당신을 너무 사랑하거든요. 저를 거짓으로 추켜세우지 마세요."

…

"만약 나에게 언젠가 로체스터 씨의 재산을 늘려줄 전망이 있다면, 지금 이렇게 그의 도움을 받고 있는 것도 덜 괴로울 것이다." 나는 이런 생각에 마음이 다소 편해져서 나의 주인이요 연인인 그의 눈을 다시 한 번 쳐다볼 용기가 생겼다. 그의 눈은 내가 시선을 돌렸는데도 불구하고 내 눈을 끈질기게 찾고 있던 중이었다. 그는 미소를 지었다. 그의 미소는 마치 즐겁고 기분 좋을 때 술탄이 자신의 황금과 보석으로 치장한 노예를 바라볼 때 던지는 미소와 같다는 생각이 들었다. (24장)

* *Jane Eyre* by Charlotte Brontë

"I will make the world acknowledge you a beauty, too," he went on, while I really became uneasy at the strain he had adopted, because I felt he was either deluding himself or trying to delude me. "I will attire my Jane in satin and lace, and she shall have roses in her hair; and I will cover the head I love best with a priceless veil."

"And then you won't know me, sir; and I shall not be your Jane Eyre any longer, but an ape in a harlequin's jacket--a jay in borrowed plumes. I would as soon see you, Mr. Rochester, tricked out in stage-trappings, as myself clad in a court-lady's robe; and I don't call you handsome, sir, though I love you most dearly: far too dearly to flatter you. Don't flatter me."

…

[I]f I had but a prospect of one day bringing Mr. Rochester an accession of fortune, I could better endure to be kept by him now." And somewhat relieved by this idea…, I ventured once more to meet my master's and lover's eye, which most pertinaciously sought mine, though I averted both face and gaze. He smiled; and I thought his smile was such as a sultan might, in a blissful and fond moment, bestow on a slave his gold and gems had enriched: (Ch. 24)

한편 에밀리 브론테의 『폭풍의 언덕』은 안정된 결혼에 대한 염원과 사랑이 어떻게 충돌하면서 여성의 선택을 좌우하는지를 잘 보여준다. 여주인공 캐서린 어언쇼(Cathrine Earnshow)는 집에서 하인으로 일하는 히스클리프(Heathcliff)를 사랑한다. 그러나 그와 결혼하면 중산층에서 떨어져 노동자계층이 될 것이 뻔하므로 캐서린은 자신에게 안락한 미래를 보장해 줄 중산층 지주인 에드거 린튼(Edgar Linton)과 결혼하려는 생각이다. 캐서린은 에드거의 청혼을 받아들인 후 가정부인 넬리(Nelly)에게 자신의 심정을 토로하는데, 사랑과 결혼을 앞둔 여성의 갈등을 잘 보여준다.

*『폭풍의 언덕』 에밀리 브론테 지음

"난 천국은 내 고향이 아닌 것 같다는 말을 하려고 했어. 나는 땅으로 돌아가겠다고 가슴이 터지도록 울었어. 천사들은 화가 나서 나를 히스 들판의 한가운데 있는 워더링 하이츠의 꼭대기로 던져버렸어. 나는 거기서 기뻐서 울면서 깨어났어. 내가 천국과 어울리지 않듯이 에드거 린튼과의 결혼도 내게는 어울리지 않아. 저기 저 몹쓸 인간[오빠 힌들리]이 히스클리프를 천덕꾸러기로 만들지만 않았더라면 나도 그 생각을 하지 않았을 거야. 지금은 히스클리프와 결혼하면 내 위치가 떨어지고 말거야. 그러니 히스클리프는 내가 얼마나 자기를 사랑하는지 알 기회도 없겠지. 그를 사랑하는 건 그가 잘나서가 아니야. 넬리, 그가 나 자신보다도 더 나를 닮았기 때문이야. 우리 영혼이 무엇으로 만들어졌든 간에 그와 나의 영혼은 똑같아. 그리고 린튼의 영혼은 달빛이 번갯불과 다르고 서리가 불과 다르듯이 딴판이야…"

"이 세상에서 내가 가장 불행할 때는 히스클리프가 불행할 때야. 나는 그의 불행을 처음부터 낱낱이 다 느꼈어. 내가 살면서 가장 중요하게 생각하는 것은 바로 히스클리프야. 다른 모든 것이 다 망해도 그만 살아남는다면 나는 살아갈 수 있어. 하지만 다른 모든 것이 살아남는다 해도 그가 없어지면, 이 우주는 나와는 상관이 없어지고 내가 그 속의 일부라는 기분이 안 날거야. 린튼에 대한 내 사랑은 숲속의 잎사귀와 같아서 겨울이 오면 나뭇잎이 떨어지듯, 세월이 흐르면 변하리라는 것을 나는 잘 알고 있어. 그렇지만 히스클리프에 대한 사랑은 땅 속에 묻힌 오래 된 바위와 같아. 눈에 보이지는 않지만 꼭 있어야 하는 존재야. 넬리, 내가 바로 히스클리프야. 그는 언제나, 언제나 내 마음 속에 있어. 항상 나를 흐뭇하게 해준다는 뜻은 아니야. 내가 나 스스로를 마음에 들어하지 않을 때도 많듯이 말이야. 그러나 그가 바로 나 자신의 존재라는 거야." (9장)

* *Wuthering Heights* by Emily Brontë

"I was only going to say that heaven did not seem to be my home; and I broke my heart with weeping to come back to earth; and the angels were so angry that they flung me out into the middle of the heath on the top of Wuthering Heights; where I woke sobbing for joy. That will do to explain my secret, as well as the other. I've no more business to marry Edgar Linton than I have to be in heaven; and if the wicked man in there had not brought Heathcliff so low, I shouldn't have thought of it. It would degrade me to marry Heathcliff now; so he shall never know how I love him: and that, not because he's handsome, Nelly, but because he's more myself than I am. Whatever our souls are made of, his and mine are the same; and Linton's is as different as a moonbeam from lightning, or frost from fire." ...

"My great miseries in this world have been Heathcliff's miseries, and I watched and felt each from the beginning: my great thought in living is himself. If all else perished, and he remained, I should still continue to be; and if all else remained, and he were annihilated, the universe would turn to a mighty stranger: I should not seem a part of it.—My love for Linton is like the foliage in the woods: time will change it, I'm well aware, as winter changes the trees. My love for Heathcliff resembles the eternal rocks beneath: a source of little visible delight, but necessary. Nelly, I am Heathcliff! He's always, always in my mind: not as a pleasure, any more than I am always a pleasure to myself, but as my own being." (Ch. 9)

19세기 말의 소설가 토마스 하디는 산업사회에서 몰락해가는 농촌과 농민들의 문제를 다룬『더버빌가의 테스: 순결한 여인』에서 여성의 순결과 결혼에 대한 직접적인 질문을 던진다. 테스는 가난한 농민의 딸인데 집안을 돕기 위해 대지주의 하녀로 갔다가 그 집 아들인 알렉(Alec)에게 순결을 빼앗기고 아이를 임신한 채 집으로 돌아온다. 태어난 아이가 곧 죽자 테스는 새 출발을 하기 위해 낙농장에 취직해서 젖 짜는 일을 한다. 그곳에서 테스는 목사의 아들이지만 농업 수업을 받으러온 새로운 사고방식의 청년 에인젤(Angel)을 만나 그의 사랑을 받는다. 에인젤은 테스를 젖 짜는 시골 처녀가 아니라 여성의 신비로운 정수(a visionary essence of woman)로 여기며 열렬히 사랑한다. 결혼 첫날 에인젤이 다른 여자와 맺었던 불륜의 사랑을 고백하며 용서를 빌자 용기를 얻은 테스는 자신의 과거를 고백한다. 그러나 테스를 순결한 처녀로 이상화했던 에인젤은 충격을 받고 테스를 용서하지 못한다. 에인젤에게 버림받은 테스는 노동자로 전전하다가 다시 알렉의 정부가 된다. 뒤늦게 뉘우친 에인젤이 찾아오자 테스는 알렉을 살해하고 에인젤과 도주하다가 잡혀서 사형에 처해진다. 이 비극적인 이야기에 여성을 순결한 존재로 미화한 남성의 허위의식이 잘 드러나 있다. 다음은 테스가 자신의 과거를 에인젤에게 고백하고 난 후의 장면이다.

*『더버빌 가의 테스: 순결한 여인』 토마스 하디 지음

"우리들 사랑의 이름을 걸고 나를 용서해 주세요!" 그녀는 바싹 마른 입으로 속삭였다. "나도 똑같은 일로 당신을 용서해 드렸잖아요?"

그리고는, 그가 대답을 안 하므로 그녀는 또다시 말했다.

"당신이 용서받은 것처럼 나도 용서해주세요! 에인젤, 난 당신을 용서해 드렸어요."

"당신… 응, 당신은 그랬지."

"그런데 당신은 나를 용서하지 않으세요?"

"오, 테스, 용서란 이런 경우엔 적합하지 않은 말이오! 당신은 이전에는 지금과 다른 사람이었소, 오오, 용서라는 게 어찌 이런 기괴한 요술에 맞는 말이겠소!"

그는 말을 멈추고, 이 말의 뜻을 곰곰이 생각하다가 갑자기 웃음을 터뜨렸다. 지옥의 웃음처럼 부자연스럽고 무시무시한 웃음을.

"그만, 그만하세요! 꼭 죽을 것만 같아요!" 그녀는 비명을 질렀다. "오오, 나를 불쌍히 여겨주세요. 가엾게 여겨주세요."…

…

"에인젤, 난 당신이 나를, 바로 나를 사랑한다고 생각했어요. 당신이 사랑한 게 바로 나라면 어떻게 그런 얼굴로 그런 말을 할 수 있어요? 난 무서워요! 나는 당신을 사랑한 몸이니 영원히 당신을 사랑해요. 어떤 변화나 어떤 굴욕에도 당신은 언제나 당신임에 틀림없으니까요. 더 이상 바라지 않겠어요. 그런데 아, 어찌 내 남편인 당신이 나를 사랑하지 않게 될 수 있을까요?"

"거듭 말하는데, 내가 사랑했던 여인은 당신이 아니란 말이오."

"그럼 누구예요?"

"당신 모습을 한 다른 여인이오."

그의 말을 듣고, 그녀는 자신이 전부터 염려해 오던 예감이 들어맞았다는 것을 알아차렸다. 그는 그녀를 일종의 사기꾼으로, 순진한 여자의 가면을 쓴 죄 많은 여자로 보고 있는 것이다. 이것을 깨닫자 그녀의 창백한 얼굴에 공포의 빛이 감돌았다. (5부 35장)

* *Tess of the D'Urbervilles* by Thomas Hardy

"In the name of our love, forgive me!" she whispered with a dry mouth. "I have forgiven you for the same!"

And, as he did not answer, she said again—

"Forgive me as you are forgiven! I forgive you, Angel."

"You—yes, you do."

"But you do not forgive me?"

"O Tess, forgiveness does not apply to the case! You were one person; now you are another. My God—how can forgiveness meet such a grotesque—prestidigitation as that!"

He paused, contemplating this definition; then suddenly broke into horrible laughter—as unnatural and ghastly as a laugh in hell.

"Don't—don't! It kills me quite, that!" she shrieked. "O have mercy upon me—have mercy!"

...

"I thought, Angel, that you loved me—me, my very self! If it is I you do love, O how can it be that you look and speak so? It frightens me! Having begun to love you, I love you for ever—in all changes, in all disgraces, because you are yourself. I ask no more. Then how can you, O my own husband, stop loving me?"

"I repeat, the woman I have been loving is not you."

"But who?"

"Another woman in your shape."

She perceived in his words the realization of her own apprehensive foreboding in former times. He looked upon her as a species of imposter; a guilty woman in the guise of an innocent one. Terror was upon her white face as she saw it; (5부 35장)

그렇다면 진정한 사랑이란 어떤 것일까? 진정한 사랑을 노래하는 두 편의 시를 읽어보자. 19세기의 유명한 여성시인 엘리자베스 바렛 브라우닝(Elizabeth Barrett Browning, 1806~1861)과 20세기의 윌리엄 버틀러 예이츠(William Butler Yeats, 1865~1939)의 시를 살펴보자. 두 사람 다 열렬한 사랑으로 이름이 높은 만큼 그들의 시에서 사랑에 대한 암시를 얻을 수 있으리라.

원래 엘리자베스 바렛은 8살 때 그리스어로 호메로스(Homer)[28]의 작품을 읽고 14살 때 첫 시를 발표할 정도로 조숙한 천재였지만 이기적이고 독선적인 아버지 밑에서 복종적인 삶을 살고 있었다. 바렛의 아버지는 병약하다는 이유로 그녀를 거의 집안에 가두어두었기에 시를 쓰는 것이 그녀의 유일한 낙이었다. 바렛이 38세 때 그녀의 시가 처음으로 출판되면서 대단한 찬사를 받았다. 이때 그녀보다 6살 연하이며 신참시인이던 로버트 브라우닝(Robert Browning)도 감명을 받고 그녀를 방문했다. 이후 서로 편지를 주고받던 두 사람은 사랑에 빠져 아버지의 감시를 피해 도망쳐 나와 결혼에 성공했다.

엘리자베스 바렛 브라우닝은 사랑의 시만 쓴 것은 아니다. 그녀는 당대의 남성중심 시대의 전형적인 여성상이던 순결한 여성, 희생적인 아내와 어머니를 재생산해내는 여성시인들을 비판하면서, 다양한 사회적 문제들을 다루는 시를 많이 썼다. 이 사랑의 소네트는 특별히 브라우닝과 자신의 순수한 사랑을 노래한 것이다. 바렛이 얼굴이 다소 까무잡잡하다고 해서 브라우닝이 포르투갈인이라는 별명을 붙였기에 이 소네트 연작집은 『어느 포트투갈인의 소네트』(*Sonnets from the Portuguese*)라는 제목

28 고대 그리스의 유랑시인으로 『일리어드』(*Iliad*)와 『오디세이』(*Odyssey*)의 작가이다.

을 가지게 되었다.

「소네트 4: 당신이 나를 사랑해야 한다면」,
『어느 포트투갈인의 소네트』

엘리자베스 바렛 브라우닝 지음

당신이 날 사랑해야 한다면 오직 사랑만을 위해 사랑해 주세요.
그녀의 미소 때문에, 그녀의 모습
그녀의 부드러운 말씨, 그리고 내 맘에 꼭 들고
힘들 때 편안함을 주는 그녀의 생각 때문에
"그녀를 사랑해" 라고 말하지 마세요.
사랑하는 이여, 이런 것들은 그 자체로나
당신 마음에 들기 위해 변할 수 있는 것,
그리고 그렇게 얻은 사랑은 그렇게 잃을 수도 있는 법.
내 뺨에 흐르는 눈물을
닦아 주고픈 연민 때문에 사랑하지도 말아 주세요
당신의 위안 오래 받으면 눈물을 잊어버리니,
그러면 당신 사랑도 떠나갈 테죠.
오직 사랑만을 위해 사랑해 주세요.
사랑의 영원함으로 당신 사랑 오래오래 지나도록.

* Sonnet IV.
Sonnets from the Portuguese,
by Elizabeth Barrett Browning

IF thou must love me, let it be for naught
Except for love's sake only. Do not say,

I love her for her smile—her look—her way
Of speaking gently,—for a trick of thought
That falls in well with mine, and certes brought
A sense of pleasant ease on such a day—
For these things in themselves, Belovàd, may
Be changed, or change for thee—and love, so wrought,
May be unwrought so. Neither love me for
Thine own dear pity's wiping my cheeks dry:
A creature might forget to weep, who bore
Thy comfort long, and lose thy love thereby!
But love me for love's sake, that evermore
Thou mayst love on, through love's eternity.

영문학사에 위대한 문학적 결실을 보태 준 또 하나의 유명한 사랑은 윌리엄 버틀러 예이츠와 모드 곤(Maud Gonne, 1866~1953)의 사랑이다. 예이츠는 아일랜드 사람으로서는 처음으로 노벨문학상(1923)을 받은 시인이자 극작가로서, 노벨 위원회는 예이츠의 시에 대해 "고도의 예술적인 양식으로 전 민족의 영혼을 표현한, 영감으로 가득 찬 시"(inspired poetry, which in a highly artistic form gives expression to the spirit of a whole nation)라는 평가를 남겼다. 예이츠가 연극배우인 모드 곤을 처음 만난 것은 1889년이었다. 이후 모든 곤은 1902년 예이츠와 레이디 그레고리(Lady Gregory)가 쓴 희곡 『캐슬린 니 훌리안』(*Kathleen ni Houlihan=Kathleen, Daughter of Houlihan*)[29]의 더블린 초연에서 캐서린 역을 맡았다. 예이츠는 모드 곤을 열렬히 사랑했으나 그녀를 만난 순간부터 "내 인생의 고뇌는 시작되었다"라고 기술할 정도로 그 사랑은 힘들었다. 모드 곤은 예이츠를 남자로서 사랑하지 않았던 것이다. 모드 곤은

29 아일랜드의 많은 예술에 자주 등장하는 캐슬린은, 집을 빼앗기고 떠도는 늙은 여인으로 자신을 위해 싸워줄 젊은이를 요구하며, 그녀를 위해 싸우던 젊은이들은 순교한다. 캐슬린은 아일랜드를 상징하며 아일랜드의 자유를 위해서는 피의 희생이 필요하다는 암시이다.

1891년에서 1901년 사이에 적어도 4번의 예이츠의 청혼을 거절했다. 열렬한 민족주의자이던 모드 곤은 1903년 같은 민족주의자이던 존 맥브라이드 소령(Major John MacBride)과 결혼했는데 그는 1916년 아일랜드 부활절 봉기의 주모자의 한 사람으로 체포되어 사형 당했다. 예이츠는 모드 곤에게 몇 번이나 청혼했다가 거절당한 후 1916년 50대에 이르러 모드 곤의 딸인 22세의 이졸트(Iseult)에게 청혼했다가 거절당한다. 다소 기이한 이런 행동은 아마도 모든 곤을 모든 아름다움의 정수로 보는 일종의 집착 때문인 듯하다. 예이츠는 바로 그 해 곧 조지 하이드리스(Georgie Hyde-Lees)와 결혼하여 마음의 안정을 얻고 노년의 삶을 풍요롭게 살았다. 그러나 모드 곤과의 사랑은 예이츠 시의 영감의 원천이 되었다. 예이츠의 거의 모든 시에는 모드 곤에 대한 사랑, 절망, 원망, 체념 등의 감정이 다양하게 형상화되어 있다. 사랑을 이루지 못했기에 수많은 걸작시들이 완성될 수 있었다는 점에서, 자신이 예이츠의 사랑을 거절한 것을 세상 사람들이 감사할 것이라고 말한 바 있다. 다음의 「그대 늙거든」(When You Are old)이라는 시는 사랑의 정수를 생각하게 한다.

*「그대 늙거든」 윌리엄 버틀러 예이츠 지음

그대 늙어서 머리 희어지고 잠이 많아져
난롯가에서 졸게 되거든 이 책을 꺼내어
천천히 읽으라, 그리고 꿈꾸라. 한 때 그대의 눈이 지녔던
부드러운 눈빛을, 그리고 그 깊은 음영을.

얼마나 많은 사람들이 그대의 매력적인 순간들을 좋아했으며,
진정으로든 거짓으로든 그대의 아름다움을 사랑했는지를.
그러나 한 사람은 그대의 유랑혼을 사랑했고,

그 변해가는 얼굴의 슬픔을 사랑했다는 것을.

그리고 붉게 빛나는 난롯가에서 몸을 굽히고
조금 슬프게 중얼거리리라. 사랑이 달아나
머리 위의 저 산을 걷다가
어떻게 그 얼굴을 별무리 속에 감추었는지를.

＊"When You Are Old" by William Butler Yeats

WHEN you are old and grey and full of sleep,
And nodding by the fire, take down this book,
And slowly read, and dream of the soft look
Your eyes had once, and of their shadows deep;

How many loved your moments of glad grace,
And loved your beauty with love false or true,
But one man loved the pilgrim Soul in you,
And loved the sorrows of your changing face;

And bending down beside the glowing bars,
Murmur, a little sadly, how Love fled
And paced upon the mountains overhead
And hid his face amid a crowd of stars.

20세기에 이르러 남녀의 사랑과 결혼이 어떤 의미가 있는 지에 대해 가장 큰 관심을 가지고 탐구한 작가는 D. H. 로렌스(David Herbert Lawrence, 1885~1930)일 것이다. 로렌스는 기계문명이 인간의 근본적이고 건강한 관계를 방해하고 있으며, 현대의 인간들은 소외와 단절의 상황에 놓여있다고 보았다. 로렌스는 각 개인이 인간 본연의 자세로 돌아가서 자신의 정체성을 확립하고, 그런 바탕 위에서 타인과 온전한 관계 맺기를 해야 한다고 주장한다. 이러한 관계 맺기의 기초가 되는 것이 바로 남자와 여자가 각기 올바른 자아를 지닌 채 상대방과 올바른 관계를 맺는 것이다. 그러나 현실에서는 이런 과정이 결코 쉽지 않다. 로렌스는 광부이며 열정적인 아버지와 지적이며 신분상승을 꿈꾸는 어머니의 갈등 속에 자라난 자신의 경험을 통해, 남편에게 불만을 느끼는 어머니가 아들에게 온 애정을 쏟을 때 어떤 왜곡된 관계가 생겨나는지를 『아들과 연인』(*Sons and Lovers*, 1913년)에서 사실적으로 다룬다. 로렌스 자신을 모델로 한 주인공 폴 모렐(Paul Morel)은 어머니의 연인처럼 사랑을 받다가 미리엄 리버스(Miriam Leivers)와 사귀게 되자 어머니와 갈등을 일으키고, 그 과정에서 미리엄과도 제대로 된 관계를 맺지 못하게 된다. 다음은 미리엄과 어머니 사이에서 폴이 갈등하는 장면이다.

*『아들과 연인』 D. H. 로렌스 지음

"저 여자애는 기뻐 날뛰는군… 폴을 내게서 빼앗아가면서 기뻐서 날뛰는군." 모렐 부인은 폴이 나가고 났을 때 가슴속에서 울부짖었다. "저 애는 보통 여자애와 달라서 내게 폴을 조금도 남겨주지 않아. 저애는 폴을 흡수해버리려고 해. 저 애는 폴에게서 죄다 끌어내서 아무 것도 남지 않을 때까지, 심지어 폴의 몫도 없을 때까지 흡수해버릴 거야. 폴은 결코 자기 발로 설 수 있는 남자가 못 될 거야. 저 애가 내 아들을 다 빨아들이고 말 거야." 어머니는 앉아서 속을 썩으며 비통한 생각에 잠겨있었다.

…

갑자기 그는 다시 뛰어 집으로 달려들어갔다. 그의 어머니는 그가 고통스러워한 흔적을 보고 아무 말도 하지 않았다. 그러나 그는 억지로 그녀가 말을 하게 만들었다. 그러자 그녀는 그가 미리엄과 멀리까지 갔던 것에 대해 화를 냈다.

"엄마, 왜 그 애를 좋아하지 않으세요?" 그가 절망적으로 외쳤다.

"모르겠다, 얘야." 그녀는 애처롭게 대답했다. "난 분명히 좋아하려고 애썼어. 애쓰고 또 애썼지… 하지만 안 되는구나, 안 돼…"

그는 두 사람 사이에서 어찌해야 할 지 절망적인 기분이었다. (8장)

…

폴은 어머니에게 돌아왔었다. 어머니와의 유대가 그의 삶에서 가장 강력한 것이었다. 그가 돌이켜 생각해 볼 때 미리엄의 존재는 축소되었다. 그녀에게는 막연하고 비현실적인 느낌이 있었다. 게다가 다른 누구도 중요하지 않았다. 이 세상에 비현실적으로 변하지 않고 탄탄한 곳이 한 군데 있었다. 그의 어머니가 있는 곳이었다. 다른 사람들은 모두 그에게 그림자처럼 거의 존재하지 않을 수 있지만 어머니는 그렇지 않았다. 어머니는 그가 벗어날 수 없는 삶의 축과 기둥 같았다.

모렐 부인도 같은 방식으로 폴을 기다렸다. 그녀의 삶은 이제 폴에게 달려 있었다. 결국 저 세상의 삶은 그녀에게 별로 주는 것이 없었다. 그녀는 "행동"할 수 있는 우리의 기회가 이곳에 있음을 알았고 그녀에게는 행동이 중요했다. 폴은 그녀가 옳다고 증명해 줄 것이다. 그는 어떠한 것도 회피하지 않는 사람이 될 것이다. 그는 중요한 방식으로 지구의 표면을 변화시킬 것이다. 그녀는 그가 어디로 가든 자기의 영혼이 그와 함께 있다고 느꼈다. 그가 무슨 일을 하든 그녀는 자기의 영혼이 그의 곁에서, 말하자면 그에게 도구를 건네 줄 준비를 하고 서 있다고 느꼈다. 그녀는 그가 미리엄과 함께 있다는 것을 참을 수 없었다. 윌리엄[30]은 죽었다. 이제 그녀는 폴을 지키기 위해 싸울 것이다.

그리고 폴은 어머니에게 돌아왔다. 그는 그녀에게 충실했다고 여겼기 때문에 자기희생을 했다는 만족감이 영혼 깊이 느껴졌다. 그녀는 그

30 폴의 형

를 가장 사랑했고 그는 그녀를 가장 사랑했던 것이다. 하지만 그것으로 충분하지 않았다. 새롭고 젊은 그의 삶은 너무나 강력하고 중요해서 다른 것을 향하여 돌진했다. 그래서 그는 미칠 정도로 초조했다. 어머니는 이것을 알아차렸기에, 미리엄이 아들의 이 새로운 삶만 가져가고 그 뿌리는 자기에게 남겨주는 여인이기를 간절히 원했다. 그는 미리엄에 대항해 싸웠던 것처럼 그의 어머니와도 싸웠다. (9장)

* *Sons and Lovers* by D. H. Lawrence

"She exults—she exults as she carries him off from me," Mrs. Morel cried in her heart when Paul had gone. "She's not like an ordinary woman, who can leave me my share in him. She wants to absorb him. She wants to draw him out and absorb him till there is nothing left of him, even for himself. He will never be a man on his own feet—she will suck him up." So the mother sat, and battled and brooded bitterly.

…

Suddenly he plunged on again, running home. His mother saw on him the marks of some agony, and she said nothing. But he had to make her talk to him. Then she was angry with him for going so far with Miriam.

"Why don't you like her, mother?" he cried in despair.

"I don't know, my boy," she replied piteously. "I'm sure I've tried to like her. I've tried and tried, but I can't—I can't!"

And he felt dreary and hopeless between the two. (Ch. 8)

…

He had come back to his mother. Hers was the strongest tie in his life. When he thought round, Miriam shrank away. There was a vague, unreal feel about her. And nobody else mattered. There was one place in the world that stood solid and did not melt into unreality: the place where his mother was. Everybody else could grow shadowy, almost non-existent to him, but she could not. It was as if the pivot and pole of his life, from which he could not escape, was his mother.

And in the same way she waited for him. In him was established her life now. After all, the life beyond offered very little to Mrs. Morel. She saw that our chance for DOING is here, and doing counted with her. Paul was going to prove that she had been right; he was going to make a man whom nothing should shift off his feet; he was going to alter the face of the earth in some way which mattered. Wherever he went she felt her soul went with him. Whatever he did she felt her soul stood by him, ready, as it were, to hand him his tools. She could not bear it when he was with Miriam. William was dead. She would fight to keep Paul.

And he came back to her. And in his soul was a feeling of the satisfaction of self-sacrifice because he was faithful to her. She loved him first; he loved her first. And yet it was not enough. His new young life, so strong and imperious, was urged towards something else. It made him mad with restlessness. She saw this, and wished bitterly that Miriam had been a woman who could take this new life of his, and leave her the roots. He fought against his mother almost as he fought against Miriam. (Ch. 9)

결혼의 의미는 무엇이며 과연 존속할 가치가 있는지에 대해 현재 많은 논란이 있지만, 결국 남녀가 서로를 이해하면서 함께 살아가는 것이 가장 중요한 게 아닐까. 그런 점에서 가정에서의 불평등한 관계에 대한 성찰과 반성을 다룬 박노해의 시 「이불을 꿰매면서」를 살펴보고 새로운 결혼의 기반이 어떤 것일지 성찰해보자.

「이불을 꿰매면서」
『노동의 새벽, 1984』 박노해 지음

이불홑청을 꿰매면서
속옷 빨래를 하면서

나는 부끄러움의 가슴을 친다.

똑같이 공장에서 돌아와 자정이 넘도록
설거지에 방 청소에 고추장단지 뚜껑까지
마무리하는 아내에게
나는 그저 밥 달라 물 달라 옷 달라 시켰었다

동료들과 노조일을 하고부터
거만하고 전제적인 기업주의 짓거리가
대접받는 남편의 이름으로
아내에게 자행되고 있음을 아프게 직시한다

명령하는 남자, 순종하는 여자라고
세상이 가르쳐 준 대로
아내를 야금야금 갉아먹으면서
나는 성실한 모범근로자였었다

노조를 만들면서
저들의 칭찬과 모범표창이
고양이 꼬리에 매단 방울소리임을,
근로자를 가족처럼 사랑하는 보살핌이
허울 좋은 솜사탕임을 똑똑히 깨달았다.

편리한 이론과 절대적 권위와 상식으로 포장된
몸서리쳐지는 이윤추구처럼
나 역시 아내를 착취하고 가정의 독재자가 되었었다

투쟁이 깊어 갈수록 실천 속에서
나는 저들의 찌꺼기를 배설해 낸다
노동자는 이윤 낳는 기계가 아닌 것처럼
아내는 나의 몸종이 아니고

평등하게 사랑하는 친구이며 부부라는 것을
우리의 모든 관계는 신뢰와 존중과
민주주의적이어야 한다는 것을
잔업 끝내고 돌아올 아내를 기다리며
이불홑청을 꿰매면서
아픈 각성의 바늘을 찌른다.

김현숙

저자는 부산대학교 사범대 영어교육과를 졸업하고, 서울대학교 영문학과에서 석사와 박사학위를 받았다. 현재 수원대학교 인문대 영문과 교수로 있으며, 풀브라이트 연구비로 미국 하버드대학교 영문과에서 방문교수로, 학술진흥재단 해외파견교수로 미국 스탠퍼드대학교에서 방문교수로 연구한 바 있다.
저서로 『디킨즈 소설의 대중성과 예술성』, 『영미소설 속의 여성, 결혼, 그리고 삶』(2007년 학술원 우수학술도서 선정), 『영미문학 산책』, 『영미명작, 좋은 번역을 찾아서 1. 2』(공저), 『19세기 영어권 여성문학론』 (공저), 역서로 제인 오스틴의 『이성과 감성』, 찰스 디킨즈의 『황폐한 집』(편역), 『아시아계 미국문학의 길잡이』(공역), 『인간 등정의 발자취』(공역)가 있고, 주석본으로는 *Bleak House, Brave New World, Emma, Pride and Prejudice*가 있다.

영국문화의 이해

초판 1쇄 발행 _ 2013년 8월 30일
초판 2쇄 발행 _ 2014년 11월 20일

저　　자 · 김 현 숙
발 행 인 · 정 현 걸
발　　행 · 신 아 사
인　　쇄 · 예지인쇄
출판등록 · 1956년 1월 5일 (제9-52호)
주　　소 · 서울특별시 은평구 통일로 59길 4 (2F)
전　　화 · 02)382-6411 · 팩스 02)382-6401
홈페이지 · www.shinasa.co.kr
E-MAIL · shinasa@daum.net

ISBN 978-89-8396-829-6(93380)

정가 *14,000*원